Caminando el Amazonas

Caminando el Amazonas

860 días. Paso a paso.

Ed Stafford

UN LIBRO PLUME

BOGOTÁ
COLOMBIA
QUITO
ECUADOR
San Francisco de Orrellana
Tierra Amarillo
Pebas
Juruá "City"
Amatura
Coarí
Iquitos
Belem do Solimoes
The Triple Frontier: Leticia, Tabatinga, Santa Rosa
Requena (Keith arrives)
PERU
Contamana
Pucallpa
Nuevo Poso
Bologhesi
Satipo (Cho's home)
Atalaya
Quiteni
Pichari
LIMA
San Martín (where Luke leaves from)
Abancay
Road to Cusco
Quehue
Yauri
Nevado Mismi
Camaná
LA PAZ
BOLIVIA
PACIFIC OCEAN
START
2ND APRIL
2008

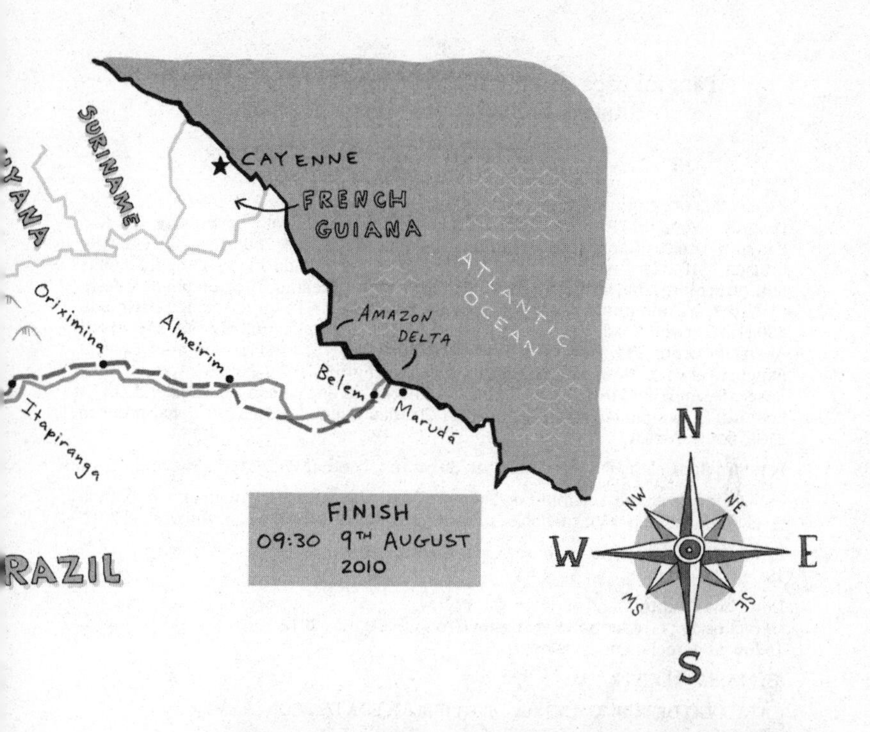
SURINAME
CAYENNE
FRENCH GUIANA
ATLANTIC OCEAN
AMAZON DELTA
Oriximina
Almeirim
Belem
Marudá
Itapiranga
FINISH
09:30 9TH AUGUST 2010
RAZIL
N
NW
NE
W
E
SW
SE
S

WALKING the AMAZON
2008 ~ 2010

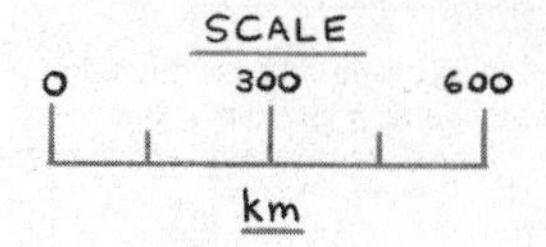
SCALE
0
300
600
km

PATH
RIVER

Para mi papá, Jeremy Stafford, por darme valor moral,
fuerza mental y amor incondicional.

PLUME
Publicado por Penguin Group
Penguin Group (EEUU) Inc., 375 Hudson Street, New York, New York 10014, U.S.A. • Penguin Group (Canadá), 90 Eglinton Avenue East, Suite 700, Toronto, Ontario, Canada M4P 2Y3 (una división de Pearson Penguin Canada Inc.) • Penguin Books Ltd., 80 Strand, London WC2R 0RL, England • Penguin Ireland, 25 St. Stephen's Green, Dublin 2, Ireland (una división de Penguin Books Ltd.) • Penguin Group (Australia), 250 Camberwell Road, Camberwell, Victoria 3124, Australia (una división of Pearson Australia Group Pty. Ltd.) • Penguin Books India Pvt. Ltd., 11 Community Centre, Panchsheel Park, New Delhi—110 017, India • Penguin Group (NZ), 67 Apollo Drive, Rosedale, Auckland 0632, New Zealand (una división de Pearson New Zealand Ltd.) • Penguin Books (Sudáfrica) (Pty.) Ltd., 24 Sturdee Avenue, Rosebank, Johannesburg 2196, South Africa

Penguin Books Ltd., Oficinas inscritas: 80 Strand, London WC2R 0RL, England

Publicado por Plume, miembro de Penguin Group (USA) Inc. Originalmente publicado en el Reino Unido por Virgin Books, una marca editorial de Ebury Publishing, en el 2011.

Primera edición estadounidense, September del 2012
10 9 8 7 6 5 4 3 2 1

MARCA REGISTRADA

CATÁLOGO DE PUBLICACIONES DE LA BIBLIOTECA DEL CONGRESO [tk]

Impreso en los Estados Unidos de América

Contenido

PARTE 4: BRASIL

Prefacio

Cuando los miembros del directorio del Transglobe Expedition Trust (TET) oyeron hablar por primera vez del plan de Ed Stafford para intentar caminar a lo largo del Amazonas, les preguntamos su opinión a algunas respetables autoridades sobre la región. La respuesta que nos dieron fue, "Imposible". A TET le gusta apoyar proyectos que sean tan difíciles que tengan peligro de fracasar. Nos gusta compartir los riesgos con la esperanza de que, contra todos los pronósticos, la expedición tendrá éxito y tendrá un impacto significativo en la evolución de los logros humanos. Nuestro Presidente Honorífico, SAR El Príncipe de Gales, al describir la Expedición Transglobe de 1979, la calificó como "descabellada" (como una meta casi imposible), pero "maravillosa" (por su logro). Los planes de Ed Stafford eran claramente descabellados y, si tenían éxito a pesar del consejo de los expertos, también serían maravillosos.

Cuando Ed inició el viaje, iba acompañado por un colega, Luke Collyer. Por varias razones, Luke ya había tenido suficiente en tres meses y regresó a Inglaterra. Sin dejarse desanimar, Ed continuó. Uno de los aspectos más impresionantes de su actuación a través de esta expedición es la absoluta determinación de triunfar de Ed. Casi a diario, debe haberse enfrentado a obstáculos que habrían disuadido a la mayoría de las personas. Él es verdaderamente una demostración magnífica del persistente coraje que se necesita en un terreno tan difícil y peligroso. A los cinco meses del comienzo de la expedición, Ed conoció a Gadiel 'Cho' Sánchez, un residente del área que se comprometió a caminar durante cinco días junto a Ed. Dos años después, Ed y Cho seguían caminando.

En TET nos sentimos encantados y altamente impresionados por el éxito de Ed y Cho, no solo por su logro físico, sino también por la dedicación de Ed a relatar en su sitio web las historias medioambientales y humanitarias, que fueron seguidas tanto por niños como por adultos de todo el mundo. Tales historias dieron a los problemas muy reales que existen en la cuenca del Amazonas y más allá la atención que tanto se necesitaba.

Me encanta haber estado involucrado como patrocinador y espero tener noticias de qué será lo próximo que Ed intentará. Usted puede estar seguro de que será algo igualmente descabellado y, ojalá, igualmente maravilloso.

Sir Ranulph Fiennes

Caminando el Amazonas

Prólogo

Después de recibir una advertencia muy directa por la radio de onda corta acerca de que nos matarían si decidíamos continuar nuestro viaje, llegamos río abajo al extremo de la isla de guijarros en medio del Amazonas. Tiré mi balsa inflable y plegable sobre las superficiales aguas marrones y me quité de mi espalda agarrotada y mugrienta la pesada mochila y la lancé dentro del bote de goma.

"Mira, Ed, atrás", dice Cho tranquilamente. Al volverme, veo cinco piraguas que venían hacia nosotros velozmente y llenas de indígenas. Muchos de los indios estaban de pie en sus angostas canoas, con sus arcos estirados y apuntándonos con sus flechas. Los que no estaban sentados, impulsaban intensamente con grandes remos de madera.

Carajo. La camiseta se me pega al cuerpo y el sudor me corre por las sienes. Mi cuerpo está inmóvil, pero mi corazón se acelera; la adrenalina que me llega al cerebro me permite procesar rápidamente el inminente peligro. Mi percepción del tiempo se hace lenta. Las piraguas atraviesan fácilmente el encrespado río. La peligrosa escena a media distancia está enmarcada por una verdosa pared de jungla que sobresale más allá. Los morenos rostros de los hombres y mujeres asheninkas tienen expresión guerrera y fiera, resaltada por líneas de brillante pintura roja. Me doy cuenta de que todas las mujeres blanden machetes.

Al llegar las piraguas a la orilla, la tribu salta y corre directamente hacia nosotros. Las caras de los hombres están tensas de ira, con los ojos abiertos y blancos, y las mujeres parecen una posesas. Cho y yo estábamos desarmados, sin poder huir a ningún lugar, atrapados como animales en la punta de la isla. Todos nuestros sentidos están ahora alertas y nuestras mentes ignoran todo lo que no sea esencial para sobrevivir el momento.

HUANCAVELICA
CUSCO
San Martin (where Luke leaves from)
Pacaypata
Ayacucho
★ CUẐCO
Abancay
Road to Cusco
APURIMAC
AYACUCHO
★ ICA
ICA
ANDES MOUNTAINS
Quehue
PERU
Yauri
N
W
E
S
START OF THE RIVER APURIMAC
Nevado Mismi (mountain upon which the furthest source of the Amazon springs)
Colca Canyon
Lari
Canco
Uñon
Ayo
Acoy
PACIFIC OCEAN
Majes River Valley
SCALE
0
50
100
km
START 2ND APRIL 2008
AREQUIPA
PATH
RIVER
Camaná
(Oswaldo joins Ed and Luke)

PARTE 1: PERÚ, LA FUENTE DEL AMAZONAS

Capítulo Uno

De la concepción al nacimiento

Una furiosa cortina de lluvia tropical cubría el bar abierto. La extraordinaria fuerza del agua enmudecía los persistentes tambores de los nativos del otro lado de la fangosa calle. Un ambiente nocturno fresco acompañaba la lluvia, atravesando la habitual humedad. Yo estaba sentado, cerveza en mano, con un compañero líder de expedición, Luke Collyer, absorbiendo el poder purificante de la naturaleza. Reclinados en nuestras sillas de madera, ambos teníamos el estómago hecho un nudo por la emoción y la aprensión. Acabábamos de tomar una decisión que cambiaría nuestras vidas para siempre y habíamos hecho un compromiso. Habíamos acordado hacer juntos un recorrido a pie a todo lo largo del río Amazonas. Con los ojos brillantes le dije sonriendo, "Diablos, compañero—esto va a ser una locura".

Era enero del 2007, y estábamos en Belice, una antigua colonia británica en América Central, manejando expediciones de conservación para una organización británica llamada Trekforce. Poco antes yo había cambiado nuestra base de la capital de Belice a una ciudad más pequeña y latina, llamada San Ignacio, cerca de la frontera con Guatemala. Allí la mayoría de los habitantes eran mestizos, una mezcla de mayas y españoles, pero también había algunos colonos nativos que eran relativamente nuevos en la ciudad.

A la mañana siguiente estuvimos dando vueltas en nuestra base de acción vestidos con pantalones cortos, comiendo emparedados de huevo frito, y bebiendo té Earl Gray importado. Cuando volvimos a tocar el tema de la caminata por el Amazonas me sorprendió ver que ninguno de los dos había cambiado de idea: había sido un acuerdo entre caballeros, y no un entusiasmo pasajero incitado por el alcohol. Mientras nos duchábamos el ánimo iba en aumento ante la idea que habíamos tenido la noche anterior.

Dos años antes yo había sido contratado por una empresa británica para organizar una expedición de investigación científica a la Patagonia argentina. Estaba apenas comenzando a salir con una chica llamada Chloe, y como ella también era aficionada a viajar, decidimos solicitar juntos el trabajo de liderar y administrar esta expedición de clima frío. Chloe era menor que yo, con una risa ronca, un cuerpo curvilíneo y una encantadora tendencia a hacer el bien y proteger a los débiles. Estábamos muy enamorados y las posibilidades de hacer lo que nos gustaba, y de vivir juntos en este país desconocido, eran enormes. Además, los habitantes de la Patagonia argentina mostraban una encantadora confianza y humildad que nos cautivó. Encontramos biólogos argentinos para ayudarnos en la empresa, y Chloe y yo trabajos arduamente para llevar a cabo exitosamente la expedición voluntaria.

Si bien la expedición tuvo resultados excelentes, yo tenía ganas de regresar al trópico. En parte tenía miedo del frío, de la cantidad de equipo del que dependíamos, de la mucha experiencia necesaria para estar a salvo en las montañas. Comencé a soñar en la simplicidad de un entorno que conocía mucho más: la selva. Después de tantos días de ocho horas viajando con la Land Rover, dejé que mi mente divagara y soñara: ¿cuál sería la expedición ideal que podría realizar?

Nunca había estado en el Amazonas, mi experiencia en la selva se limitaba a América Central, con algunos viajes cortos a Borneo, pero sin duda el Amazonas tenía su propia mística. Con seguridad los árboles serían mucho más altos, la fauna mucho más rica y diversa, la gente sería un poco más salvaje y aislada del mundo exterior. Me sentía mareado pensando en pasar un tiempo en el Amazonas. Sin conocer en detalle la geografía del área, mis sueños estaban limitados a lo que sabía. Había un gran río caudaloso que virtualmente cruzaba todo el continente de oeste a este, y . . .

no sabía más. Había oído hablar de expediciones que recorrieron todo el río en kayaks, desde su origen hasta el mar; hazañas de fenomenal resistencia que requerían cinco meses o más. El problema era que yo no tenía experiencia con kayaks. Claro que había practicado un poco de este deporte en los canales de Inglaterra cuando era chico, pero esa experiencia fría y deprimente había sido suficiente para quitarme las ganas para el resto de mi vida. Me había parecido un deporte aburrido y odioso, dirigido por tontos excesivamente fogosos, protegidos por estúpidos cascos.

Sin embargo tenía mucha experiencia en expediciones a pie. Después de un largo viaje en la Land Rover, llegué a la base en Patagonia lleno de entusiasmo; en mi fuero interno estaba seguro de haber concebido un proyecto nunca antes realizado. Escribí, "Caminata por el Amazonas", luego "Origen del río Amazonas"; "Expedición al Amazonas". El tiempo pasó volando.

Seguí buscando y buscando y comencé a sonreír. A menos que un viaje al Royal Geographical Society demostrara lo contrario, nadie en la historia de la humanidad había *caminado* a lo largo del Amazonas. Sería una primicia mundial. Ya estaba enganchado.

De vuelta a Belice dos años después, la llegada de Luke al país y su anuncio de que estaba pensando en recorrer el mismo río en kayak, había provocado una crisis. Nunca puse un plazo a mis sueños, pero recientemente me había separado de Chloe y por primera vez en algún tiempo podía pensar independientemente sin tener que preocuparme ni comprometerme con nadie. Le expliqué a Luke que el Amazonas ya había sido recorrido cinco veces en kayak, y que en ese mismo momento un esloveno gordo estaba viajando en la parte del río a poca altura. Expresé mi idea, una primicia mundial, todo el viaje a pie. Luke lo pensó durante cinco segundos. "Cuenta conmigo", dijo sonriendo. "Hagámoslo".

No teníamos idea del tiempo que nos tomaría hacerlo, pero queríamos que fuera un año. Nos parecía un plazo manejable, y procedimos a dividir 4,345 millas (el largo del río, según la National Geographic Society de Washington) entre 365 días. El resultado fue una cifra muy aceptable: once millas por día. Habiendo pasado la mayor parte de nuestros viajes selváticos en caminos y senderos, ingenuamente nos alegramos pensando que completaríamos la expedición en tan solo doce meses. Qué ordenado y sencillo.

Luke tenía treinta y cinco años, yo treinta y uno. Pese a tener personalidades muy diferentes, compartíamos un deseo, un poco temerario, de realizar una "hazaña asombrosa", algo de lo que podríamos sentirnos orgullosos en el futuro.

Podía ver que era genuino el deseo de Luke de ponerse a prueba. Nunca había estado en el ejército—algo que pienso que él lamentaba—, pero desde que lo conocí había dirigido varias expediciones, y en general era una persona muy agradable. Haber encontrado una persona con gustos afines, que también soñara con expediciones, me parecía un buen augurio. La casualidad nos sugería un rumbo emocionante, y ambos nos dejamos llevar por el entusiasmo.

Luke había perdido a sus padres cuando tenía poco más de veinte años—los dos habían muerto en rápida sucesión—, y por necesidad se volvió muy independiente. Se había "encontrado a sí mismo" cuando reunió suficiente dinero para viajar a Australia, pero durante su ausencia uno de sus dos hermanos también murió. En Australia aprendió malabarismo con todo, desde machetes hasta fuego, y trabajó entreteniendo a la gente en la calle. Al volver a Inglaterra obtuvo diversas calificaciones como instructor de actividades al aire libre, y se aficionó al alpinismo. Había trabajado durante varios años en educación al aire libre; la remuneración era baja, pero el trabajo le gustaba. Utilizando sus habilidades se convirtió en director de expediciones en el 2004, y para el 2007 había dirigido cuatro expediciones de tres meses a la selva, todas ellas en Belice, las tres últimas al Parque Nacional Davis Falls. Luke estaba seriamente comprometido con una novia, Katie, cuya familia consideraba como suya.

Mi vida había sido diferente. Mi madre me había tenido a los diez y seis años, soltera, cuando nací en los East Midlands, y fui adoptado por Jeremy y Barbara Stafford. Aparte del hecho de que mi padre sufría esporádicamente de mala salud, puedo decir que fuimos tan felices como cualquier otra familia. Las cosas que durante mi infancia influyeron en mi deseo de convertirme en líder de expediciones fueron, primero, que vivíamos en un poblado muy pequeño, así que me crié en el campo. Segundo: mis padres nos estimularon a mi hermana y a mí a tomar nuestras propias decisiones desde niños; y tercero, mi padre influyó en todos con su firme convicción de que si de niño dices que harás algo, tienes que tratar de hacerlo, y no deberías abandonarlo hasta saber que hiciste todo lo posible por hacerlo realidad. Papá me animó a jugar rugby e ingresar a los Boy Scouts o Niños Exploradores, ambas cosas sirvieron mucho para formar mi carácter. El amor de mis padres fue evidente, y ser adoptado nunca fue un problema para mí.

Mi confianza aumentó cuando me di cuenta de que tenía talento para jugar al rugby. A los trece años medía más de un metro ochenta, y podía tomar la pelota y correr a toda velocidad. Me parecía un deporte extraordinario, y esa confianza se extendió a otros aspectos de mi vida. En Stoneygate, mi escuela primaria, fui nombrado prefecto y capitán del equipo de rugby.

También disfruté enormemente el mundo de los Jóvenes Exploradores, donde aprendí de campamentos, caminatas y la vida al aire libre. Tenían su base en un poblado cercano llamado Fleckney. Mis padres daban gran importancia a la educación, y tanto mi hermana como yo fuimos a escuelas privadas. Mi experiencia con los Jóvenes Exploradores no solo fue una base extraordinaria, sino también fue un complemento de mi educación privada. Al igual que el rugby, la vida al aire libre era algo de lo que disfrutaba mucho. Me encantaba adquirir los conocimientos necesarios para vivir en la naturaleza, ser competente al aire libre y estar a gusto en ella. Aunque en Fleckney las actividades eran un poco toscas, no eran pazguatas: no nos sentábamos en círculo exclamando, "Triunfemos, triunfemos, triunfemos" y practicando nuestros nudos. Nosotros jugábamos al "corre que te pillo" con la pelota, construíamos cosas y encendíamos hogueras.

El internado en Uppingham también fue una experiencia que influyó en mi vida. La escuela, que aún guardaba duelo por la muerte de la Reina Victoria—el uniforme de los chicos era todo negro—, no consiguió conquistar la voluntad de los alumnos, incluyéndome a mí. Pronto me desilusioné y me volví rebelde.

Los maestros no sabían nada de psicología infantil y aparte de algunas notables excepciones, estaban visiblemente aburridos con su papel secundario de padres de familia y educadores. Cada período académico duraba doce semanas, y durante ese tiempo rara vez veía a mis padres. Los alumnos de más edad gobernaban la institución y "educaban" a los menores de cualquier forma excéntrica que consideraban correcta a la madura edad de diez y siete años. Por fortuna no sufrimos abusos físicos (esa época había terminado), pero el ambiente no conducía a una educación sana y equilibrada. La mayor parte del tiempo del primer año muchos alumnos la pasamos temerosos y confundidos.

Después de casi cuatro años obteniendo resultados mediocres, finalmente fui expulsado por varias razones, entre ellas pequeños actos de vandalismo. Siempre me ha gustado el peligro y la adrenalina, y escaparme del internado armado con una sierra para cables y cortadores industriales de tornillos para causar estragos constituía mi principal forma de desahogarme. Estaba completamente equivocado, por supuesto, pero tal vez eso era comprensible en un internado donde el toque de queda era a las diez de la noche, y donde no se prestaba atención a las necesidades reales de muchos de los estudiantes.

Estoy convencido de que la escuela me manejó muy mal, así como a otros chicos como yo. Aún hoy siento que tuvieron la responsabilidad, en sustitución de nuestros padres, de analizar a fondo mi comportamiento y controlar mi espíritu aventurero en lugar de simplemente tildarme de "malo".

Después de obtener muy buenas calificaciones en el nivel A en el instituto Brooke House Sixth Form College en el cercano Market Harborough, fui a la Universidad de Newcastle, donde me gradué con honores en geografía, pese a haber vivido en medio de una espesa nube de marihuana durante los dos o tres primeros años.

Rechazado por la camarilla del equipo de rugby de la universidad—quienes ingresaban a la universidad adecuada tenían asegurado un lugar entre los jugadores más destacados de un equipo—, me uní a Rockliffe RFC, un equipo local en Whitney Bay, y disfruté de una dosis semanal de vida fuera de clases.

Graduado, y aterrado ante un futuro de oficina y escritorio, me alisté en el Ejército Británico. Podría parecer una decisión extraña para alguien que había detestado el internado, pero me sentí capaz de adaptarme a las regulaciones a cambio de una vida más activa y al aire libre—una vida donde podría desplegar mis habilidades. Siempre traté de evitar que la vida militar me cambiara; quería aprender de ella, pero no convertirme en uno de los muchos arrogantes idiotas que han pasado del rango de mayor. Nunca me abandonó realmente el temor que a veces describen las personas cuando ingresan a las barracas militares por primera vez, y pese a que tuve extraordinarios momentos personales en el ejército, en especial noches de salida en Tamworth, nunca llegué a sentirme en mi ambiente.

El 2002, después de cuatro años relativamente buenos, obtuve el grado de capitán, pero afortunadamente mi contrato se había vencido y decidí no renovarlo. Se lo dije a mi Comandante en Jefe al final de un viaje en el norte de Irlanda, en Crossmaglen, South Armagh. Sonrió, reconociendo que mi decisión era probablemente la más acertada (y no era una gran pérdida para el batallón, ciertamente), de suerte que procedí a buscar un trabajo civil.

Después de semanas tratando de encontrar algo en el sector financiero de Londres, hallé por casualidad un anuncio que buscaba líderes de expediciones para proyectos de conservación en América Central. Ofrecía un contrato de tres meses, y lo acepté; me permitía ocupar mi tiempo hasta que la economía se recuperase y, además, tenía mejor chance de convertirme en un agente bursátil. Esta experiencia cambió mi vida más que ninguna otra: me enamoré de la aventura, de su gente y de ese estilo de vida. Era la vida al aire libre como carrera, sin las regulaciones y seriedad típicas del ejército. Es más, había un objetivo en el que yo creía: mis días como niño explorador significaban que tenía una profunda afinidad con la naturaleza y un deseo real de conservar los bosques tropicales. La combinación de ambos me llenó de completa felicidad, y olvidé que había soñado con un Porsche 911 y con bares elegantes llenos de chicas.

*

Cinco años más tarde, habiendo dirigido expediciones desde aquel momento en adelante, ahora era Director Nacional para Treckforce, en Belice. Comencé a planear la manera en que Luke y yo iniciaríamos esta expedición personal al Amazonas. Hicimos una lista de las diferentes áreas por cubrir. La lista que aparece más abajo da una idea de todo lo que necesitábamos hacer.

1. Investigación. Necesitamos saber si nuestro viaje era físicamente posible, por lo menos teóricamente.
2. Misión. ¿Cuál es la meta de la expedición? ¿Es una empresa puramente egoísta, o tenemos un propósito más profundo?
3. Evaluación de riesgos. Necesitamos evaluar los riesgos, señalar las áreas más difíciles y trabajar activamente para asegurar que no moriremos.
4. Plan de evacuación. Si algo sucede, ¿cómo encontraremos ayuda médica o seguridad?
5. Entrenamiento. Necesitamos estar en un nivel de competencia apropiado para la empresa. ¿Hay áreas en las que debemos enfocarnos, o donde nuestra ignorancia es un peligro?
6. Idiomas. Tan solo en el Perú se hablan más de treinta idiomas. Necesitamos poder conversar en español (Perú) y en portugués (Brasil), y por lo menos comprender nuestro entorno y poder estar en control de las situaciones.
7. Cuentas. Necesitamos calcular el costo total de la expedición, y rendir cuentas de todos los gastos.
8. Recaudación de fondos. Necesitamos dinero para vivir mientras planeamos y nos organizamos en Inglaterra, y necesitamos dinero para la expedición misma. Debemos tratar de obtener tantos patrocinadores para los gastos individuales

como sea posible (obtenerlos gratis, o por lo menos con descuentos), para que el costo general sea reducido al mínimo.

9. Seguros. Necesitamos encontrar un paquete apropiado para el área del Amazonas que cubra la destrucción o robo de nuestros pertrechos, así como evacuación médica y costo de tratamientos.
10. Comunicaciones. ¿Cómo nos comunicaremos con el mundo exterior? ¿Qué artefactos funcionarán en la selva? ¿Y si se rompen?
11. Sitio web. Esta será nuestra ventana para los patrocinadores, obras de beneficencia, el público y todos los demás. Asimismo, ofrecerá a más personas la oportunidad de participar en la expedición.
12. Fundaciones benéficas. ¿Cuáles debemos apoyar? ¿Cómo recaudaremos el dinero? ¿Cómo colaboraremos con esas fundaciones?
13. Permisos y visas. ¿Dónde debo obtener licencias que nos permitan visitar tribus indígenas en Brasil, que son autónomas y sin embargo tienen un departamento gubernamental que protege su bienestar? ¿Cómo puedo permanecer legalmente en los dos países principales durante más de los tres meses que permite la visa de turista normal?
14. Pertrechos. Necesitamos estar seguros de contar con el mejor equipo disponible, que sobrevivirá una exposición prolongada a la humedad de la selva y el frío extremo de las montañas. Todo, desde botas especiales hasta guantes abrigados, hamacas y cocinillas de kerosene.
15. Relaciones Públicas. ¿Cómo haremos para que la gente sepa de nuestra empresa? Si nadie se entera, ¿cómo lograremos nuestro propósito?
16. Filmaciones. ¿Cómo documentaremos la expedición? ¿Por dónde comenzamos para asegurarnos de que algún día, alguien pueda ver lo que hemos filmado? ¿Podremos hablar con naturalidad frente a una cámara?
17. Libro. ¿Dónde hay que buscar un contrato para publicar un libro? ¿Podemos escribir?

18. Guías. ¿Podremos encontrar uno que camine con nosotros por $7 dólares diarios, que hable inglés, español e, inicialmente, quechua?
19. Fotografía. ¿Cómo podremos obtener grandiosas imágenes que puedan ser utilizadas para narrar nuestra historia, si ambos somos fotógrafos mediocres?

De lejos, la tarea más importante en la lista fue obtener fondos para la expedición. Con un patrocinador, todo lo demás sería posible. Nuestro sueño de volver a la naturaleza se haría realidad solamente si solucionáramos el más tedioso problema de la actualidad: el dinero.

A medida que tratábamos de crear un documento de propuesta, nos percatamos de que la expedición debía tener un objetivo que justificara nuestra voluntad de poner nuestras vidas en peligro. Inmediatamente vimos que era necesario informar al público sobre la necesidad de conservar el bosque tropical. Crearíamos un sitio web, escribiendo regularmente blogs que pudieran leer tanto niños como adultos, para que siguieran nuestra aventura en tiempo real. Describiríamos el bosque tropical día por día, y el esfuerzo que representaba para nosotros. Debíamos involucrar a la gente en escuelas y oficinas para hacerles sentir que estaban conectados con la selva. Ninguno de nosotros deseaba convertirse en un guerrero ecológico; sabíamos que si nos dábamos a conocer de esa forma, podríamos ofender a las autoridades brasileñas y tener dificultades para obtener permisos. No deseábamos una campaña que dijera, "¡Póngase en acción ahora mismo!", pero pensamos que podríamos educar y concientizar. En cuanto hablamos sobre eso, vimos que era algo apropiado y valedero; ahora teníamos una causa por la que valía la pena dar un año de nuestras vidas.

Para que esta expedición figurara en el Libro Guinness de Récords Mundiales, debíamos ser escrupulosamente estrictos. Caminaríamos el 100% del tiempo y no usaríamos nunca un motor, una vela ni el caudal de río para impulsarnos. Teníamos que cruzar ríos y lagos, para lo cual nos serviríamos de botes, pero sabíamos desde el inicio que no podíamos usar otra cosa que remos. Todo el viaje se realizaría solamente con impulso y fuerza humanos.

También vimos la oportunidad para recaudar fondos directamente de fundaciones benéficas. Necesitábamos una que estuviera en línea con la misión principal de la expedición: Conservación de los Bosques Tropicales (*Rainforest Concern*) era el título apropiado. Mi padre había muerto de cáncer pocos años antes, y mi hermana sufría (y aún sufre) de encefalomielitis miálgica, o ME, por lo cual también quería ayudar a dos instituciones: Cancer Research UK, y la ME Association. Finalmente, como deseábamos seleccionar a fundaciones de caridad que beneficiaran a las dos naciones que visitaríamos, decidimos fundar dos con base en Inglaterra: Proyecto Perú y Acción por los Niños de Brasil. Eso significaba que daríamos algo a los países en nuestra ruta sin ofender a los gobiernos brindando apoyo a organizaciones muy activas contra la deforestación.

No quiero pretender que las obras benéficas y la protección del bosque tropical fueron las razones que nos impulsaron a caminar por el Amazonas. Eran cosas en las que creíamos, que eran dignas y merecedoras, pero el acicate inicial fue mucho más egoísta: la aventura, el reto y el reconocimiento eran esenciales para que el resto funcionara. Una caminata suave y segura no hubiera atraído la atención entre los medios de difusión, y por lo tanto no hubiera tenido el mismo potencial de hacer el bien. También vimos que realizar la caminata por razones puramente egoístas no tendría sentido. Los objetivos egoístas y no egoístas no eran solamente compatibles; se complementaban perfectamente.

Llevados por nuestro entusiasmo, pensamos que el viaje podía convertirse en un buen documental, así que me puse en contacto con la única persona que conocía en el mundo de la televisión, Craig Langman. Craig es un hombre tranquilo, que a menudo deja que otros personajes más enérgicos hablen antes que él, y cuyas opiniones siempre vale la pena escuchar. “Creo que estás completamente loco”, dijo, “pero la idea me encanta. Será un excelente documental para la televisión". Aceptó ayudarnos a encontrar una compañía productora que se asociaría a nosotros para producir el documental.

Luego me dediqué a obtener permisos y visas. En ese entonces Perú y Brasil otorgaban normalmente visas de turista de tres meses. Le escribí a Mike Horn, el aventurero sudafricano que había hecho *hidrospeed* por el Amazonas en un trineo flotante y más tarde en una canoa, para preguntarle cómo había solucionado el problema. Su esposa tuvo la gentileza de responderme:

Querido Ed,

Gracias por tu carta. Hemos descubierto que es mejor no hablar mucho de tus expediciones con los consulados y embajadas. Trata de obtener todas tus visas mediante los métodos habituales, e intenta tomar las precauciones necesarias, como un GPS, teléfono satelital, etc. Las autoridades no saben cómo manejar algo fuera de lo normal.

Te deseo lo mejor en tu aventura.

Saludos

Cathy.

Sabios consejos que, pensando retrospectivamente, debí haber tomado en cuenta. Pero en ese momento estaba ansioso por embarcarnos, y a diferencia de Mike, el esposo de Cathy, ya teníamos compromisos con instituciones de caridad y pensé que para estar asegurados y protegidos, debíamos estar al 100% dentro de la ley en cada país.

Me puse en contacto con las embajadas y consulados e inicié un proceso largo y tortuoso para obtener visas culturales extendidas, que cubrieran nueve meses en Perú y otros nueve en Brasil. Eso nos daría un tiempo adicional si nuestro viaje tomaba más de seis meses en cada país, como ya estaba comenzando a pensar.

No es fácil convencer a las compañías de que uno merece que le regalen pertrechos. Éramos dos desconocidos con calvicie incipiente que estaban planeando una expedición mucho más ambiciosa de lo que habíamos intentado antes. La posibilidad de que una compañía viera cualquier ventaja en este "patrocinio" era escasa. Enviamos interminables mensajes, que no dieron mucho resultado.

Pensé que una pieza del equipo que había usado en Patagonia sería la transición perfecta hacia la selva. Las balsas inflables individuales son suficientemente livianas como para ser transportadas en la mochila. Sabíamos que tendríamos que cruzar cientos de tributarios, y por lo tanto necesitábamos una estrategia posible. Las balsas Alpacka son fabricadas en Canadá, y decidí escribirles preguntando si podían ayudar. La respuesta fue amable: tenían algunas balsas con daños superficiales que podían vendernos por $300 cada una. Eso nos ahorraba $475 por balsa, lo que me pareció un excelente negocio, y además fue la primera respuesta positiva que habíamos recibido. Compré tres balsas con mi tarjeta de crédito: una para Luke, una para mí y la otra para un posible guía local. Luego la empresa Hennesy Hammocks aceptó darnos gratuitamente dos sistemas de hamacas, y Atberg nos regaló dos pares de botas para selva hechas a mano. Cada uno de esos pequeños patrocinios nos produjo gran satisfacción; nos estábamos acercando poco a poco a la realidad del viaje.

Pese al éxito y la acumulación de algunas piezas del equipaje, ahora teníamos $2,000 de deudas. Nos era imprescindible encontrar un patrocinador financiero.

En esta etapa de la planificación, aún estábamos en Belice cuando recibí un prudente mensaje de Rainforest Concern:

> *Primero, queremos estar seguros de que no les estamos animando a hacer algo excesivamente arriesgado para su integridad personal. Si bien tienen experiencia en expediciones, quisiéramos reunirnos con ustedes para hablar más de esta. Ya han hecho una lista del tipo de peligros que hubiéramos anticipado, pero de la misma manera estoy seguro de que están conscientes de que por momentos el progreso será dolorosamente lento.*
>
> *En segundo lugar, está el problema de tener que cazar para comer. La pesca es un método que podrían planear, y nosotros probablemente no tendríamos objeción a eso. Pero no quisiéramos estimular*

la caza de mamíferos y aves, a menos que de ello dependa su supervivencia. Este es un tema que necesitamos analizar.

La tercera interrogante es su potencial comunicación con los indígenas, que no siempre resulta en algo beneficioso para ellos.

Todos estos puntos eran lógicos, y la expedición comenzó a tomar forma cuando adoptamos una política opuesta a la cacería, y comenzamos a formular un plan para transportar provisiones y reabastecernos durante el viaje. Tanto Luke como yo hablamos de la cuestión de los pobladores indígenas, ya que no teníamos mucha experiencia en tratar con ellos y solo podíamos darles una explicación bastante débil: "Somos buenas personas y tratamos con respeto a los demás". Sin duda, éramos muy ingenuos.

Desde el comienzo habíamos decidido iniciar el viaje el 1ro de enero del 2008. Eso nos daría suficiente tiempo para prepararnos, podríamos celebrar la Navidad con nuestras familias, y en teoría parecía una fecha adecuada y sólida. Nos pusimos en contacto con una compañía peruana de andinismo, la cual nos recomendó firmemente no caminar en los Andes entre diciembre y marzo: eran los meses de invierno, habría mucha nieve y la crecida en los ríos y cañones haría imposible atravesarlos.

Maldición.

Ninguno de los dos tenía mucha experiencia en lugares donde nevara, y la idea de "cruzar los Andes" ya era suficientemente formidable sin tener que hacerlo en invierno. Postergamos la fecha de salida al 1ro de abril del 2008 para asegurarnos de que el tiempo que pasaríamos a más de 5,000 metros de altura no sería del todo incómodo. En mi fuero interno ya comenzaba a sospechar que la expedición demoraría más de un año, así que era muy posible que tendríamos que soportar por lo menos una temporada de inundaciones en el Amazonas.

Ya era mayo del 2007 y Luke yo nos llevábamos mejor cada día; habíamos sido muy buenos colegas antes, pero ahora nos unía un objetivo común: la expedición.

Pese a todos nuestros esfuerzos por asegurarnos de tener

pertrechos, un objetivo y permisos, aún quedaba el hecho de que no pudimos convencer a nadie, en el mundo de los exploradores, de que era posible caminar a todo lo largo del río. La razón principal es que el Amazonas se caracteriza por tener una cuenca muy poco profunda, vulnerable a grandes inundaciones. Con regularidad, el río rebasa sus orillas y el agua inunda el bosque hasta 70 kilómetros desde el canal principal. Eso significa que el bosque adyacente al río queda inundado a una altura de unos dos metros durante gran parte del año. No es un terreno ideal para caminar.

En mi ingenuidad yo sabía esto, y pensé que podríamos caminar a lo largo del río a una distancia suficientemente segura, lejos del canal principal. El problema era que no se puede saber la extensión de la selva inundada en cada área, y por eso busqué más información en la Internet. Eventualmente encontré una imagen de muy baja resolución que parecía mostrar la selva inundada con un color diferente al de tierra firme. La imagen había sido publicada por Bruce Chapman, de la NASA. Decidí enviarle un email para ver si podía enviarme más datos. Dos días más tarde recibí por correo un CD-ROM con fantásticas imágenes de toda la cuenca del Amazonas en agua normal y agua crecida. El proyecto de la NASA me permitió ver efectivamente, desde el aire y a través del follaje, la extensión del área inundada durante el tiempo de mayores inundaciones.

Fue una importante revelación. Esta información nos permitiría anotar en los mapas cuando llegaran y podríamos planear nuestra ruta para evitar las áreas más inundadas. Las imágenes eran de 1995, pero probablemente la topografía no habría cambiado mucho desde entonces—apenas unos cambios en la forma del río. Nuestro plan era realizable.

Aún teníamos que enfrentarnos a las inundaciones en la selva adyacente a los ríos tributarios—eso era inevitable—, pero ahora podíamos utilizar las imágenes de la NASA para cruzar los ríos en puntos más angostos y de menor crecida. En esas circunstancias, simplemente tendríamos que inflar las balsas y avanzar en ellas a través de la selva, con machetes en mano, por si el agua fuera demasiado profunda para permitirnos avanzar por ella. Esta idea nos causó temor y entusiasmo a un tiempo. Nos imaginamos pasando noches en hamacas colgadas por encima del agua, y hasta diseñamos ideas para bandejas para transportar fuego con las que podríamos hacer fogatas entre los árboles inclinados sobre las turbias aguas.

Hay mucha gente que a menudo viaja a la selva. Es más, la cuenca del Amazonas está habitada por millones de personas. El río Amazonas está bien poblado, y por lo tanto es apto para reabastecer provisiones y equipo dañado. Hay mucho tráfico en el río, de forma que si se presentara una emergencia tendríamos una estrategia natural de salida. Todo esto era positivo, pero nuestro problema era que, una vez que nos alejáramos del canal principal del río para evitar áreas inundadas, todos los peligros antes controlables se multiplicarían. Si llegábamos a un lugar deshabitado, tendríamos que arreglárnoslas solos. En algunos lugares, la evacuación sería larga y difícil, y de acuerdo a una evaluación convencional de riesgo sería considerada "inaceptable". Sin helicópteros ni equipos de rescate en muchas áreas, teníamos que decidir que, si queríamos hacer el viaje, debíamos aceptar los riesgos. Por lo tanto, una lesión o enfermedad que necesitara de cuidados médicos urgentes, como una apendicitis, una mordedura de serpiente o una herida grave en la cabeza, probablemente serían fatales.

Luke tuvo su primer éxito en recaudar equipos cuando, a finales de mayo, consiguió que Macpac nos donara tiendas y mochilas. Eso fue muy importante para Luke, que no había podido dedicar tanto tiempo como yo a la planificación del viaje debido a sus responsabilidades de trabajo en Outward Bound, en el Lake District.

Para recaudar fondos para el viaje, la expedición necesitaba mucha más publicidad. Los patrocinadores estarían mucho más impresionados si vieran que por lo menos estábamos recibiendo algo de cobertura de prensa. Lo malo es que no teníamos fotos de Luke y yo juntos en la selva. En compañía de mi futuro cuñado, Jeremy, nos embarcamos en auto rumbo a los húmedos trópicos del bioma en Eden Centre, en Cornwall, para tomar algunas "auténticas" fotos de la selva.

Durante varias horas Luke y yo nos sentimos bastante evidentes, posando al otro lado del cordón en medio de helechos y palmeras tropicales mientras Jeremy tomaba fotos, pidiéndonos de rato en rato que sonriéramos. Algunas ancianitas de cabello azulado pensaron que, siendo tan fotografiados, debíamos ser famosos, y nos pidieron autógrafos.

El 1ro de junio del 2007 viajamos a Londres para ver a Ben Major, un viejo amigo de cuando yo conducía expediciones en Belice y Borneo. Nos reunimos para almorzar en una cafetería dentro del Centro de Televisión de la BBC, donde Ben estaba trabajando como presentador de una serie para niños. Me había ofrecido algunos mapas del Perú de los almacenes de la BBC, pero resultaron de uso limitado y recibimos apenas una fracción de los cincuenta y dos mapas del Perú que necesitábamos. Me sentí algo decepcionado, pero Ben mencionó una compañía que tal vez podría darnos un entrenamiento médico para sitios remotos (lo que definitivamente necesitábamos), así que la reunión no fue una total pérdida de tiempo.

Mientras almorzábamos, Ben hizo una pausa.

—Ed, ¿alguna vez has visitado Guayana?

—No, Ben.

—¿Sabes cómo instalar una radio de onda corta?

—No amigo, no lo sé.

—¿Has trabajado alguna vez con un equipo de filmación?

—Bien sabes que no, tonto.

—¿Te gustaría trabajar para la BBC en una nueva serie de exploraciones, como su administrador de campamento en la selva?

—Déjame pensarlo medio segundo . . .—respondí sonriendo

A Ben le habían ofrecido ese trabajo, pero no pudo aceptarlo porque ya tenía otra serie para niños que debía presentar. Me consiguió una entrevista con la Unidad de Historia Natural de la BBC en Bristol, y casi ciego porque el día antes me había sometido a una cirugía con láser en los dos ojos, me entrevisté con el productor de la serie, Steve Greenwook. Nos entendimos muy bien, Steve estaba fascinado por la cirugía de mis ojos, y en solo un par de días ya me había integrado al grupo. Nunca antes había trabajado en televisión, pero solo tenía que estar detrás de la cámara, y ellos estaban buscando justamente una persona que pudiera viajar a Guayana y administrar a un grupo de amerindios durante dos meses en la construcción de un remoto campamento en la selva. A la llegada del equipo yo tenía que dirigir a los residentes y asegurarme de que el campamento no careciera de combustible de aviación o papel higiénico. Un contrato de tres meses, y un trabajo perfecto para un exlíder de expediciones. Yo podía hacerlo.

Dirigir expediciones de conservación paga muy poco, por lo que el sueldo de la BBC fue más de lo que había ganado en años. Luke comprendió que sería absurdo rechazar la oferta. Faltaban siete meses para la fecha de partida al Amazonas, y si trabajaba en esta serie ganaría suficiente dinero para no tener que trabajar durante los cuatro meses previos a nuestro viaje. Tendría lo suficiente como para alquilar un apartamento en Londres, donde sería más fácil encontrar potenciales patrocinadores, y además pagar mis gastos diarios. Lo malo era que eso significaba que durante mi ausencia debía dejar a Luke a cargo de todos los preparativos y recaudación de fondos.

Mientras tanto, Luke organizó una reunión con la compañía médica ExMed, y ambos viajamos a Hereford en busca de consejos para saber qué llevar en nuestros botiquines y con la esperanza de recibir algún entrenamiento básico en medicina tropical. Sabiendo que nos encontraríamos con militares de gran experiencia, Luke y yo llamamos a la puerta muy respetuosamente. Ged Healy, el director, respondió.

Luego de presentarnos, Ged dijo, "Hola, Ed. El próximo mes estarás viajando a Guayana con la BBC, ¿verdad?". Un poco sorprendido—e impresionado—confirmé que así era. Ya estaban al corriente de nuestras actividades.

Nos condujeron a una habitación donde había, colgada de una pared y enmarcada, una bandera de las Naciones Unidas medio quemada. Luke comenzó a reírse, pero cuando vi la placa de bronce inscrita con "Herat, Western Region, Afganistán 2004", sentí que me ruborizaba todo. ¿Qué posibilidades tendríamos aquí?

—Cállate, Luke—rogué en silencio.

—Tienes una historia sobre esta bandera, ¿no es así, Ed?—Luke sonreía mientras Ged miraba con una expresión muy seria.

—¿De qué se trata, Ed?—preguntó Ged.

Maldición. Sin otra alternativa, me lancé a narrar una de las historias más embarazosas de mi carrera. Había estado trabajando en Herat en el 2004, como consejero para las Naciones Unidas (*United Nations*, UN) durante las primeras elecciones presidenciales. Tenía mi base en el recinto de la UN en el centro de la ciudad, cuando Ismail Khan, el tirano que tenía el poder en Herat, fue expulsado por el embajador estadounidense. Como sucede en esos casos, la población local afgana decidió hacer manifestaciones, y los edificios de la UN con sus altas paredes y letreros celestes afuera, fueron el blanco obvio.

Entré al recinto con un consultor de Zimbabue llamado Mugs, un veterano del ejército de Rodesia. Mugs era un tipo encantador que había visto mucho en su vida, y estaba en Afganistán para ganarse la vida y mantener a su familia, algo que resultaba cada vez más difícil para un hombre blanco en Zimbabue.

Al comienzo vimos a la multitud que golpeaba desde afuera las enormes rejas de metal para vehículos motorizados. Luego comenzaron a llover piedras en el interior del recinto. Eso no era raro, y nos limitamos a protegernos de los proyectiles que estaban arrojando. Eran bombas de petróleo, y varias partes del edificio comenzaron a incendiarse.

El fuego, visible para los insurgentes, enardeció su ira y los golpes a las rejas se tornaron más violentos y continuos. Cuando un astuto empleado de UN dirigió un 4x4 contra las rejas para vehículos para evitar que cedieran, Mugs me dijo con un fuerte acento de Zimbabue: "Alguien debería hacer lo mismo con la reja para peatones. Va a ceder en cualquier momento".

Ciertamente alguien debería hacerlo. Ninguno de los dos se movió durante más de un minuto, solo observábamos, y luego, como había sido anunciado, la pequeña puerta de metal explotó hacia adentro y la multitud furiosa y frenética ingresó armada de barras de metal y bombas incendiarias.

Sin armas, no tuvimos otra alternativa que escapar al sótano detrás de otra reja de metal donde los empleados de UN se habían refugiado antes. Desde las puertas abiertas pudimos ver que los invasores robaban y sacaban a la calle las computadoras del centro de planificación electoral.

El edificio estaba ahora quemándose alrededor y encima de nosotros, y si no actuábamos de prisa moriríamos quemados en el sótano. Pedimos una escolta a la cercana base militar estadounidense, y al poco rato llegaron dos Hummers que lograron avanzar entre la multitud enardecida hasta el recinto. Con un Hummer al frente y otro detrás, todos los empleados y consultores de UN abordaron los vehículos y formaron un largo convoy. Yo conducía un 4x4 blanco con el que logré escapar de la furibunda multitud.

Era la primera vez que conducía en Afganistán, y sabía que si me detenía o frenaba, la multitud atacaría mi vehículo y todos quedaríamos a su merced. Después de pasar una temporada en Irlanda del Norte como fuerza de ocupación, sabía lo que eso significaba potencialmente.

Bajamos las ventanas para evitar que los vidrios rotos cayeran sobre nosotros, y fuimos apedreados mientras acelerábamos a través de la multitud. Unas piedras entraron al vehículo y me hicieron una herida en el brazo con que me cubría la cabeza. La gente tenía que apartarse de un salto para evitar ser atropellada por el auto que conducía como un maníaco por las caóticas calles.

Cuando las puertas se cerraron detrás de nosotros en la base militar estadounidense, me fui sintiendo más tranquilo. Reportes radiales de las unidades militares informaron que muchos de los edificios de UN en la ciudad se habían incendiado por completo.

A partir de ese día Mugs y yo no pudimos mirarnos a los ojos. Nuestra inacción había causado una catástrofe. En nuestro mismo recinto estaba un médico de ExMed, quien tomó la bandera en llamas antes de evacuar el edificio. Y era esa la bandera que estaba viendo en una reunión en la que había querido impresionar a Ged con lo profesionales y experimentados que éramos Luke y yo. Fue realmente vergonzoso. Dios mío.

Sin embargo Ged no mostró ninguna reacción. No tengo idea de qué sintió realmente. Cuando la conversación volvió a girar en torno a nuestra expedición, nos hizo preguntas sobre algunas prácticas básicas. ¿Qué tipo de botas pensábamos usar? Nos estaba poniendo a prueba, tratando de averiguar si éramos suficientemente competentes para intentar una expedición como esta.

En un momento dado se mostró satisfecho, y nos preguntó qué deseábamos. Le hablé de mi lista de necesidades, y procedió a decirnos qué cosas podía proveer. Ofreció hacer un perfil completo de enfermedades en la cuenca del Amazonas, organizando botiquines especiales para nosotros y explicándonos luego lo que incluían. Fabuloso, pensamos, pero no podemos pagar por este tipo de servicio. Ged preguntó cuánto dinero teníamos para los equipos médicos. Respondimos que £500 cada uno. Muy bien dijo, lo haremos por esa suma. Luke y yo comenzamos a sentir una alegría interna. Asombrosamente, Ged parecía estar de nuestro lado.

Procedimos a hablar del entrenamiento. Nosotros queríamos un par de días de información general para ayudarnos a sortear situaciones difíciles. Ged ofreció un curso de trauma de cinco días de entrenamiento intensivo, y después tres días de medicina tropical. Pensando en nuestro magro presupuesto, le dije a Ged que no podíamos pagar por cursos como esos. Una vez más, Ged preguntó de cuánto disponíamos, y se lo dijimos. "Lo haremos por esa cantidad", dijo. Nos quedamos atónitos.

Luego nos preguntó si teníamos a un médico disponible las veinticuatro horas en caso de necesitar ayuda. No lo teníamos. Luego procedió a ofrecernos sus servicios—gratis.

Finalmente, Ged dijo, "Si se encuentran en serias dificultades y no pueden moverse para buscar ayuda médica, ¿qué harán?". Respondimos que ese era uno de los riesgos inherentes de la expedición, que no tendríamos una solución y aceptábamos que existía un alto riesgo de muerte.

"¿Y si tuviéramos un escuadrón de exmilitares que pudiera acudir con diez y seis horas de aviso a cualquier lugar que ustedes nos indicaran?".

"Eso sería muy bueno", balbuceamos, "pero, una vez más, no podemos pagar ese nivel de ayuda". Ged nos habló de una compañía de seguros que ofrecía ese tipo de servicios, y que por un precio incluiría en el paquete el equipo de cuatro hombres de reacción rápida.

Cuando terminó la reunión y agradecimos a Ged y su asociado, salimos aún perplejos de la oficina. Nos dirigimos directamente a la taberna en Hereford para celebrar con una cerveza. ExMed nos había ofrecido un equipo médico especial para nuestras necesidades, un extenso entrenamiento, constante asesoría médica durante todo el viaje y un paquete de seguro que incluía a los mejores médicos de sitios remotos en el mundo dispuestos a venir a salvarnos de cualquier dificultad. Apenas podíamos creer nuestra suerte. Bebimos felices nuestras cervezas, sabiendo que nuestra expedición amateur se había tornado mucho más segura en una corta reunión.

El tres de agosto 2007 viajé a Guayana. El programa se llamaba "La tierra perdida del jaguar", y fue un privilegio trabajar con los amerindios locales, y con los integrantes del equipo de Historia Natural de la BBC.

Mi papel era asegurarme de que se construyera un campamento para el equipo y que los residentes locales fueran bien tratados. Cuando llegaron los integrantes del equipo me convertí en el vínculo natural entre ellos y los residentes, y me encargué del funcionamiento cotidiano del campamento.

Volví a Inglaterra a fines de octubre con renovado vigor, listo para emprender las preparaciones finales de la caminata por el Amazonas. Además ahora tenía dinero suficiente para alquilar una habitación en Londres. Las cosas no habían avanzado mucho desde mi partida, pero ahora estaría en medio de la actividad y podría encargarme de poner la expedición en marcha.

Pero a pesar de que aún tenía una visión positiva del viaje, ocasionalmente comencé a sentir temores. No me preocupaba morir en manos de tribus desconocidas, o estrellarme contra las rocas al cruzar un tributario; lo que me preocupaba era no encontrar un patrocinador, no obtener visas con extensiones y no recaudar suficiente dinero para obras de caridad.

Pese a que esas preocupaciones eran muy reales, había tenido suficientes períodos difíciles en mi vida para creer que, con tan solo seguir adelante con el proyecto y dedicarle mi tiempo, algo positivo sucedería para que nuestra buena suerte continuara.

Me mudé al apartamento de un viejo amigo, James Wakefield. Tenía una habitación disponible en su apartamento en Stockwell, e instalé mi oficina en el ático. Comencé a trabajar con ahínco para solucionar el problema de las visas y permisos.

En noviembre del 2007, Luke y yo participamos en el fin de semana de exploración de la Royal Geographical Society. No estaba dirigido a personas como Luke y yo, pero aprovechamos la oportunidad para relacionarnos y como resultado, AST aceptó patrocinarnos y darnos dos enlaces satelitales BGAN por Internet. Ahora ya teníamos comunicaciones—no solo satelitales, sino enlaces de banda ancha por Internet que podríamos utilizar en la selva. Esas unidades resultaron tan buenas que más tarde, durante la expedición, me sirvieron para dar entrevistas de video en vivo con CNN a 240 territorios internacionales. Cada una pesaba apenas lo mismo que un libro.

Pese a toda esta buena suerte, lo fundamental seguía siendo la necesidad imperiosa de un patrocinador financiero. De no encontrarlo, nos veríamos obligados a cancelar la expedición. Detestaba solicitar dinero a las compañías, además de que no era ducho en la tarea. Escribí a cientos de compañías explicando que patrocinarnos sería muy ventajoso para sus negocios. Como yo mismo no me lo creía, no fue sorprendente que nadie aceptara. Tenía la impresión de que debía hacer más llamadas personales, y comencé a sentirme culpable de estar perdiendo el tiempo, y que debido a mi falta de empeño la expedición fracasaría inclusive antes de comenzar.

A las diez de la noche el 13 de diciembre, estaba sentado en el sofá con mi compañero de cuarto, James, viendo el programa televisivo sobre expediciones *Top Gear* y fumando, cuando sonó el teléfono.

—Ed, ¿te gustaría salir a cazar mañana?

Era mi viejo amigo Saul Shanagher, un individuo agradablemente excéntrico que había sido oficial de la Guardia Irlandesa.

—¿Palomas?—pregunté, haciéndome el que no sabía de qué hablaba.

—Vamos a cazar faisanes—añadió. Tuve la sensación que me invade a menudo cuando anticipo una situación social en la que me voy a sentir fuera de lugar y muy incómodo.

—Saul, no soy elegante, nunca he cazado faisanes—le respondí tratando de evadir la invitación.

—Bueno, tienes una chaqueta de *tweed* y botas verdes, ¿verdad?

Lo dijo con un tono que sugería que eran piezas estándar en el guardarropa de cualquier caballero respetable.

—No tengo ese tipo de prendas—dije—. Tengo una sudadera con capucha, *jeans* desgastados y un par de zapatillas Nike.

—Entonces pide que alguien te las preste, y paso a recogerte mañana a las seis. Y colgó el teléfono.

Por suerte, James también había estado en el ejército, pero era un oficial convencional que, a diferencia de mí, tenía toda la línea de ropas apropiadas para ese tipo de ocasiones. Tuvo la amabilidad de prestarme una chaqueta de *tweed*, unos pantalones de molesquín y un par de botas verdes. Me salvó la vida.

Aún si me sintiera fuera de lugar, por lo menos luciría como si estuviera en mi entorno. Bueno, aparte de mi cabeza rapada y mi barba.

La cacería comenzó tal como me temía: un gran número de empresarios exitosos que trabajaban en la ciudad reunidos para un día de camaradería, alardeaban del alcance de sus fusiles. Pero yo aprecio a Saul, y como esos eran sus amigos y asociados comerciales, tuve que hacer el esfuerzo de ser amable con todos. Como a menudo sucede en circunstancias parecidas, cuando uno hace el esfuerzo y trata honestamente de caer simpático, las barreras caen y uno termina disfrutando. Eran personas muy agradables, por supuesto—simplemente vivían en un mundo diferente al mío.

Mi primer disparo fue embarazoso, la bala se perdió en el aire. "Esto va a ser doloroso", pensé mientras todos se formaban en un círculo para hablar de cuántos faisanes habían cazado. Fingí la indiferencia de alguien que solo había ido a divertirse y no le importaba haber cazado nada. Pero sí me importaba: estaba irritado.

El cambio vino con la segunda ronda. Me habían asignado un batidor para asesorarme. Me hizo mover el cañón de la escopeta con el ave, diciendo, "Cola, cuerpo, pico, ¡bang!". Era una fórmula perfecta. Acerté un faisán tras otro, y aunque parezca cruel, lo disfruté. Qué emoción la de ver las plumas estallando como fuegos artificiales y al ave detenerse en pleno vuelo, cayendo con fuerza al suelo. Le acerté a otra, y a otra. Era increíble—me chocó descubrir mis instintos primarios de cazador. Para cuando terminó la segunda ronda había cazado nueve faisanes, y estaba rebosante de orgullo.

A mediodía pasamos a una gran casa solariega donde sirvieron un fabuloso almuerzo, generosamente acompañado de vino tinto. Me sentía suficientemente relajado para hablar libremente de mi expedición, y debido a que era un tema masculino y temerario, mis compañeros me escucharon con mucho interés.

Al final del día todos se despidieron con un "¡Qué fantástico día!", se dieron unos fuertes estrechones de manos, colgaron su colección de faisanes en sus respectivos autos y partieron. Antes marcharse, uno de ellos me llamó a un lado y me dijo, "Ed, fue un placer conocerte. No quise decir nada en la casa, delante de los demás, pero tu expedición es exactamente lo que a mi compañía le gustaría patrocinar. Aquí tienes mi tarjeta, llámame la próxima semana".

"¡Carajo!", pensé. "¿Habré escuchado bien?". No era nada definitivo, ¡pero se me había acercado para ofrecerme dinero!

En cuestión de un mes teníamos el dinero, y la expedición estaba pagada en un ciento por ciento. Me sentía el hombre más afortunado de la tierra. Un día en que me había sentido culpable de salir de cacería en lugar de buscar patrocinadores se había convertido en el día más provechoso del año. Luke y yo viajaríamos al Amazonas por cortesía de Jonathan "Long Barrel" Stokes y su compañía, JBS Associates. No es lo que conoces . . .

Completamos un excelente entrenamiento médico en Ex-Med, y compramos demasiados productos con nuestra recién hallada riqueza. Pagamos el exorbitante costo del seguro (que incluía el equipo de rescate de urgencia de Ex-Med) y reservamos nuestros pasajes aéreos. El dinero de Guayana se había agotado, y cargamos una elevada cuenta a mi tarjeta de crédito, principalmente por alcohol. Celebramos como si estuviéramos partiendo a la guerra, y descuidamos completamente nuestro entrenamiento físico. Luke se comprometió con su novia. Abordamos el avión con destino al Perú el 1ro de marzo del 2008, con las maletas repletas, los ojos inyectados y algo regordetes.

El Amazonas nos llamaba. ¿Estábamos preparados para lo que nos esperaba? ¿Las fatigas, los peligros, el trabajo arduo y la adversidad? Creo que no teníamos la menor idea. Confiábamos en poder afrontarlo todo, nos preocupamos un poco y pedimos otro trago.

Capítulo Dos

En busca del origen del Amazonas

En el avión que nos trajo de Europa tratamos de disimular nuestro nerviosismo bajo nuestro habitual humor autocrítico, pero en el fondo creo que ambos nos dábamos cuenta de que nos habíamos comprometido a llevar a cabo algo que iba mucho más lejos que cualquier hazaña que hubiéramos emprendido en nuestras vidas. Según los expertos, teníamos bastantes probabilidades de morir. Pensar en la expedición en su integridad nos perturbaba, y optamos por concentrarnos en detalles más tangibles y específicos, ignorando la tenebrosa sombra del contexto general.

A lo largo de la ruta, viajamos por barco o avión a algunas de las ciudades principales, para establecer contactos (con la policía, expatriados, gobiernos locales), y para dejar provisiones que podríamos utilizar eventualmente, a nuestro retorno. Finalmente llegamos a Lima, la capital del Perú, a finales de marzo y con la ayuda de una peruana muy amable y bilingüe, llamada Marlene, conseguimos adquirir cincuenta y dos mapas del Instituto Geográfico Nacional del Perú, y dos visas de nueve meses (más tarde descubrimos que eran ilegales) del Ministerio del Interior. Nos despedimos de la encantadora Marlene desde la ventanilla trasera de un ómnibus en el que viajaríamos durante toda la noche, ajustando nuestros asientos a una posición casi horizontal. A la mañana siguiente llegamos a nuestro destino: la ciudad costera y turística de Camaná, desde donde intentábamos comenzar a caminar desde el Océano Pacífico hacia las alturas, atravesando los Andes en busca de la más lejana fuente del Amazonas.

Después de dormir casi doce horas, gracias a unas pastillas de diazepan, Luke me despertó pinchándome por los costados y señalando la ventana; a través de ojos nublados por el medicamento contemplé fijamente, evidentemente divertido y temeroso, algo que no habíamos tomado en cuenta. El sol aún estaba bajo, proyectando largas sombras a través de interminables dunas de arena. "¿Alguna vez has visitado el desierto, Ed?", bromeó Luke mientras ambos reíamos burlándonos de nuestra incompetencia. "Tal vez deberíamos llevar un sombrero", sugerí. "También un bloqueador de sol y una botella de agua". No había ni un arbusto en toda la zona.

En Camaná nos hospedamos en un gran hotel de concreto rosado, con una alberca vacía. Ningún visitante occidental había venido aquí antes—tal vez en algún momento había sido un destino turístico, pero en marzo del 2008 dudo que alguien hubiera querido pasar sus vacaciones en este polvoriento lugar. Esa noche no pude resistir el deseo de bajar hasta la orilla del mar y ver el Océano Pacífico, donde se iniciaría nuestra expedición. No puedo recordar la razón, pero Luke no vino conmigo. Tomé un mototaxi para recorrer los cuatro kilómetros, y le pedí al conductor que me esperara mientras absorbía cada detalle de la sucia y pedregosa playa, la alcantarilla del poblado, y las bandadas de gaviotas y buitres.

Pese al triste paisaje, me invadió la emoción. Estaba aquí, al inicio de nuestra aventura, después de años de sueños y quince meses de planificación. Mirando hacia tierra firme, sin embargo, me sentí bastante temeroso al ver las áridas lomas que se vislumbraban detrás del pueblo en una niebla de polvo. Decidí regresar al hotel y estudiar los mapas para ver si era posible seguir una ruta de agua a través del desierto hasta llegar a los Andes.

Por lo general, cada vez que me permitía pensar en el viaje en toda su magnitud, me exaltaba en pocos segundos: en parte emocionado por la increíble aventura, y en parte abrumado porque, muy confiados, habíamos afirmado que era posible.

Para comenzar, necesitábamos encontrarnos con Oz. Inicialmente habíamos decidido caminar sin un guía. Debido a que yo había estado en el ejército y ambos éramos líderes de expediciones, nos juzgamos capaces de realizar el viaje sin guías. Pero a medida que se acercaba el recorrido, comencé a dudar de que mi español fuera suficientemente bueno, y además, cómo haríamos al llegar a poblados en los Andes donde solo se hablaba quechua, para no mencionar los otros treinta y dos idiomas que podríamos encontrar solo en el Perú. Luke hablaba apenas unas pocas palabras de español. Antes de partir, un amigo nos había puesto en contacto con un joven peruano llamado Oswaldo Tercaya Rosaldo. Oz, de veinte y cuatro años, deseaba ser guía y hablaba quechua, español e inglés. Por medio de dos cortos emails negocié el sueldo de siete dólares estadounidenses por día (la oferta inicial había sido cinco) y le pedí encontrarnos en Camaná el 30 de marzo del 2008. Por lo menos electrónicamente, teníamos un guía.

Habiendo vivido en la Patagonia argentina, yo había trabajado con muchos guías sudamericanos de montaña. Tenía la imagen de un hombre alto y bronceado, agudo e ingenioso, con barba y rostro curtido. Oz era todo lo contrario. Un muchacho con un corte de pelo parecido a un molde para un pudín, flaco y tan respetuoso que su presencia era casi invisible. Vestía una camiseta roja de fútbol inglés y pantalones rojos de nylon, carecía virtualmente de equipo y hablaba muy poco inglés. Respiré profundamente y busqué lo positivo. Mi español era mejor que su inglés, lo que significaba que terminaríamos hablando en español y, en consecuencia, el mío mejoraría. Luke hablaba con Oz en inglés—yo serviría de traductor en las comunicaciones más básicas.

Le dimos algo de dinero y lo mandamos a comprarse una chaqueta y botas. Oz había trabajado con un amigo mío el año anterior, por lo cual yo confiaba en que supiera lo que hacía. Regresó con una chaqueta de cuero artificial llena de insignias de supuestos patrocinadores de carreras. Era cómica, no era ni abrigada ni impermeable; comencé a dudar de la experiencia que tendría en expediciones montañosas.

Luke y yo dividimos todo el equipo entre los tres, y observamos cómo Oz lo guardaba todo en la nueva bolsa de canoa que le habíamos dado para mantener seco su equipo y después trató de meter a la fuerza toda esa pesada carga en su mochila. Luke y yo nos miramos, preocupados. Uno tendría que intentar esta imposible tarea para darse cuenta de lo absurda que es. No sabía ni empacar su mochila, por lo que Luke se acercó a él y gentilmente le dio algunas indicaciones al respecto.

La verdad es que, pese a que las cosas no iban a la perfección, yo no estaba demasiado preocupado. Lo único que realmente necesitábamos era alguien que hablara quechua, y con quien pudiéramos comunicarnos. En Oz ya lo teníamos, y podríamos enseñarle las habilidades necesarias para caminar con nosotros. Lo más importante era que estaba decidido y entusiasmado con esta nueva aventura. Había mostrado coraje al viajar hasta la costa del Perú con sus propios recursos para encontrarse con dos extranjeros, por lo que decidí que Oz sería un buen compañero y que éramos afortunados al tener un peruano que caminara con nosotros.

El 1ro de abril, el llamado Día de los Inocentes, fecha en la que—de una manera pintoresca—habíamos decidido partir, no estábamos listos. No habíamos recortado los mapas ni realizado las muchas tareas necesarias de último minuto. Mientras comíamos los huevos del desayuno decidimos retrasar nuestra partida en un día, para darnos más tiempo y salir, más serenos, al día siguiente.

La mañana del dos de abril bajamos a desayunar, esta vez con enormes mochilas. Era la primera vez que las cargábamos con provisiones para diez días en cada una, y nos chocó el peso. En ese momento no teníamos una pesa, pero calculo que cada mochila pesaría de 48 a 50 kilos. La de Oz era más liviana porque tanto él como su mochila eran mucho más pequeños, pero debía pesar cerca de 35 kilos. Cualquiera que haya caminado con una mochila sabe que este es un peso absurdamente elevado, especialmente si está planeando una caminata de un año o más a través de todo un continente.

Todo esto lo sabíamos, pero el problema era que habíamos caído en la trampa de pensar en este viaje como una expedición de ocho meses, más que una caminata de tres semanas subiendo hasta el Nevado Mismi. Nos habíamos comprometido a escribir blogs, lo cual implicaba un Macbook, un BGAN y una cámara digital para cada uno. Teníamos dos localizadores diseñados para actualizar automáticamente nuestra ubicación en el mapa del sitio web; ambos eran del tamaño de un ladrillo de construcción. Queríamos filmar un documental, para lo cual cada uno llevaba una cámara de video HD, cinco baterías de repuesto, cuarenta minicintas de DV y un equipo básico de limpieza. Ginger TV nos había dado un día y medio de entrenamiento para aprender a filmar. Estábamos escribiendo un libro, para lo cual portábamos varios diarios impermeables del tipo "Escribe en la lluvia" y lapiceros especiales para todo clima. Queríamos hacer entrevistas radiales y tener la capacidad de hacer llamadas de emergencia, y para eso teníamos un segundo BGAN con batería de repuesto y un teléfono auxiliar para hacerlo funcionar como un teléfono satelital.

Cada artefacto eléctrico tenía un cargador; la mayoría tenía cables para interconectarse. Cada pieza del equipo estaba en bolsas individuales de jebe con puñados de bolsitas de sílice para combatir la humedad.

Esto era todo, aparte de lo que necesitábamos para la caminata, como tiendas, ropas y equipo de navegación. Habíamos adoptado todas las ideas y oportunidades que se nos habían presentado, pensando ingenuamente, "Un kilo más, no es nada . . .", habíamos sonreído ingenuamente. Pero todo eso añadía un peso fenomenal y ahora lamentábamos lo que nos habíamos comprometido a hacer.

Nos despedimos del hotel, salimos a la calle y tomamos dos mototaxis para llevarnos hasta la playa. Yo me adelanté con dos de las mochilas en el primer taxi, mientras que Luke y Oz siguieron en el segundo con la mochila restante. Yo estaba desbordante de entusiasmo, y ni el peso de las mochilas pudo impedir que sintiera la exuberante alegría de estar iniciando nuestra aventura.

Estábamos aquí. Filmamos nuestros "pensamientos finales" frente a la cámara y vadeamos en el océano con nuestras botas para selva para hacer del viaje una verdadera travesía de todo el continente a pie.

Con el mar detrás de nosotros, caminamos por la playa con los pies hundiéndose entre los guijarros bajo el inmenso peso y comenzamos a mirarnos mutuamente. Después de cien metros estábamos jadeando; luego de 400, estábamos agotados. Tuvimos que caminar cuatro kilómetros de vuelta a Camaná para llegar al inicio del río que serpenteaba a través de las montañas, y cuando estábamos cerca del pueblo el sol ya estaba sobre nosotros. Estábamos conscientes de que la gente nos observaba—el tamaño de nuestras mochilas era todo un espectáculo—y tratamos de caminar naturalmente, como si estuviéramos acostumbrados a ello, saludando al público que se reía de nosotros. Al llegar al hotel tuve la idea de usar la conexión de Internet de allí para hacer un blog, mientras aún teníamos el lujo de la electricidad.

Totalmente exhaustos y un poco conmocionados, nos aprovechamos de esa excusa, y cuando nos desprendimos de las mochilas pensamos que era una tontería no almorzar en el hotel. Hicimos los blogs a mediodía. A las dos de la tarde el sol quemaba. "¿No deberíamos permanecer una noche más aquí y salir mañana?". De nuevo, la sugerencia fue bien recibida, aunque un poco tímidamente ya que habíamos esperado estar lejos de Camaná el primer día, y habíamos recorrido solamente los cuatro kilómetros desde la playa. Pedimos una cerveza.

"Mañana", pensé, "despertaremos con energías para la expedición". No teníamos idea de lo que nos esperaba y sentí que estábamos comenzando a vacilar. Habíamos empacado comida para diez días—¿sería suficiente, o necesitaríamos más? ¿Encontraríamos tiendas más adelante? Teníamos algunas vagas descripciones de habitantes de la zona, pero no nos preocupamos. Lo desconocido era parte de la aventura.

A la mañana siguiente volvimos a empacar y abandonamos por última vez el hotel donde habíamos disfrutado de aire acondicionado. Decidimos partir en la madrugada, ya que nos sentíamos culpables de los esfuerzos del día anterior y ahora nuestras mochilas nos parecieron más soportables al caminar por las calles vacías en las frescas horas de la madrugada.

Ese día nos alejamos de Camaná, llegando de inmediato a un ancho y polvoriento valle con un pequeño río y un camino igualmente polvoriento que iba tierra adentro. Después de cada hora tomamos diez minutos de descanso y continuamos mientras el calor aumentaba y nuestras cargas parecían cada vez más pesadas; las correas lastimaban nuestros hombros mal preparados para el transporte. Sin duda no teníamos el físico necesario, pero pensé que pronto estaríamos en mejor forma.

En el mapa encontramos el poblado donde queríamos llegar la primera noche, así que agachamos las cabezas y seguimos caminando. Casi al anochecer llegamos al árido villorrio, donde los residentes nos recibieron con miradas curiosas. Las puertas a medio cerrar se cerraron silenciosamente, y los niños se alejaron corriendo. Preguntamos si había una tienda, y apuntaron en dirección de una pequeña casa de barro y palos, que vendía bebidas gaseosas y galletas dulces. Bebimos litros del fluido colorido y barato, y preguntamos a la amable tendera de baja estatura si conocía un lugar donde pudiéramos hospedarnos.

"¡Claro que sí!", dijo sonriendo. "Pueden instalar sus tiendas en nuestro patio trasero". Llevándonos a través de la oscura tienda, nos condujo a un espacio cercado con gallinas y animales domésticos.

Creo que fue por este primer ejemplo de gran generosidad que esta noche se grabó especialmente en mi memoria. Había abrigado la esperanza de que la caminata transcurriera exactamente así; llegar a un lugar, conocer personas amables y disfrutar de cualquier hospitalidad que pudieran brindarnos. Esa primera noche fue un patio lleno de cerdos y gallinas, y armamos nuestras tres tiendas individuales. Estábamos completamente agotados de nuestro primer día de caminata, y decidimos tratar de descargar un poco de peso de nuestras mochilas.

Así fue como la señora y su familia recibieron novelas en inglés, guías para observar aves, binoculares, un machete, una brújula, algunas ropas, bolsas, un arreo de pesca, baterías, cuchillos y muchas cosas más. Me avergonzaba de la cantidad de pertrechos que habíamos traído "por sí acaso", y me di cuenta de que nos habíamos dejado impresionar demasiado por la magnitud de la expedición. Sin embargo, nuestros anfitriones quedaron claramente encantados y discutieron amablemente sobre la distribución de los regalos.

Al día siguiente empacamos nuestras tiendas. Las mochilas estaban mucho más livianas, tal vez ahora pesaban unos 42 kilos cada una. Una vez más caminamos en el calor del mediodía, pero sufriendo patéticamente, cubiertos de sudor y avanzando muy lentamente. Bajo el sol directo, el reloj de Luke marcaba 50 grados Celsius. Sus botas le quedaban ajustadas y le habían producido grandes ampollas, de suerte que no tuvo otra alternativa que cambiarse y caminar con sus sandalias de plástico.

La mayor parte de la primera semana caminamos sobre terreno plano, pero el calor y el peso nos afectaron físicamente. El valle de Majes era amplio y fértil, y hasta el momento nuestro temor inicial del desierto parecía injustificado. El río, alimentado directamente por los glaciares de los Andes, era helado y caminamos a través de cultivos verdes rodeados de montañas marrones y áridas.

Llegamos a lo que parecía ser el final del camino. El río era ancho y caudaloso y corría a través del valle. No teníamos balsas, porque las habíamos dejado en un almacén en el Cusco cuando llegamos a Sudamérica, listos para avanzar en la selva. Por el momento nuestro camino parecía estar bloqueado. Sin embargo, como de milagro, apareció un hombre que nos invitó a seguirlo. Nos condujo por el costado del profundo valle siguiendo un angosto sendero a lo largo del cerro con un hondo precipicio a nuestra izquierda. Realmente no le habíamos preguntado al hombre cuánto tiempo nos alejaría este desvío del fondo mismo del valle, y él seguía escalando. Entonces se dio vuelta, nos señaló vagamente en una dirección hacia lo alto del valle y regresó al pueblo.

Conscientes de estar en una situación complicada, no tuvimos otra opción que tratar de seguir el apenas visible sendero mientras comenzaba a anochecer.

Poco después de las seis de la tarde encendimos nuestras lámparas de cabeza y seguimos caminando y tropezando en la oscuridad, en busca del próximo poblado que no acabábamos de encontrar. El pobre Oz solo tenía una lámpara a cuerda que habíamos comprado en Inglaterra. Nos reíamos unos de otros para disimular nuestro nerviosismo: teníamos que encontrar un lugar plano y con agua para acampar. El costado del valle estaba lleno de rocas sueltas, y a nuestro paso varias se desprendieron y rodaron por el barranco. Si uno de nosotros hubiera caído del sendero, nos hubiéramos visto en serias dificultades, porque a nuestra izquierda el precipicio era profundo y el sendero no era más que un angosto caminito que contorneaba la empinada ladera del valle. Detrás de mí podía oír el esporádico zumbido de Oz dando cuerda a su lámpara.

Continuamos, disgustados por habernos metido en este lío, hasta que eventualmente comenzamos a descender y luego escuchamos el ladrido de un perro en la distancia. Entre la oscuridad divisamos una pálida luz. Al acercarnos a la remota vivienda, teníamos la esperanza de que sus habitantes fueran generosos y nos permitieran armar nuestras tiendas cerca de ellos.

Más tarde descubrí que en general, no es aconsejable aparecerse en la noche en las zonas rurales del Perú, porque la gente desconfía mucho más de quienes viajan en la oscuridad. Mientras tanto, me acerqué a la casa, llamé a la puerta y con la mayor amabilidad posible saludé, "Buenas noches". La anciana que me abrió preguntó quiénes éramos y qué estábamos haciendo. Cuando se lo expliqué, dijo que recientemente otros mochileros habían pasado por allí—con seguridad los conocíamos. "¿Hace cuánto tiempo que vinieron?", pregunté. "Hace unos dos años", respondió.

Ella y su hijo no se limitaron a permitirnos armar nuestras tiendas en su fangoso patio, sino que también nos invitaron a sentarnos alrededor del fuego dentro de su cabaña con techo de calamina. Nos ofrecieron grandes tazas con un líquido dulce y caliente que nos pareció delicioso después de nuestro ansioso recorrido nocturno sobre el farallón en la oscuridad. Genuinamente fascinado pregunté qué era la increíble bebida a la que nos había invitado. La mujer sonrió: "Té".

Después nos sirvieron enormes platos de camarones de agua dulce cocidos en ajo y mantequilla. Los habían recogido ese día, y Luke, Oz y yo los devoramos, incrédulos y felices. "Muchas gracias", repetíamos una y otra vez. Después de la cena armamos nuestras tiendas en la oscuridad y nos metimos en nuestras bolsas para dormir con esa perfecta combinación de cansancio, estómago lleno y alivio de encontrarnos en un lugar seguro. Esa noche dormimos bien, protegidos por una generosa y cálida hospitalidad.

Esa misma sensación de felicidad desapareció de nuestros agarrotados cuerpos a la mañana siguiente, cuando Oswaldo tradujo la enorme suma que la señora esperaba que le pagáramos. Como habíamos dormido y comido bien, le pagamos, por supuesto, pese a que sabíamos que el precio era ridículo. Eso significaba que en el futuro tendríamos que tocar el embarazoso tema del dinero antes de aceptar cualquier hospitalidad. De lo contrario se nos terminaría el que llevábamos.

Una indicación de que muy pocas personas vienen a este valle fueron los numerosos cementerios incas, descubiertos y accesibles. Ni Luke ni yo sabíamos que los incas practicaban la momificación hasta que literalmente tropezamos con un cadáver momificado en medio de nuestro camino, y nos percatamos de que los cuerpos aún conservaban sus cabezas con cabellos y piel, y estaban regados por el flanco del cerro. Era fascinante y escalofriante a la vez; nos dimos cuenta de que habían quedado expuestos relativamente recientemente después de un derrumbe.

El lado norte del valle de Majes conduce a la boca del famoso Cañón del Colca. Si bien los valles tienen un paisaje pintoresco y abierto, nos es tan fácil caminar por el fondo de un cañón. El Cañón del Colca es el segundo más profundo del mundo; el primero se encuentra en Apurímac, el cual descenderíamos a pie un par de meses más tarde. En su mero fondo, ambos cañones tienen la increíble profundidad de tres kilómetros desde el lecho del río hasta la cima de la montaña. A menudo, en el Cañón del Colca el río llena todo el desfiladero entre dos farallones verticales. No hay senderos y en algunos lugares es imposible pasar al otro lado a pie, por lo que tuvimos que planificar nuestra ruta por las cimas de las montañas en ambos lados. El problema de escoger una ruta a lo largo de los costados del desfiladero sobre las montañas era que no tendríamos fácil acceso al agua, y necesitaríamos subir y descender cientos de metros cada vez que cruzáramos el cañón de un tributario del Colca. Pero no había otra alternativa.

Después de nuestra relativamente remota aventura durante la primera semana, el lado norte del valle de Majes se presentaba completamente diferente de las pocas chozas de barro y palos que habíamos visto. Estaba conectado con la red vial del Perú, y súbitamente nos volvimos a encontrar en ciudades con restaurantes y hoteles, inclusive un centro de información turística. Una joven muy bonita que trabajaba en ese centro, la señorita Mabel, nos ayudó a planificar una ruta a través del Colca. Ella tenía contactos con diversos poblados remotos en las montañas cercanas al cañón y podía informarles de nuestra llegada. ¿Cómo podría hacerlo, si algunos de los pueblos están tan aislados que solo se puede llegar a ellos caminando o en burro? Llamando por teléfono celular, por supuesto.

El primer poblado montañoso donde debíamos viajar se llamaba Uñón, y estaba a 2,700 metros sobre el nivel del mar, y a 1,800 metros sobre el centro de información turística de la señorita Mabel. Sería una caminata de dos días, y la encantadora Mabel nos preguntó si queríamos que los pobladores de Uñón nos enviaran un hombre con un burro para ayudarnos en el ascenso. Como ya habíamos pasado un poco de dificultades, decidimos que era una excelente idea, ya que nos esperaban algunos cerros muy empinados.

Para entonces, las diferencias entre el enfoque de Luke y el mío en cuanto a la forma de conducir la expedición ya se hacían evidentes. Él quería disfrutar del viaje lo más posible, por eso le agradó la idea de que un burro cargara su mochila. Supongo que también a mí, excepto que no me parecía realmente apropiada. Siempre nos había imaginado cargando nuestras propias mochilas, y por eso acepté el burro solo para cargar alimentos y agua, pero nosotros debíamos transportar nuestros pertrechos.

La razón es que habíamos acordado que esta sería una expedición en la que dependeríamos totalmente de nuestras propias fuerzas y capacidades, y realmente sentí que así era como debería hacerse. Los antiguos exploradores como Henry Morton Stanley viajaban a África con enormes grupos de pobladores que actuaban como mandaderos, y manadas de animales para transportar los pertrechos. Me gusta el hecho de que la exploración moderna está más centrada en el esfuerzo personal. Es lo que la diferencia del simple turismo, porque las hazañas físicas son desafíos enormes por sí mismos. Dicho eso, transigí y acepté contratar el burro.

Se organizó el encuentro con el animal; Mabel hasta había enviado por teléfono celular instrucciones para incluir alimentos y agua para el burro. Por ello el primer día nuestro ascenso fue relativamente rápido, porque tuvimos que transportar alimentos para un solo día. Esa noche, en el lugar a donde llegaría el burro, acampamos y nos duchamos debajo de un reservorio de irrigación. El contenido helado de la alberca artesanal rebalsaba por una pequeña apertura en la piedra, formando un torrente continuo de agua que caía sobre nuestros doloridos hombros tan fría que gritamos al sentirla en nuestros cuerpos.

Hasta el momento no había señales del burro, y a la mañana siguiente ya era evidente que nos habían dejado plantados. Desayunamos con la poca comida que nos quedaba—un pequeño plato de tallarines y mermelada de frambuesas—y nos encaminamos hacia Uñón.

Si habíamos tenido dificultad para avanzar en terreno plano, ascender por la empinada cuesta redujo nuestra velocidad aún más. Cada paso era un esfuerzo y nos marcamos pequeños objetivos para poder continuar y mantenernos positivos. Llegaré hasta esa curva, esa roca, ese cactus. Hacia media mañana, habiendo ascendido varios cientos de metros en senderos polvorientos, encontramos a dos burros y su dueño, bajando por la empinada cuesta hacia nosotros. El ascenso había sido implacable y estábamos hambrientos y exhaustos, y lo único que queríamos era cargar los burros con nuestras mochilas. Saludamos amablemente al hombre, quien parecía pensar que estábamos gozando de un divertido paseo. Le preguntamos si llevaba provisiones, y orgullosamente nos mostró una bolsa de fideos secos y un pollo recién muerto. No exactamente lo que uno hubiera deseado en esas circunstancias, pero Oz se puso en acción inmediatamente. En un instante había desplumado al pollo y picado los ajos, que ahora se freían en la vieja cocinilla de kerosene que Luke consiguió hacer funcionar. Luego de tostar los fideos les añadió agua, y en cuarenta minutos estábamos devorando grandes platos de tallarines con pollo.

Con renovadas energías, sorprendimos al dueño del burro al rechazar su oferta de cargar a sus animales con nuestras mochilas, y lentamente reiniciamos el ascenso con la carga a cuestas. El hombre y los burros nos siguieron—lo cual ya no tenía mucha importancia—, pero me complació que también Luke decidiera cargar su propia mochila. El camino a Uñón era increíblemente empinado, pero cuando hicimos una pausa para respirar, pudimos ver hermosas ruinas incaicas y antiguas terrazas de cultivo de una civilización desaparecida hacía mucho tiempo.

Llegamos a un valle sobre un profundo desfiladero y quedamos maravillados ante la belleza natural de Uñón, con sus perfectos campos de cultivo y pequeños grupos de casas de piedra y barro. El ascenso demoró un total de diez horas, y gracias a la señorita Mabel, fuimos cálidamente recibidos por Elard, el gobernador del pueblo, quien nos invitó a visitarlo y nos ofreció una habitación vacía donde pasaríamos la noche. El pueblo no tenía acceso por carretera, pero nos asombró ver Internet en la escuela, y también recepción para teléfonos móviles. Todo, antenas de satélite, generadores, computadoras y sofás, había sido traído a lomo de mula. Había una bonita iglesia rosada con vista a una encantadora plaza donde volaban miles de abejas, entrando y saliendo de diminutas madrigueras en el suelo de tierra.

Elard nos dijo cómo Uñón se estaba teniendo que adaptar como resultado directo del cambio climático. Las lluvias que caían durante cuatro meses del año, ahora duraban solo un mes, y los sembradíos estaban secos y arruinados. El ganado también estaba sufriendo, y los pobladores tenían que buscar nuevas formas de ganar dinero. La única manera en que podrían sobrevivir era insistir en que se construyera una extensión de la red vial para conectarlos con el mundo exterior y el resto del Perú. Si eso sucedía, las minas de oro que construyeron los españoles y donde los alemanes continuaron trabajando hasta la Segunda Guerra Mundial, podrían ser abiertas nuevamente y traer ganancias. Tanto Luke como yo lamentamos que esta hermosa y aislada comunidad tuviera que conectarse con el Perú por carretera después de siglos de aislamiento, y también nos sentimos privilegiados porque estuvimos entre las últimas personas que la vieron en su estado oculto y romántico.

Para llegar hasta el siguiente poblado, Ayo, necesitábamos ascender de 2,700 a 4,500 metros, para cruzar una cadena de montañas. Nuestro primer guía y su burro habían completado su tarea, y contratamos a otro poblador local, Héctor, para acompañarnos con su animal. El burro cargó la comida y el agua para la jornada, así como las botas demasiado pequeñas de Luke, que las incluyó en la carga pese a que sabía que yo no estaba de acuerdo. A él no le importaba la idea de cargar su propio peso y respetar el acuerdo de que el viaje debía depender únicamente de nosotros, de nuestras fuerzas. Para mí esto socavaba la esencia de la expedición, y me impedía afirmar que habíamos cumplido con lo prometido. No teníamos fuentes de agua aquí, y gran parte del peso que llevaba el burro consistía en dos enormes recipientes con diez litros de agua cada uno.

Sin comida ni agua, y habiendo reducido aún más lo que considerábamos esencial, tanto mi mochila como la de Luke se aligeraron hasta pesar solo 35 kilos. Inclusive con ese pequeño peso, la atmósfera rala en esta altura comenzó a afectar a Luke en particular. Estaba visiblemente preocupado por el problema físico que representaba esta etapa, y caminaba muy lentamente, obstinado en que no sería presionado a acelerar el paso, aduciendo que la llegada a nuestro destino sería lenta, pero segura. Héctor y Oz estaban impacientes y se adelantaban todo el tiempo. Yo me quedé a la zaga con Luke, pero también deseaba aumentar nuestra velocidad—por lo menos un poco.

Durante doce horas escalamos poco a poco, hasta que alcanzamos la cumbre y encontramos un lugar protegido para acampar. Cuando llegó la tarde yo avanzaba tan lentamente como Luke; ninguno de los dos recordaba haber escalado antes a estas alturas, con una carga tan pesada, y durante un período tan prolongado. Eran condiciones a las que teníamos que adaptarnos. Ya llevamos dos semanas de viaje, y el desgaste comienza a hacerse evidente. Retrospectivamente, la distancia que habíamos viajado era ínfima—pero constituía la caminata más larga que habíamos realizado en la vida.

Al final del día encontramos un ritmo común y fue una de las últimas veces que sentí que nos entendíamos bien. Descansábamos a intervalos regulares, y logramos establecer un paso continuo en el que hasta Héctor y Oz se quedaban atrás. Éramos un equipo, y ambos nos estimulamos con mutuo apoyo y compañerismo. En la cima, Héctor me ofreció la botella de plástico de la que había estado bebiendo durante el día. "Es para el frío", dijo. Sonreí; sospechaba qué líquido tenía adentro, y bebí un buen sorbo. La infusión de hierbas medicinales con alcohol invadió mi pecho, dándome calor. Se sentía como si calentaras tu traje isotérmico con orine.

Luke había estado caminando bien con sus sandalias de plástico Crocs, y como me gustó la idea de no llevar medias ni botas pesadas, decidí imitarlo y usar calzado de montaña. Claro que de cuando en cuando teníamos que detenernos para sacarnos espinas de cactus de los pies, pero fue muy agradable sentir el viento en los tobillos y no tener los pies sudorosos encerrados en enormes botas de cuero.

A 4,500 metros de altura, hacía frío en el campamento, y Héctor se fabricó una cama con las mantas del caballo. A la mañana siguiente, caminando sobre escarcha, iniciamos el descenso hacia Ayo, donde llegamos casi al anochecer. Gracias a la popularidad de Héctor, fuimos bien recibidos y nos permitieron dormir en el municipio.

Hastiado de burros y cuestas, yo quería cambiar de rumbo y seguir por el fondo del desfiladero cerca del río. Consultamos con algunos pobladores y nos dijeron que era una idea descabellada: el agua estaba alta y el fondo del desfiladero era impasable. La realidad era que la ruta alternativa también era peligrosa: una senda angosta y serpenteante cubierta de guijarros, y luego sobre un escollo de 600 metros de altura que necesitaría gran pericia—cargando nuevamente casi 40 kilos (de alimentos adicionales), porque el camino era demasiado escarpado para un burro.

Una de las razones por las que había elegido a Luke por compañero era que había sido instructor de alpinismo y kayak. Desde un inicio le había explicado claramente que en ambas áreas él estaría al mando, ya que su experiencia era mucho mayor que la mía. Luke, observando el escollo que debíamos cruzar en la mañana, lo describió como "muerte en un palillo".

Salimos en la madrugada y cruzamos el valle desde Ayo hasta el pie de la montaña. Desde allí zigzagueamos escalando laderas pedregosas cada vez más empinadas, hasta llegar a unos riscos casi verticales en la cumbre. No podíamos ver la ruta que debíamos tomar, y nos atemorizaba lo que encontraríamos más adelante. Yo me había vuelto a calzar mis botas para la selva, pero como el burro de Héctor había extraviado las de Luke, él estaba intentando este ascenso tan dificultoso con sus sandalias de plástico.

Héctor había regresado a su casa, y en su lugar teníamos a Efraín, un hombre nervudo que había traído su zapapico para con él tallar apoyos para nuestros pies en la ladera semisólida. Subía por la ladera con facilidad, mientras que Luke, Oz y yo lo seguíamos dificultosamente bajo la carga de nuestras enormes mochilas. Ascendimos hasta lo alto de profundas hondonadas y atravesamos angostos rebordes. Sabíamos que era peligroso—más de una vez me cayó una roca en la cabeza. Poco a poco encontramos el camino entre los peñascos—solo una vez utilizamos la soga—, sabiendo que casi en cualquier punto un resbalón habría sido fatal. A menudo los asideros se desintegran, y aunque no era demasiado técnico, el ascenso fue el más arriesgado que había hecho en mi vida. Por lo menos me alegraba de no llevar los Crocs. Luke se quitó los suyos y escaló en medias durante un rato. En varias secciones le ofrecí compartir mis botas bajándolas con la soga, pero se negó; parecía sentirse suficientemente seguro. En un momento dado estuvo a punto de matarse cuando una roca de la que estaba sujetado se desprendió y casi le hizo perder el equilibrio y caer por el precipicio. Al borde de la muerte, mantuvo el balance, tiró la roca y no cayó. En ese momento Efraín sostenía la soga esperando aguantarlo, pero Luke pesaba mucho más que el pequeño guía.

Sin duda el peligro nos lanzó a un estado de alerta total, y tanto Luke como yo terminamos encantados con las etapas finales. Por otro lado, Oz estaba dando a entender claramente que tal vez trabajar como guía en las montañas no era lo mejor para él; tuvimos que ayudarlo en más de una ocasión, porque se quedaba congelado por el terror.

El camino de bajada no fue tan malo, y llegamos a un diminuto villorrio engastado en la parte más inaccesible del Cañón del Colca, llamado Canco. Canco es un lugar idílico habitado tan solo por un par de familias que trabajan en el reducido fondo del valle, cultivando y criando ganado. En este tipo de lugares la cerveza es escasa y cara, pese a lo cual nos sentimos felices de poder comprar unas botellas frías y celebrar que estábamos vivos.

Al día siguiente, mientras escalábamos la pared sur del cañón en dirección a Cabanaconde, me impresionó el gran número y la cercanía de los cóndores andinos que flotaban en las corrientes de aire que salían del desfiladero. Esas gigantescas aves con casi tres metros de envergadura recargaron mi espíritu y me dieron energías. Traté de contagiar mi entusiasmo a Luke, pero él solo vio grandes buitres y siguió caminando con la cabeza gacha. Habíamos escalado 4,000 metros, y el cansancio acumulado significaba que tendríamos que pasar la noche en una zanja al costado de la carretera, faltando pocos kilómetros para llegar a nuestro destino.

Los 22 kilómetros de Cabanaconde a Lari fueron de nuevo por carretera, y esta vez fue un suave descenso que duró todo el día. La ciudad católica de Lari era la meta dorada al final del Cañón del Colca, desde donde podíamos comenzar a buscar la más lejana fuente del Amazonas. Bajo la imponente sombra de los altos Andes sabíamos que desde aquí solo teníamos dos días de caminata hasta el Nevado Mismi y la cabecera del Carhuasanta, el más alejado tributario desde la desembocadura del Amazonas. Habíamos estado caminando tres semanas y a estas alturas ya estábamos bastante cansados, necesitábamos descansar y decidimos tomar unos días para recuperarnos y organizar nuestros equipos antes de emprender el ascenso a la cima.

Katie, la novia de Luke, estaba viajando en el Perú con la esperanza de encontrarse con Luke cuando fuera posible. Era evidente que él la echaba muchísimo de menos durante la caminata, y cada vez que encontraba recepción telefónica la llamaba o le enviaba mensajes de texto. Sabíamos que permaneceríamos en Lari durante unos días; era el momento adecuado para que se encontraran. Luke y Katie se hospedaron en un hotel mientras que Oz y yo dormimos, compramos suministros y tuvimos tiempo para aburrirnos.

Nuestra caminata de tres semanas hasta la cima, atravesando el Cañón del Colca, había sido inspirada por Mike Horn cuando en los años noventa navegó río abajo por el Amazonas en un *hidrospeed*, y más abajo en una canoa o piragua. Mike había cruzado todo el continente sin la ayuda de un motor; nosotros queríamos imitar su impresionante ejemplo y completar la misma travesía, pero esta vez sin usar la corriente del río para ayudar en la bajada. En caso de caminar, seríamos los primeros en cruzar el continente por la fuente más extensa del río Amazonas, basados únicamente en fuerza humana. Mike había establecido un estándar, y como resultado tomar un autobús hasta el camino más cercano al Nevado Mismi ya no era una alternativa aceptable.

Katie y Luke se despidieron llorando y acordaron volver a encontrarse en el Cusco unas semanas más tarde. Luke, Oz y yo abandonamos Lari para buscar el origen del Amazonas. Teníamos provisiones para diez días que portaban dos pequeños burros cuyo propietario era nuestro nuevo guía local, Feliciano. En esta etapa nuestros mapas eran buenos: mapas topográficos de grado militar al 1:100,000. Ingresamos en nuestro GPS las coordinadas de Wikipedia para la fuente, y nos pusimos en marcha. Pronto el ascenso se hizo más elevado que cualquiera que hubiera hecho Luke anteriormente. El soroche, o mal de altura, le afectó más que al resto del grupo. Yo no podía comprenderlo, porque (a) teníamos tabletas para eso, y (b) habíamos alcanzado esta altura gradualmente en el espacio de tres semanas, y por ello su cuerpo ya debería haberse adaptado. Estoy seguro de que él percibía mi frustración, a la que aludió en su blog del día de la reunión, cuando me describió corriendo por delante y dando saltos mientras cargaba a cuestas a Oswaldo, mientras él sufría detrás. Era una ficción, por supuesto, una licencia poética, pero sentí que sus palabras estaban llenas de una verdadera sensación de alejamiento.

Después de pasar una noche en un corral para ovejas que nos protegió de los fuertes vientos y la nieve, alcanzamos la cumbre de la cordillera donde se levantaba el Nevado Mismi, y vimos el valle en el lado norte donde podríamos encontrar la fuente del Amazonas y la famosa cruz blanca. Nuestras coordenadas de Wikipedia indicaban una distancia de siete kilómetros, pero Luke y yo habíamos estudiado tantas veces la forma de las montañas que instintivamente sabíamos hacia dónde dirigirnos. Ambos teníamos la sensación de haber estado allí antes, y acudimos a nuestra "fuerza" interna para guiarnos en el descenso a un valle ancho, plano y cubierto de hierba, saltando por encima de arroyos musgosos, hasta que señalé la base de un acantilado de rocas expuestas, y Luke estuvo de acuerdo en que podíamos ver la cruz.

Llenos de gozo, avanzamos los últimos metros y todo se presentó exactamente como lo había imaginado. El frente de la roca de diez metros de altura tenía un prominente chorro de agua que fluía generosamente; era comprensible que la cruz hubiera sido erigida allí. Era un manantial de agua apropiado y pintoresco, fluyendo directamente del frente de la roca.

Tomamos algunas fotos y grabamos videos, y luego vimos otra cruz, de hierro, quince metros más abajo. Había sido erigida en 1971 y afirmaba ser la verdadera fuente. También había una placa del Instituto Brasileiro de Geografica e Estatistica en un lugar separado. Hice un gesto de desaliento ante la frivolidad de esas expediciones, todas afirmando la veracidad de sus propias fuentes del Amazonas en puntos diferentes de la ladera—y de hecho, al día siguiente encontramos una segunda placa marcando la cuarta fuente "oficial" del origen del Amazonas. Podíamos ver los enormes picos nevados y sabíamos que de ellos fluían arroyos sub-glaciales. Por lo tanto, solo había una manera de cubrir todas las bases y asegurarnos de haber estado en la más lejana fuente del Amazonas: escalar hasta la cumbre del Nevado Mismi.

Regresamos a un terreno plano y armamos un campamento de base en el valle Carhuasanta. Esa noche pusimos nuestros despertadores para las 04:40, con la intención de emprender la marcha a las 05:00.

El 25 de abril del 2008, a las 05:45, miré mi reloj y sentí un estremecimiento de temor en todo el cuerpo, como si nos esperara un castigo por estar retrasados. Cuando salí, aún soñoliento, de mi bolsa de dormir, el cruel frío penetró mis delgadas ropas termales. La noche había sido clara, y se había formado hielo en los rebordes de nuestras tiendas. Desperté a los demás confundidos ocupantes, uno a uno.

Habíamos considerado dejar a Feliciano en el campamento para cuidar los equipos, pero luego decidimos que (a) nadie los robaría, inclusive si lograran llegar hasta esta altura, y (b) para Feliciano, que había pasado toda su vida en la base de la montaña, sería extraordinario disfrutar de la vista desde la cumbre. Él estuvo de acuerdo enseguida.

Acampamos a 4,990 metros y solo nos faltaban 610 para llegar a la cima. Feliciano, que solo poseía lo más esencial, llevaba sandalias hechas con viejas llantas de auto. Lentamente iniciamos el ascenso. Luke portaba la única mochila que contenía una soga y un botiquín, y cuando comenzó a frenar la marcha le ofrecí ayudarle con la carga. Tal vez eso le hizo sentir que aquello le haría depender de mí, por lo que declinó y continuó escalando muy lentamente. Era en momentos como este cuando debo admitir que la relación con Luke me preocupaba bastante. Estaba a punto de alcanzar la cumbre de la montaña donde surge la fuente del Amazonas, el cielo estaba azul y despejado, las vistas eran fenomenales, y yo no podía pensar en otra cosa: "¿Por qué diablos no me quiere dar la puñetera mochila?".

Afortunadamente ambos nos serenamos cuando nos dimos cuenta de que la montaña nos exigía cambiar de actitud. Estábamos llegando a un banco de nieve muy empinado y avanzábamos en zigzag bajo el sol brillante.

No tengo fobia de las alturas, pero cuando llegamos a la cresta y eché una mirada al profundísimo barranco, me quedé helado con la cámara en la mano—aterrorizado. El miedo me invadió de manera increíble, pero tuve que forzar una sonrisa, riéndome de mi propio susto, para poder continuar escalando por el escollo, afilado como una navaja.

Haciendo turnos para abrirnos paso, Luke y yo dirigimos al grupo de cuatro hombres por el escollo hasta la cumbre más elevada de la cordillera—el Nevado Mismi—y pese a las tonterías anteriores, cuando poco antes del mediodía llegamos a la cima, a 5,600 metros de altura, todos nos abrazamos invadidos de absoluta felicidad.

Como no soy alpinista ni escalador, la experiencia de llegar a la cumbre me dejó fascinado. Eso, combinado con la certeza de que a partir de este momento estaríamos recorriendo a pie el curso más largo del río Amazonas, viviendo como nómadas, transportando lo que necesitábamos y viviendo de nuestros propios recursos durante hasta dos años, me hizo sentir el hombre más afortunado de la Tierra. Estaba feliz de haber llegado hasta esta etapa, y podía visualizar claramente el exitoso final de la aventura. Podía imaginarnos corriendo todo destartalados en la orilla de Atlántico—la emoción de esa hazaña ya estaba profundamente incrustada en mi alma, y sabía que nada me detendría hasta el final de la expedición.

Luke estaba aún más feliz porque tenía recepción satelital y podía telefonear a Katie. Yo estaba muy consciente de no tener a quién llamar, y por un momento pensé si eso me perturbaba, pero luego sonreí feliz de estar libre para vivir los dos años siguientes exactamente como quería.

Capítulo Tres

El descenso por el cañón más profundo del mundo

No obstante que caminar en el Amazonas suena como una aventura juvenil llena de pirañas, serpientes y jaguares, después de 200 kilómetros aún no nos habíamos acercado a la selva, ni a lo que se conoce como el río Amazonas. Cruzar la cordillera de los Andes fue más como una expedición de vacaciones—pero si queríamos cumplir con nuestra misión, teníamos que hacerlo.

Desde nuestro campamento de base en las faldas del norte del Nevado Mismi, Feliciano regresó a su hogar en Lari, con sus sandalias de jebe y sus burros. Luke, Oz y yo nos encaminamos en otra dirección a lo largo del Valle Carhuasanta. El terreno era tan estéril y abierto que me hizo pensar en una versión agrandada del distrito English Peak. Por tramos la gran expansión se vuelve pantanosa, y debido a que llevábamos una carga muy pesada era difícil caminar pese a que el terreno era plano. A esta altura no pueden crecer árboles, y cada día descendíamos solo unos pocos metros siguiendo la serpenteante corriente en la planicie.

La tarde del 28 de abril, recuerdo haberme irritado con Oz, que alardeaba de no estar cansado mientras que yo avanzaba con gran dificultad ese día. Lo que más me molestó es que yo estaba cargando sus provisiones (por un motivo que no recuerdo,) y cuando nos detuvimos para descansar, tiré a un lado mi carga, retirando las provisiones de Oz y devolviéndoselas abruptamente. No pude explicarme por qué esto me afectó, pero el diario que escribí ese día muestra lo que realmente me estaba preocupando.

Diario, anotación del 28 de abril del 2008:

Hoy me permití tener pensamientos negativos sobre Luke. Eso fue muy contraproducente, porque si había elegido un compañero inadecuado, la culpa era mía. Me sentí irritado conmigo mismo, pero él es la otra mitad de la aventura de la Caminata en el Amazonas, y cuanto antes me convenza de que es necesario tomar las cosas de manera más positiva, y dejar de malgastar tiempo enojándome con él mejor será para los dos. Sé que soy suficientemente fuerte como para enfrentar el trabajo de la expedición con Luke, pero tengo que ser más positivo y no molestarme con él. Como siempre lo he dicho: es una buena persona.

Al día siguiente Luke parecía estar cansado. Oz sugirió una ruta (que Luke aceptó) a través de un terreno que resultó ser muy pantanoso. Oz y yo salimos del lugar riendo al ver el estado de nuestras botas y pantalones—era un día soleado y no me importaba tener los pies mojados. Luke nos seguía, protestando, y se mostró agresivo con Oz. Era la primera vez que lo veía comportarse de esa manera hacia Oz. "Tranquilo, Luke", intervine, subrayando la poca importancia de unos pies mojados en un día soleado.

Franqueamos un pequeño cerco y seguimos adelante por un camino polvoriento. Yo estaba al frente, y al volverme vi a Luke y Oz discutir sobre quién debería caminar a la zaga. Era una escena tan infantil que no pude evitar reírme de ambos a todo dar. Luke se puso furioso. "¡Cómo te atreves a reírte de mí frente a Oswaldo!" Me miraba encolerizado, y simplemente seguí caminando sin responder.

Poco después tomamos un descanso en la cima de una colina, y le dije a Luke que no debería desahogar sus frustraciones con Oz. "Mira, Luke", le dije, "yo lo hice ayer, aunque en menor grado—también yo tengo culpa—, pero no podemos permitir que el cansancio cause malos tratos entre nosotros. Tal vez reírnos sea una buena manera de evitar que nos comportemos como idiotas". Luke todavía pensaba que yo podía haberlo apoyado más, y después de una hora de caminata le pedí disculpas por haberme reído de él frente a Oz.

Estaba cansado de discutir con Luke, lo que sucedía cada vez con mayor frecuencia. Ambos nos estábamos volviendo más irritables y susceptibles. El humor había desaparecido de nuestro grupo. Como Luke parecía estar muy cansado, cuando el 30 de abril sugirió comprar dos burros acepté a regañadientes. Después de todo, él era la mitad de la expedición—y todavía podríamos decir que habíamos caminado a todo lo largo del Amazonas—, pero me hubiera gustado no depender de burros en el viaje. Acepté para mantener la paz.

El primero de mayo, un viejo agricultor nos vendió dos animales, cada a un costo de £40. Los dos viejos burros no habían trabajado en todo el año, y el método para evitar que escaparan había sido amarrarles las patas traseras. Cuando los soltaron, Oz, que había tenido burros, trató de atar un cabestro de soga, pero los animales vieron la oportunidad y salieron corriendo. Los perseguimos por varios campos hasta que eventualmente los atrapamos y les pusimos los cabestros. Los burros eran bastante salvajes, pero Oz asumió el desafío de entrenarlos y pareció muy satisfecho con su nueva responsabilidad.

Debo admitir que los burros redujeron nuestro esfuerzo físico; además, los venderíamos en cuanto llegáramos a la selva. El primer día no llegamos muy lejos, pues yo me sentía enfermo y decidimos acampar temprano. Después de una siesta en la tarde, la noche era hermosa y Luke y yo subimos una colina y nos sentamos sobre unas piedras para conversar.

Luke me dijo que aún estaba herido por mi anterior falta de apoyo, y decidí ser completamente franco con él. Le dije que el hecho de que él no hablara los idiomas necesarios me causaba frustración, y que estaba frenando nuestro avance. En mi opinión todo eso era verdad, pero era la primera vez que le expresaba lo que sentía verdaderamente. Consideraba que teníamos dos años de viaje por delante, y si esta relación no funcionaba debíamos ser honestos o no podríamos culminar la expedición. Era bueno dejarle saber cómo me sentía. La realidad era dura, pero ahora él estaba al tanto y pareció aceptarla de buen grado.

La atmósfera entre nosotros se aclaró luego de este intercambio y pudimos relajarnos. Disfrutamos de una buena cena de carne de soya y papas deshidratadas, y practicamos inglés y español con Oz. Las cosas se presentaban bien.

Al otro día recorrimos una enorme extensión plana, y luego ingresamos por primera vez al pequeño valle de Apurímac. El río Apurímac marca el punto inicial de una red de ríos que debíamos seguir para llegar al Amazonas. Después del Apurímac venía el río Ene, seguido por el Tambo y finalmente el Ucayali, que desemboca en el Amazonas. El río corría, angosto y sinuoso, por un valle profundo similar a los valles en Gales, con afloramientos rocosos. Los ánimos se levantaron y la charla prosiguió a medida que el soberbio panorama nos hacía sentir mejor después de pasar una semana en planicies desoladas. En la noche, la puesta de sol entibió las grandes columnas doradas de rocas fragmentadas que se levantaban altas y orgullosas en el hermoso valle. El área estaba erosionada por el agua que durante el día penetraba en los intersticios de las rocas, y se congelaba de noche, haciendo que se quebraran. El resultado era un páramo fracturado de lápidas dentadas del tamaño de rascacielos.

Anotación en el Diario, 4 de mayo del 2008.

Hoy fue, probablemente, el mejor día de caminata hasta el momento. No el más emocionante ni el más interesante, pero fue agradable y sin problemas, con un escenario espectacular en el valle de Apurímac. A mediodía nadamos e inclusive dormimos una siesta en la pedregosa playa mientras digeríamos el almuerzo.

A medida que el valle se hacía más profundo y comenzaba a lucir más como un desfiladero, la ruta resultaba cada vez más difícil para los burros. Las sendas eran demasiado empinadas o demasiado angostas para ellos, y nos vimos obligados a salir del valle, hacia los terrenos más planos a los lados.

Algunas veces los caminos bajaban por el cañón en nuestra dirección, y los seguíamos. A menudo caminábamos por extensiones de campos verdes donde había ovejas, guanacos y llamas pastando.

El once de mayo llegamos al poblado quechua de Quehue, después de un largo día de caminata en el que recorrimos 25 kilómetros. Era el día de mercado y la plaza principal estaba llena de hombres con sombreros Stetson y mujeres vestidas con trajes multicolores y sombreros hongos color marrón. Oz me dijo que esos eran los ropajes tradicionales, y que los sombreros que usaban las mujeres quechua eran un legado de la conquista española, cuando cada terrateniente adoptaba un estilo diferente para todos sus trabajadores, para así reconocerlos de los ajenos. Me pareció extraño que este atuendo nacional, tan celebrado, fuera en realidad un antiguo uniforme impuesto por los patrones.

En Quehue reinaba una atmósfera poco agradable, y al caminar por la plaza fuimos más acosados que en otros lugares. Los mendigos tiraban de nuestras mochilas pidiendo dinero, y los niños nos señalaban y se reían. Sin deseos de permanecer más tiempo, y viendo que los burros se asustaban con la ruidosa multitud, salimos del pueblo y a 400 metros al norte encontramos un terreno plano y escondido, donde instalamos nuestras tiendas de campaña.

Nos habían dicho que la gente era diferente en esta zona. Había más ladrones y personas "malas" que no nos brindarían ayuda. Tal vez habíamos tomado demasiado a pecho esta advertencia, o quizás nos estábamos volviendo un poco más independientes, pero coincidimos en que nos sentíamos mucho más cómodos en este lugar en nuestras propias tiendas que en un edificio municipal o una iglesia en el pueblo. Comimos nuestro atún y el pan que habíamos comprado en el poblado, y en cuanto oscureció, a eso de las 6:30 PM, nos fimos a dormir.

Para las personas que visitan el Perú, dispuestas a salir un poco de la zona confortable del congestionado Camino del Inca, las zonas altas del Apurímac son extraordinarias. En este punto, el cañón tiene menos de 2,000 metros de profundidad, con bosques de eucaliptos a los lados y fértiles valles en la base, donde las azules aguas glaciales burbujean como invitándote.

Pese a que en esta etapa nuestra relación de grupo había mejorado, leyendo mi diario me doy cuenta de que estábamos comenzando a echar de menos la compañía de otras personas. Luke y yo habíamos estado juntos setenta y cinco días, y yo extrañaba una conversación diferente. Lamentablemente, no compartíamos los mismos intereses y me aburría rápidamente escucharle hablar de las expediciones en kayak y el alpinismo que había practicado en Inglaterra, mientras que él no parecía interesado en los temas que a mí me atraían. Hablamos un poco de cine, pero después de comentar lo que ambos habíamos visto—muy poco—, ya no quedaba nada más.

Era un problema que necesitaba verse en forma positiva, buscando lo mejor en cada uno de nosotros. Pero era sin duda un desafío.

El 17 de mayo llegamos a un diminuto poblado remoto, llamado Santa Lucía. Era temprano en la tarde, nos sentamos al sol en la plaza desierta bebiendo Coca-Cola y comiendo la versión peruana de galletas Oreo, compradas en la tienda local, rodeados por montañas por todos lados.

La tienda era típica de la región: un par de anaqueles de madera con bebidas gaseosas de diferentes colores y paquetes de galletas dulces. A veces tenían latas de atún o carne curada, y bolsas de fideos. La tendera fue amable y nos habló de un hombre que estaba viajando en nuestra dirección y que podría acompañarnos. De inmediato nos interesamos, porque los locales siempre conocen atajos, y partimos con nuestro nuevo amigo. Pronto Luke se unió a la conversación y dijo que inclusive con su mal español había percibido que el hombre era un poco raro. También yo me había dado cuenta, pero después de dos minutos me aburrí y retomé la marcha.

Cuando aparecieron picaflores a mi derecha, saqué mi cámara para fotografiar las escurridizas aves. Mientras filmaba, el hombre comenzó a tirar de la cámara para ver la pantalla. Los picaflores son tan veloces que es difícil filmarlos—y aún más si un peruano loco está tirando de la cámara.

Comenzamos a caminar de nuevo, mientras el hombre conversaba con Oz en quechua. A los cinco minutos Oz se puso furioso, dijo que el hombre estaba loco y que necesitábamos alejarnos de él. Dijo que el hombre pensaba que éramos ladrones de ganado y que habíamos robado los burros de su pueblo. Cambiamos de rumbo con la esperanza de escapar de nuestro desagradable compañero en el camino paralelo de más abajo.

Pero él comenzó a trepar por la ladera hacia nosotros. Nos bloqueó el paso y levantó una piedra, diciendo que no podíamos pasar. Con mirada furiosa, Oz le dijo al hombre que se estaba comportando como un estúpido, y que nosotros éramos simples turistas. El hombre señaló mis bastones para caminata y dijo que estábamos armados con armas secretas. La airada discusión continuó mientras Luke y yo observábamos, sorprendidos pero muy divertidos, al pequeño peruano que sostenía la piedra. Él no se estaba divirtiendo, pero afortunadamente apareció un poblador más cuerdo que logró tranquilizarlo.

El que intervino se llamaba Estefan, y nos advirtió que no deberíamos pasar por el pueblo del loco, que estaba más adelante. Dijo que todos los habitantes eran iguales, y peleaban constantemente.

Siguiendo su consejo tomamos un camino más elevado, un poco más angosto y peligroso, para evitar el pueblo de idiotas. Terminamos acampando a 400 metros directamente sobre el poblado, y creo que todos esperábamos una visita en la noche. Hablamos, en broma, de instalar trampas para defendernos de los locos que vendrían blandiendo horquetas, pero finalmente dormimos apaciblemente y nunca vino nadie.

Cusco es una gran ciudad occidentalizada con dos majestuosas catedrales. No estaba en nuestra ruta, pero necesitábamos visitarla. Se encuentra a unos 40 kilómetros al norte del Cañón del Apurímac, y era donde habíamos enviado nuestros pertrechos para la selva antes de viajar a Lima. Después de cincuenta días de caminata, Cusco ofrecía una tentadora variedad de comida occidental y bares muy atractivos.

En general, la vida en el Perú es barata. El cambio era de unos seis soles por libra esterlina, y por una libra o menos podíamos comer en lugares donde los habitantes locales trabajaban y comían. Cusco era muy diferente. Con precios más elevados que Londres, uno podía hospedarse en hoteles de lujo, disfrutar de excelente comida y hasta consumir sofisticadas drogas, si lo deseaba, en bares y clubes nocturnos abiertos toda la noche. Su proximidad a las ruinas de Machu Picchu lo convierte en el mayor destino turístico en Sudamérica, y no es necesario hablar español para hacer cualquier cosa.

Mi temor era que pasaríamos demasiado tiempo en Cusco, y que nos saldríamos del estado mental necesario para continuar con la expedición. Asimismo, gastaríamos demasiado dinero y perderíamos un poco de habilidad corporal. Por lo tanto, sugerí a Luke que fuera él solo a Cusco, mientras yo permanecía con Oz y los burros en un pequeño poblado sobre el Apurímac, pues así podría traer los pertrechos y volver a ver a Katie.

Pero ya el 20 de marzo solo nos faltaba un día para llegar a Cusco, y todos estábamos muy cansados. Ninguno de nosotros había caminado antes durante cincuenta días, y el llamado de la civilización era demasiado fuerte. Cambié de idea, y le sugerí a Oz que nosotros también pasáramos unos días recuperándonos cómodamente. Dejamos los burros con un simpático agricultor en el Apurímac, y emprendimos el camino hacia el Cusco y hacia las brillantes luces de la ciudad.

Mientras Luke pasaba un tiempo con Katie, yo me puse al día con la parte administrativa del viaje: actualicé las cuentas, digitalicé todo lo que había filmado hasta el momento y envié las cintas a Inglaterra. Ordené nuestro equipo para la selva y envié también a Inglaterra nuestras bolsas para dormir, ropa interior termal e impermeables. En este punto, ya teníamos una idea de la verdadera duración del viaje, así como de los costos reales. El dinero del patrocinio original que habíamos obtenido de JBS Associates no sería suficiente para llegar hasta el final, así que decidí contactarlos para pedir más fondos. Siempre el dinero me preocupó mucho más que los peligros naturales de la travesía. Cuando finalmente llamé al presidente de JBS Associates, Jonathan, él comprendió el dilema y dijo que me ayudaría. El alivio fue enorme, pero sabía que era necesario recortar drásticamente nuestros gastos a partir de ese momento. Eso significaba pasar menos tiempo en ciudades, y encargar menos pertrechos costosos al extranjero. Tendríamos que hacer la expedición utilizando, en lo posible, lo que pudiéramos comprar en Sudamérica.

Es difícil describir con precisión esta historia sin mencionar las diferencias entre la actitud de Luke y la mía con referencia al dinero. Luke hizo un viaje turístico a Machu Picchu (pagado por Katie), y en mi opinión estaba pidiendo la mejor comida en los restaurantes (pagada por la expedición). Pronto recuperó el peso que había perdido, y yo comencé a lamentar su presencia en el viaje. Pese a que nos habíamos entendido mejor en las semanas antes de llegar al Cusco, nuestra relación comenzó a ponerse difícil nuevamente.

En esos días algunos amigos nuestros estaban visitando el Cusco, y pasé una velada en un bar aburriéndolos inmensamente con mis quejas sobre Luke. No estaba seguro de tener la razón, y quería saber si estaba siendo intolerante. De hecho, esperaba que me dijeran que no era para tanto, pero me causó alivio que coincidieran conmigo, y pese a que no sugirieron ninguna solución, parecieron reconocer que Luke y yo no éramos compañeros ideales de viaje.

Era principios de junio cuando abandonamos el Cusco. Miré con indiferencia la despedida de Luke y Katie—ella en un mar de lágrimas. La necesidad que tenían el uno del otro parecía interferir con todo lo que nosotros estábamos tratando de lograr. Esta era una expedición nunca antes realizada, que requería entrega y compromiso, y pensé que Oswaldo estaba más involucrado en ella que Luke.

Recogimos los burros, le pagamos bien al hombre por haberlos cuidado y volvimos a emprender la marcha. Yo sabía que al caminar la mente busca en qué ocuparse, porque no hay mucho más en qué pensar. A menudo esta energía puede volverse negativa, y esta negatividad puede terminar dirigida al compañero de expedición. Caí en esa trampa, y en mi mente permití que los problemas de la expedición recayeran sobre Luke. Él era responsable de algunos de ellos, pero retrospectivamente, me resulta fácil ver que culpar a Luke empeoró las cosas para mí; sentía que estaba menos en control porque el problema era él, no yo. Si hubiera aceptado la responsabilidad por la forma en que reaccioné ante ciertas situaciones, hubiera estado en una mejor posición. Para mí, controlar mi mente fue parte de un proceso de aprendizaje en las montañas; en esa lección todavía seguía siendo un principiante.

El once de junio desperté después de dormir diez horas seguidas desde las 8 pm hasta las 6 am. Cuando desperté, me sentía descansado y con las energías necesarias para ese día, cuando teníamos que escalar 1,100 metros.

A unos 4,000 metros sobre el nivel del mar encontramos un pequeño valle protector y armamos nuestro campamento sobre un terreno plano y verdeante, a orillas de un burbujeante arroyo. Cusco, en el mes de mayo, había sido bastante frío. Lamentando habernos desecho demasiado pronto de nuestra ropa invernal, pasamos una noche muy fría vestidos con camisas de algodón y dentro de delgadas bolsas para dormir que eran más adecuadas para la selva. Habíamos estado tan ansiosos por llegar a la selva que nos olvidamos de las montañas y nos apresuramos en deshacernos de la ropa abrigada. Idiotas.

Con días largos, a menudo escalando y descendiendo más de 2,000 metros, traté de concentrarme en objetivos tangibles. No me gustaba caminar con los burros, tenía planeado conservarlos unos diez días más y luego venderlos. Entonces la expedición sería más flexible y divertida, avanzando a pie. La lenta marcha con animales de carga se había tornado tediosa y con pocos retos; yo soñaba con la selva, hamacas, pesca y fogatas.

Debido a que ahora éramos dueños de los burros, no íbamos acompañados por los propietarios locales que conocen el camino. Eso significó que teníamos que seguir a un guía, algo que Luke y yo decidimos asumir por turno para que la persona que no estuviera guiando ese día se pudiera relajar.

Pese a que no me gusta complicar las cosas en mis expediciones, la verdad es que tengo gran confianza en mis habilidades y al mismo tiempo espero lo mismo de los demás. A mi ver, la guía de Luke era demasiado vaga, a menudo decía que nuestro destino estaba "solo un poco más allá", dándome la impresión de que no sabía con exactitud dónde estábamos. Si no hubiéramos estado en constante desacuerdo eso no hubiera tenido mucha importancia, no necesitábamos ser tan precisos. Pero para mí este era—y espero no ser injusto—otro ejemplo de que Luke no contribuía adecuadamente.

Todas las anotaciones en mi diario mencionan lo frustrado que me sentía—y cuán aburrido estaba de continuar sintiendo lo mismo después de tanto tiempo. Sorprendentemente, mirando en retrospectiva, nunca vi la salida más obvia. Siempre pensé que podríamos resolver nuestros desacuerdos, o que de alguna forma la expedición cambiaría en cuanto llegáramos a la selva, donde ambos nos sentiríamos más contentos.

Al día siguiente, creo que estaba buscando bronca. Luke se ofreció a estudiar la ruta conmigo, pero le dije que no era necesario—él estaba a cargo de guiarnos, y yo solo tenía que seguirlo. No puedo recordar el preciso intercambio de palabras, pero llegó a una crisis cuando le dije que era un pésimo guía.

Luke se puso frenético. Aunque sabía que eso sucedería, me quedé sorprendido ante su agresiva reacción. Estaba furioso conmigo. Parte de mi cerebro atrofiado comprendió su colérica respuesta y admito haber creado la situación para superar el tedio crónico de nuestros fallidos intentos por llevarnos bien. Me sentí un poco liberado al verlo expresar algo de rabia. Oswaldo y los burros nos observaban pacientemente, como se observa a dos gringos expresar su mutua agresividad. Estábamos temblando—fue como la más vehemente pelea en un matrimonio que ha naufragado. Si hubiéramos estado en Londres, hacía ya mucho tiempo que nos hubiéramos separado, pero la expedición nos obligaba a seguir juntos veinticuatro horas al día, los siete días de la semana, y por eso era necesario reventar de vez en cuando.

Demoramos hasta el almuerzo para comenzar a caminar. Sentí que las cosas se habían aclarado entre nosotros, y ciertamente me sentí aliviado de no llevar esos sentimientos acumulados por más tiempo. Para mí había sido una indispensable explosión de honestidad, pero lo que no sabía es que para Luke había sido la estocada final. Pese a que caminamos juntos otras dos semanas, él ya había decidido marcharse.

Caminábamos por senderos indistinguibles en colinas polvorientas cubiertas por plantas espinosas, armábamos nuestros campamentos en terrenos inclinados cubiertos de excrementos de oveja y guanaco; hablábamos tonterías a hombres quechua borrachos para tratar de confundirlos; y nos maravillábamos al ver cómo lucían las bocas de los viejos después de masticar coca durante toda la vida y sin cepillar los pocos dientes que les quedaban.

Al acercarnos a la selva, Luke insistió que necesitaba que le enviaran de Estados Unidos botas especiales de selva. Todos estábamos agotados, y dejamos los burros con otro amable granjero y viajamos a Abancay para recoger las botas de Luke en el correo. Él había estado a cargo de arreglar lo de sus botas, ya que insistió que era vital, de forma que esperamos varios días.

Esa parada significó que tuvimos la oportunidad de relajarnos un poco y descansar las piernas. Al cabo de unos días, las botas de Luke aún no habían llegado, y le dije que debíamos seguir adelante de todos modos. La inactividad me resultaba insoportable. Caminamos unos días por carretera hasta que en un punto de salida llamado Huanipaca, Luke consiguió finalmente recibir sus botas.

Las anotaciones en mi diario demuestran una marcada ignorancia acerca del recorrido que nos esperaba: yo había pensado que la selva solo comenzaría cuando llegáramos al río Ene; pensaba que el fondo del valle se abriría y podríamos caminar a lo largo del fondo, a orillas del río; y creía que los rumores acerca de la Zona

Roja (el malvado centro de terroristas y traficantes de drogas el Perú) eran exagerados, que no era tan peligrosa como la pintaban, y que sería fácil caminar por el área.

Cuando descendíamos hacia el desfiladero por un gigantesco ramal, salieron a nuestro encuentro dos hombres pequeños que no nos permitieron pasar. Sabiendo que estábamos ingresando a la Zona Roja, nos comportamos respetuosamente y mostramos nuestros pasaportes y visas, pero los hombres rehusaron moverse. Se me ocurrió contratarlos para caminar con nosotros, la idea les pareció buena y nos escoltaron hacia su zona. En la conversación, nos informaron que en esos días había una gran pelea por derechos a una mina, y nos habían confundido con inspectores extranjeros de minas.

También nos compraron los burros. Ya no los necesitaríamos, estaríamos caminando en el fondo del valle, por donde no podrían pasar. Recibimos solo un poco menos de lo que habíamos pagado por los animales, y me agradó que, aunque fuera por una vez, algo de dinero estuviera regresando a la expedición. A Luke le entristeció separarse de los burros, y debo admitir que a mí también me afectó un poco cuando cada hombre se hizo cargo de un burro, empujándolos en direcciones diametralmente opuestas y separando a la anciana pareja probablemente por primera vez en quién sabe cuánto tiempo.

Los burros fueron remplazados por dos chicos del área, Segil y Rubén, que aceptaron caminar con nosotros por un pago. Eran solamente jóvenes agricultores, no estaban acostumbrados a cargar pesos y constantemente nos pedían un momento de descanso. Bajamos hasta el fondo del valle y amarramos nuestras hamacas en el calor tropical. Luke y yo probamos la red y pescamos una trucha en alrededor de media hora. El agua resplandecía de vida, y la idea de tener cerca un baño claro y transparente durante el resto del viaje nos hizo muy felices. Tras nosotros quedaban sucios y sudorosos meses de montañas yermas; podríamos meternos en el río y lavarnos cuando quisiéramos.

Los chicos nos dijeron que todos los sembradíos de coca que

estábamos recorriendo eran cultivados para procesarlos y extraer cocaína. Los agricultores a pequeña escala venden las hojas a traficantes de drogas, "narcos", en la noche, y luego los narcos las procesan convirtiéndolas en una sustancia húmeda, similar al queso, antes de enviarla a lugares como Abancay para su distribución a Colombia, donde es refinada.

El primero de julio del 2008 desayunamos con pescado frito y fideos, y luego emprendimos la bajada hasta el fondo del valle. Sabíamos que si los costados del desfiladero resultaban impasables, tendríamos que desviarnos y subir por pequeños ramales, pero sin el estorbo de los burros teníamos confianza en atravesar cualquier terreno.

Pronto llegamos a una sección donde el agua embestía directamente hacia un farallón vertical. Rubén y Oz no sabían nadar, y de todas maneras las amenazadoras aguas del río no nos dejaban otra alternativa. Luke tomó la decisión de subir hasta el otro lado de la colina y estuve de acuerdo; aparte de regresar, no teníamos realmente otra opción.

No fue nada fácil ascender por los escarpados costados del cañón del Apurímac, donde no había ningún sendero. Eran demasiado empinados para caminar, tuvimos que sujetarnos a plantas espinosas y rogar porque no se desprendieran las rocas que estábamos pisando. En contra de la opinión de los tres peruanos, Luke decidió ascender directamente, pero los demás lo siguieron de todas maneras, aunque no por mucho tiempo. La cuesta se tornó demasiado escarpada y nuestros acompañantes se apartaron hacia la izquierda, rodeando el frente hasta encontrar un farallón que podrían escalar. El calor resultaba opresivo después de semanas en las montañas. El sudor hacia que la ropa se nos pegara al cuerpo.

Llamé a Luke para sugerirle que siguiera a la gente del área, pero no respondió. "¿Escuchaste lo que te dije?", lo interrogué. "Sí", respondió abruptamente y siguió escalando.

Los otros cuatro dejamos que Luke continuara su alarmante ascenso. Atravesamos un valle sin mayores complicaciones y comenzamos a escalar por un ramal de roca. En una sección, pudimos mirar hacia la derecha y vimos a Luke en su ascenso. “Dios”, pensé, “eso luce muy peligroso”.

Luke estaba escalando una cuesta donde dependía de rocas sueltas y pequeñas plantas para sujetarse; un resbalón y hubiera sido hombre muerto. Subía dos pasos y el suelo se desprendía, y regresaba donde había comenzado. Era doloroso verlo, pero podíamos apreciar que ahora estaba totalmente empeñado en su objetivo y descender hubiera sido aún más peligroso—si no imposible. Demoró como veinte minutos para cubrir 40 metros; francamente pensé que vería y filmaría su muerte en cualquier momento. Cuando hubo superado una sección muy empinada, nosotros decidimos volver a comenzar el ascenso, que se hizo cada vez más difícil, y nos parecía que nunca llegaríamos a la cresta del ramal.

Si hablaba en alta voz Luke podía oírme, y le pregunté cuánta agua le quedaba. “Casi nada”, fue la respuesta. Yo estaba rezando porque el ramal en la distancia marcara el inicio de un camino que conduciría al otro lado, a un lugar con agua y seguridad. Después de escalar durante seis horas y media, las últimas tres sin agua, podía distinguir la silueta de Oz y los otros chicos que se habían adelantado hasta el ramal más alto. Luke y yo no estábamos juntos, pero nos encontrábamos a alturas comparables, a unos 100 metros por debajo de ellos.

Es difícil expresar lo exhausto que me sentía en este punto, y la fragilidad del suelo y el peso de mi mochila me estaban afectando. Caí diez metros hacia abajo, sobre malezas y cactus, y el cansancio me impidió moverme por otros dos minutos. Estaba cubierto de espinas de cactus, me latía la cabeza y tenía la lengua pegada al paladar por la deshidratación.

Oz nos animaba a seguir desde lo alto, pero yo me sentía muy débil, casi agotado. Ya no me importaba llegar a la cumbre. Lo que sucedió después es algo que nunca olvidaré. Oz, que tenía veinticuatro años, ocho menos que yo, y pesaba mucho menos, comenzó a descender de la montaña para ayudarme. Cuando llegó hasta mí, tomó mi mochila y yo luché para seguirlo mientras portaba mi carga hasta la cima. La sección final tomó unos cinco minutos, y al llegar a la cumbre me desplomé de agotamiento.

Estaba avergonzado. Había sido humillado por el terreno, el calor y la vegetación, y los jóvenes peruanos me miraban con compasión. No había pensado en Luke en una media hora, pero cuando yacía sobre el ramal con una boca que no había recibido agua en cuatro horas de ascenso, comencé a preocuparme por su seguridad.

Oz me dio la mala noticia. Aquí no había ningún sendero. No podríamos bajar hasta una fuente de agua en menos de un día de caminata. Estábamos varados sin recursos en este ramal desolado y estéril, en el cañón más profundo del mundo.

—Luke—llamé—. ¿Puedes oírme?

Escuché una débil respuesta.

—Tengo algo en el ojo.

—Enviaré a Oz a ayudarte. No te muevas de allí.

—¿Podría traerme un poco de agua?

No respondí.

Oz y Segil, que tampoco habían bebido agua recientemente, bajaron a ayudar a Luke. Yo sabía que no podía ayudar y me sentí muy mal. Me recosté bajo un cactus mientras Rubén me miraba.

Pasaron veinticinco minutos antes de que Segil llegara a la cima, seguido de Oz que llevaba la mochila de Luke en la espalda, y finalmente el propio Luke, que se desplomó al suelo a mi lado.

—Esta nos salió muy mal—dijo.

—Y eso que no sabes ni la mitad, amigo. No hay agua.

Luke confesó que estuvo a punto de desmayarse más de una vez durante el ascenso. Ninguno de los dos nos sentíamos con fuerzas para continuar, pero Segil nos dijo que había un poblado a unas dos horas de caminata sobre el ramal. Con las mochilas hubiéramos necesitado, como mínimo, cuatro horas. Tragando nuestro orgullo herido, enviamos a Segil y Rubén al pueblo con una bolsa vacía y cien soles, y les dijimos que compraran cualquier líquido que pudieran encontrar. Salieron a eso de las cuatro de la tarde, y mientras Luke y yo yacíamos en el polvo, Oz cortó una rama de cactus con su machete, retiró las espinas y lo cortó en pedazos. Masticarlas fue increíble, el jugo se filtraba en nuestras bocas. Pronto me sentí suficientemente revitalizado para sentarme y considerar la posibilidad de ir a cortar otra rama del cactus, cosa que hice.

Los muchachos de la zona regresaron casi una hora después de anochecer; pudimos ver sus lámparas a un kilómetro de distancia. Vaciaron sus bolsas: diez litros de agua en un recipiente que les habían prestado, dos botellas de tres litros de Inca Kola (amarilla) y Coca-Cola, y diez latas de leche evaporada. Reservamos la mitad para la mañana y el ascenso, y procedimos a beber con ansiedad el líquido vital. Nunca en mi vida había apreciado más un líquido. Luke y yo habíamos sido vencidos ese día, y solo estábamos bien gracias a los esfuerzos de los jóvenes peruanos. Fue una lección de humildad para ambos, y hasta hoy no comprendo por qué lo pasamos tan mal en comparación con los muchachos de la zona.

A la mañana siguiente todos ascendimos hasta el pueblo en unas tres horas. Nos recibió una multitud curiosa que había oído hablar de los estúpidos viajeros blancos a quienes se les había agotado el agua. Pese a que era solo media mañana, nos hospedamos en un hostal con paredes de adobe y tejado de zinc, lavamos nuestras ropas, nos bañamos y descansamos al sol toda la tarde. El dueño del hostal se portó extremadamente bien y quiso ayudarnos a encontrar nuevos guías, porque Segil y Rubén habían regresado a su pueblo. Después de mucha búsqueda creo que se sintió avergonzado de no haber encontrado guías, por lo cual aceptó caminar con nosotros. Lamento confesar que no tomé nota de su nombre.

En el poblado siguiente, en lo alto sobre un lado del cañón, el amable hostelero siguió buscando guías y finalmente encontró un hombre llamado Sergio, con una sonrisa amplia y traviesa. Sergio era musculoso, tenía pecho y piernas poderosos y ni una onza de grasa en el cuerpo. Aceptó dejar atrás a su esposa y su bebé, y caminar con nosotros. Le encantaba caminar y estaba feliz de acompañarnos—yo no tenía idea del tiempo que permanecería a nuestro lado.

El anónimo dueño del hostal, Sergio, Oz, Luke y yo descendimos una vez más hasta el Apurímac. Ahora ya tenía una base enormemente ancha y un aullante viento le soplaba encima. Acampamos a la orilla del río, y Luke y yo preparamos la cena para los peruanos. Luke escribió una lista de suministros que necesitaríamos, instaló el satélite BGAN para Internet y envió un email a Inglaterra. Lo que sucedió después de ese email cambiaría el curso de la expedición para siempre.

PASCO
UCAYALI
Bologhesi
Nuevo Poso
(the Dongo brothers start walking)
Atalaya
START OF THE
RIVER UCAYALLI
Puerto
Ocopa
Satipo
(Cho's home)
START OF THE
RIVER TAMBO
JUNÍN
Quiteni (Cho starts walking)
Pamakiari
(where Emily was living
with the Ashaninkas)
HUANCAYO
START OF THE
RIVER ENE
Pichari
PERU
MADRE DE DIOS
N
S
W
E
NW
NE
SW
SE
SCALE
0
50
100
km
PATH
RIVER
AYACUCHO
Pacaypata
CUSCO
CUŽCO
Abancay
RIVER APURIMAC
Road to Cusco

PARTE 2: LA ZONA ROJA

Capítulo Cuatro

La zona roja

Anotación en el Diario, 3 de julio 2008:

Luke ha decidido regresar a casa.

Esta mañana desperté muy enfadado por haber permitido que Katie, su novia, enviara 30 kilos de suministros al Perú para reabastecernos. ¡30 malditos kilos! Le pedí enviar un email para detener el envío, que iba a costar £300. Cuando conectó su laptop leyó en voz alta la lista de los materiales que había pedido para que yo le diera mi opinión sobre cuáles eran necesarios y cuáles no. Entre ellos había un reproductor de música MP3. Eso me molestó sobremanera, porque él sabía que también yo deseaba uno, y había pedido solo una unidad.

Le dije, "Compañero, ¿por qué solamente un MP3? ¡Yo también quiero uno!"

"Porque voy a abandonar la expedición", respondió con aire resignado y cansado.

"¿Qué?", exclamé, y mencioné la lista de personas con las que teníamos compromisos: las instituciones benéficas, los patrocinadores, las escuelas.

"Lo sé", dijo, "es una de las decisiones más difíciles que he tomado en mi vida, pero prefiero no perder nuestra amistad—siento que esto suceda".

"Amigo, podemos hablar de esto, todo se arreglará".

"Ed, escúchame". Luke había levantado la voz. "Hablar de esto soluciona los problemas para ti, pero no para mí. Tus recientes comentarios aún me hieren, y desde entonces he deseado retirarme". (Habían transcurrido aproximadamente dos semanas).

"Diablos, compañero . . . Bueno, si eso es lo que quieres, entonces deberías marcharte".

No estaba preparado para la emoción que me embargó. Era un entusiasmo genuino, quedaría libre para conducir la expedición a mi manera, para permanecer menos tiempo en las ciudades, para estar a cargo de todos los aspectos del viaje.

No sentí tristeza al despedirme de Luke, pero estaba decepcionado de que nuestra relación en esta aventura hubiera fracasado. Pensé que lamentaría su decisión—echar por la borda una oportunidad única en la vida—, pero no quería tratar de convencerlo de cambiar de idea. Todo estaba marchando bien, y pese a que nunca pensé que Luke se marcharía, súbitamente me parecía lo más lógico.

Luke no cambió de idea, y organizamos su salida. Le ofrecí la mitad del dinero del patrocinio para que pudiera continuar caminando solo con Oz, pero no estaba interesado. La oferta era bastante buena, pero ambos sabíamos que su único deseo era marcharse a casa.

Volvimos a descender por el profundo Cañón del Apurímac hasta el pueblo de San Martín. Durante el camino mi mente estaba llena de ideas y de mi nueva libertad. Tenía que ser prudente para que Luke no percibiera lo vigorizado que me sentía pensando en las posibilidades de la expedición. No quería que cambiara de opinión, y hubiera sido descortés mostrarme demasiado feliz por su partida.

¿Por qué no me sentía más triste? Bueno, pensando fríamente, Luke y yo habíamos sido colegas de trabajo antes de comprometernos a esta expedición, en total habíamos pasado probablemente tres semanas trabajando juntos en el inicio y final de las expediciones en Belice, y durante ese tiempo nos habíamos llevado muy bien. Pero nunca tratamos de vernos al volver a Inglaterra, ni siquiera nos habíamos enviado emails, aparte de los mensajes generales que Luke distribuía entre sus contactos de Internet.

Inclusive antes del comienzo de la expedición, recuerdo mi estado de ánimo con respecto a Luke. Inicialmente había pensado que sería el compañero perfecto: era líder de expediciones, nos llevábamos bien, y muy importante, si no funcionaba no sería el fin del mundo, porque no habíamos sido grandes amigos antes.

Lo interesante es que cada vez que tuvimos un desacuerdo hasta el extremo de considerar no continuar caminando juntos, mi plan siempre era seguir caminando solo, el de Luke era volver a casa. Esa era la diferencia entre nosotros.

Por eso es que, cuando el impacto inicial de la decisión de Luke se hubo desvanecido, me invadió una vivificante sensación de libertad que ahora atribuyo a las semanas de negatividad que habíamos vivido, y al intenso deseo de hacer las cosas a mi manera.

Anotación en el Diario, 5 de julio 2008

> *Este día fue como una bocanada de aire fresco. Estaba con la cabeza despejada y mi mente estaba llena de ideas y oportunidades en una forma que me hizo sentir vivo y entusiasmado por la expedición, más de lo que había estado en semanas.*

Luke abordó el ómnibus a las cinco de la mañana, pero no me había levantado para despedirme de él. Podía ver que estaba triste—era como separarnos después de una mala relación—y en el momento de despedirnos creo que ambos pensamos, "Podríamos seguir adelante, vamos a darnos otra oportunidad", pero en mi fuero interno sabía que, al retirarse, había tomado la mejor decisión. Se lo agradezco.

Pensando en lo que ocurrió, reconozco haber tenido gran parte de la culpa. Era mi concepto de una expedición, pero había decidido que Luke formara parte de ella. Creo que lo convencí de que el kayak era un deporte para mujeres y que nosotros deberíamos caminar a lo largo del Amazonas. Le contagié mi entusiasmo y pasión de tal manera que terminó por comprometerse a una empresa que realmente nunca había deseado profundamente realizar. En consecuencia, ninguno de sus comportamientos ni características fueron realmente su culpa: él fue, simplemente, él mismo. Hizo su mejor esfuerzo, y al final tomó la noble decisión de retirarse.

Cuando se hubo marchado, regresé a la maltrecha barraca donde estábamos hospedados. Oz y Sergio estaban despertándose. Sergio balanceó los pies hacia el suelo, se sentó y me lanzó una sonrisa matutina para animarme. Yo estaba junto a dos buenos compañeros—no estaba solo—y las cosas marcharían bien. Sergio era un hombre amable que destilaba mucha confianza en sí mismo. Ese día me dijo que acostumbraba ganar mucho más que los cincuenta nuevos soles diarios que yo le estaba pagando; había sido contrabandista de drogas. Era evidente que el trabajo le había gustado, por la forma en que habló de las enormes distancias que había recorrido, en la oscuridad de la noche, por caminos angostos y tortuosos. Viajaba lleno de energía llevando consigo un pequeño paquete (un par de kilos) de base de cocaína. Pese a tener solo veintidós años, Sergio tenía ahora una esposa y un bebé, y no quería continuar con ese negocio peligroso. Pero al hablar se le iluminaban los ojos, lo cual me indicó que en este momento era una excelente compañía para nosotros.

Ese día Oz compró algunas provisiones con la ayuda de Sergio, y comencé a replanificar la expedición. Pronto se hizo evidente que no había mucho que cambiar. Dos de las principales responsabilidades de Luke habían sido comprar provisiones y cocinar. Oz asumió ambas sin que se lo pidiera, y la expedición siguió su curso normal.

Yo me encargué de escribir los blogs, que también había sido tarea de Luke. Escribí a todas las instituciones benéficas y patrocinadores para informarles que Luke se había marchado. Todos reiteraron su apoyo y parecieron aceptar el cambio. Esas cosas suceden en las expediciones largas.

Esa noche los tres nos sentamos en San Martín a observar el cañón y beber Inca Kolas mientras planificábamos nuestra ruta. Estábamos en el lado este del Apurímac y había senderos elevados a ambos lados. El problema es que necesitábamos descender y escalar miles de metros cada vez que un río ingresaba al cañón, lo cual era agotador y deprimente. Como parte de mi liderazgo solo, sugerí probar algo un poco más arriesgado, más divertido y hasta más fácil. Mi idea era descender hasta el fondo del cañón y caminar a lo largo del río mismo. Allí no encontraríamos traficantes de drogas, podríamos pescar y caminaríamos suavemente en bajada todo el tiempo. Ya no tendríamos necesidad de volver a escalar.

Los dos aceptaron—o consintieron, no estoy seguro. Creo que nunca les pedí realmente su opinión. Partimos a la mañana siguiente y bajamos y bajamos, hora tras hora, hasta las oscuras profundidades del cañón. La polvorienta parte superior fue bastante fácil, pero más abajo teníamos que abrirnos paso a través de campos de bambú que crecían estrechamente apiñados, lo cual nos obligaba a avanzar a gatas para deslizarnos hacia un pequeño pantano en el fondo, donde mis sandalias se hundían como si estuviera caminando con cada pie metido en una bolsa de plástico llena de grasa.

Debido a que ahora hacía calor y queramos aligerar peso, cuando Luke partió hacia Lima habíamos enviado con él nuestros impermeables, y aunque parezca absurdo, mis botas. Eso demuestra cuánto tiempo habíamos pasado al aire libre en caminos polvorientos, y también indica hasta qué punto me sentí abrumado al comienzo de esta responsabilidad que había asumido solo.

En la base del cañón armamos nuestro campamento, a orillas del río que ahora era impetuoso y caudaloso. Fue difícil encontrar un área donde pudiéramos dormir, y fabricamos bases de piedra para nuestras esteras para poder echarnos sobre ellas. Oz era un fantástico cocinero, y ahora, cuando nos habíamos deshecho de la cocinilla a kerosene, armaba una pequeña fogata con piedras—casi como un horno—para balancear la olla y contener el fuego en su interior. Oz siempre encontraba la manera de crear platos sabrosos. Esa noche, entre los tres, consumimos una mermelada de fresas suficiente para quince personas, servida en forma de una dulce bebida. Luego tostó el arroz y frió el atún enlatado en ajo.

Mientras comíamos, me di cuenta de que Oz y Sergio hablaban entre ellos tan de prisa que cuando estaba cansado no podía comprenderles. Sin Luke, habíamos descartado los diálogos fáciles hasta mi español mejoró notablemente. Poco después de cenar me retiré a descansar, hice un diario de video y escribí en mi diario.

Oz y Sergio se quedaron levantados conversando, yo apenas percibía sus voces, ahogadas por el rugido de la corriente del río.

Demasiado cansados para apreciar nuestro entorno la noche anterior, al despertar nos encontramos en el mellado fondo del cañón más profundo del mundo. Las rocas que formaban la "playa de guijarros" tenían un diámetro de tres a cuatro metros, y en temporada de crecida, el río hubiera llenado todo el fondo del cañón muy por encima de nuestras cabezas con una corriente de tremenda y letal fuerza.

Comenzamos a avanzar entre las rocas, y pronto el problema de mi plan se hizo obvio. Nuestras mochilas eran excesivamente pesadas para permitirnos una marcha más ágil, y repetidamente corríamos el riesgo de torcernos un tobillo al saltar entre las grandes piedras. El progreso era doloroso, tan peligroso como lento—pero el otro extremo del cañón lucía aún peor. La playa del desfiladero había desaparecido y todo el caudal del río estaba concentrado entre dos paredes de roca.

Me di cuenta de que había escogido una ruta peligrosa, y comencé a dudar de mi buen juicio y a considerar otras opciones. No podíamos caminar por el río, y el lado derecho por el que habíamos descendido el día anterior se veía demasiado empinado para volver a escalarlo. Eso solo nos dejaba tratar de escalar el lado izquierdo del cañón—el que utilizaban los narcos. Comenzamos a escalar un ramal a la izquierda, pero inmediatamente las espinas y el bambú obstaculizaron nuestro avance. Nuestras manos, rodillas y tobillos estaban cubiertos por pequeñas espinas negras. Después de tres horas solo habíamos avanzado 200 metros, estábamos exhaustos y se nos estaba terminando el agua.

Le pregunté a Sergio si existía una fuente de agua en la parte alta. "Sí", respondió, "pero no podemos ir hasta ella—es la que usan los narcos". Comencé a impacientarme. ¿Qué estábamos haciendo, tratando de escalar un costado del cañón que en este punto no tenía un sendero, que era ridículamente escarpado, cubierto de plantas espinosas y frecuentado por traficantes de drogas?

Luego, con pánico y bajo presión, tomé otra decisión precipitada. Decidí que tendríamos que volver al río a través de un angosto desfiladero. Oz y Sergio podrían usar las dos balsas, y yo nadaría detrás de ellos para no viajar río abajo en un bote. Era un área gris de acuerdo a las normas de mi expedición, que especificaba que no deberíamos viajar por río, pero en el calor del momento traté de ser firme. Mientras iniciábamos el camino de regreso hacia el río, sentía un nudo en el estómago ante la posibilidad de atravesar el desfiladero a nado. Ni Oz ni Sergio sabían remar tampoco, y todos éramos novatos en el agua, incapaces de mantener una trayectoria directa. Para cuando llegamos al fondo era media tarde. Miramos hacia abajo, al desfiladero, y como no podíamos vislumbrar el extremo del farallón, no pude calcular el largo del angosto desfiladero. Saqué mi mapa y medí la parte del cañón para ver cuánto deberíamos avanzar en el agua: dos kilómetros y medio. Cada vez me sentía más fuera de control. No sabía si encontraríamos rápidos; era muy probable que sí, y ciertamente pondríamos nuestras vidas en un serio peligro. ¿Qué estaba haciendo? Estaba remplazando un miserable infierno por otro.

Recordé cómo se burlaba mi primer sargento en el entrenamiento militar: "Señor Stafford, ahora que usted está en Sandhurst, en su ciudad deben estar echando de menos al tonto del pueblo". "Tome una pausa de cóndor, señor Stafford". Esto último se refería a una antigua publicidad británica para cigarrillos, que significaba, respire profundo y tome un momento para pensar. Sabía que estaba defraudando a los otros debido a la presión bajo la cual me encontraba; me estaba precipitando y necesitaba calmarme y respirar profundamente. "No hay presión de tiempo", pensé. Miré mi reloj: las 2:30 PM. Decidí que debíamos acampar. Encontramos una pequeña playa arenosa e hicimos una fogata. Me senté en una roca y bebí un café dulce y caliente. Saqué los mapas y estudié nuestras opciones en tiempo lento. Una vez que hube recuperado la serenidad, pude ver la única opción lógica. Encontré un ramal en el lado derecho (oriental) del valle, lo suficientemente superficial como para poder escalarlo. Nos tomaría todo el día, pero podríamos tratar de regresar al camino que habíamos dejado cuarentiocho horas antes. Eso implicaba admitir que todo el descenso hacia el valle había sido una total pérdida de tiempo, y que tendríamos que escalar una gran pendiente en la mañana, pero era el lado menos peligroso en cuanto a los narcos, y sabíamos que una vez que alcanzáramos la cima encontraríamos un camino que podríamos seguir.

Habiendo encontrado la ruta más segura y prudente, reflexioné sobre ese día con vergüenza. Mi confianza había sufrido un duro golpe y estaba en la base del cañón del Apurímac sintiéndome empequeñecido y con tanta lástima de mí mismo como nunca había sentido. ¿Sería capaz de realizar este viaje sin ayuda? ¿Nos llevaría a los tres a la muerte?

Saqué el habano que mi amigo George me había regalado para fumarlo en un momento de celebración, y decidí que este era el adecuado para darme ese consuelo. Lo encendí y aspiré el suave humo. Había tomado tres malas decisiones que en dos ocasiones nos habían causado dificultades. Hice un pacto conmigo mismo: no buscar alternativas fáciles, y no sentirme presionado a tomar una decisión específica. A partir de ahora tenía que aceptar total responsabilidad por nuestras vidas, y necesitaba buscar profundamente y encontrar la serenidad y confianza para sacarnos de este embrollo.

A la mañana siguiente desperté sintiéndome ciento por ciento mejor. Oz encontró de inmediato una senda en el ramal, y llegamos al camino (donde habíamos estado tres días antes) en solo cuatro horas de ascenso.

El sendero iba, de arriba abajo, alrededor de ramales elevados sobre el costado del valle, hasta que llegamos a un pintoresco poblado llamado Locmahuaeco, en un valle lleno de árboles frutales llenos de naranjas y limones dulces. En el poblado de incomparable belleza encontramos una tienda que tenía un renovado surtido de bebidas gaseosas y galletas. La joven pareja que la administraba nos recibió con placer: éramos sus primeros clientes, y nos relajamos inmediatamente en el placentero lugar—tanto que cometimos un grave error: no pedimos conocer al jefe del pueblo. La pareja parecía tan relajada y amistosa que eso no pareció necesario, y sugirieron que colgáramos nuestras hamacas entre los postes de la portería del campo de fútbol.

Mientras estábamos en ese terreno, me aproveché del gran espacio para extender los cuatro rollos de células solares de dos metros cada uno, y recargar la batería de 12 voltios de motocicleta que estábamos usando para recargar la computadora portátil. Algunos niños curiosos se acercaron y nos ofrecieron limones dulces hasta que no pudimos comer ni uno más.

Estaba a punto de escribir mi anotación en el diario cuando el jefe del pueblo nos llamó a Oz y a mí a una reunión, exigiendo ver nuestro permiso. No teníamos ningún permiso, por supuesto, y no paramos de reír como dos chicos traviesos hasta que llegamos al lugar. Dentro de la cabaña con tejado de zinc expliqué quiénes éramos y qué estábamos haciendo. Todos los pobladores se habían reunido para decidir qué hacer con esos forasteros que simplemente habían llegado y habían acampado en su campo de fútbol. Oz volvió a contar la historia para los que no comprendieron mi crudo español. Todos lucían muy serios, las mujeres más que los hombres. El jefe tomó nuestro pasaporte y documentos de identificación, y nos dijeron que, al ser esta la Zona Roja, si algo nos sucedía, la sospecha recaería sobre ellos. Nos dijeron que en el futuro debíamos hablar con los jefes de los pueblos que visitáramos. Nos deshicimos en disculpas y agradecimos sus buenos consejos. Cuando nos dieron permiso para marcharnos, salí del lugar en la oscuridad, aliviado de no haber tenido más problemas.

"¡Idiotas!", gritó Oz demasiado pronto y demasiado cerca de la cabaña. Todos echamos a correr como adolescentes bromistas. Era necesario tomar en serio a estas gentes: vivían fuera de la ley porque aquí no había ley—ciertamente no había policías, pero sí un activo comercio de drogas. "Comienza a madurar, Stafford", me regañé a mí mismo cuando regresé a mi hamaca. "Este no es un juego".

En la mañana, la joven pareja, que se había instalado recientemente en el pueblo y se mostraba mucho más relajada y normal que muchos de los otros habitantes, nos preparó una gallina vieja con un poco de yuca, un tubérculo regional. Todos sonreían cuando partimos y comenzamos a escalar las paredes del valle, alejándonos de su comunidad por un ancho camino. Nos sentíamos vigorizados después de desayunar, pero el sendero era muy empinado y yo tenía que concentrarme para mantenerme al paso con los dos peruanos. En la cima—sin realmente detenerse—, Sergio tomó su honda y estirando el elástico apuntó hacia los árboles a la derecha. Era algo que hacía a menudo: disparaba pequeñas piedras a diestra y siniestra sin un motivo aparente. Pero esta vez gritó de alegría y bajó su mochila para ir a buscar algo entre las malezas. Había cazado una pequeña paloma de montaña, y tuvimos carne para la cena.

El día fue duro, y el camino se bifurcó varias veces. Cada vez teníamos que adivinar cuál era la dirección adecuada; cuando al fin terminamos, nos encontramos buscando nuestro propio camino montaña abajo, resbalando y asiéndonos a ramas y raíces en nuestro descenso.

En un pequeño pero caudaloso riachuelo, nos desnudamos y nos bañamos, limpiando nuestros cuerpos de la suciedad matinal. Sospechábamos que el camino que habíamos perdido se encontraba directamente arriba de nosotros, y comenzamos a escalar siguiendo un ramal, a través de un bosque cada vez más denso, hasta que me di cuenta de que, después de más de tres meses de expedición, finalmente habíamos llegado a la selva. Exhausto, sonreí ante la familiar sensación de verme rodeado de árboles. La fresca oscuridad de su sombra y el húmedo olor de la vegetación me dieron nuevamente la bienvenida a lo que me había parecido un lugar perdido desde mucho tiempo atrás.

Después de tres horas habíamos avanzado 400 metros horizontalmente y 200 metros verticalmente. Nos estábamos abriendo paso por entre una maleza densa y enredada, arrastrándonos por debajo y a menudo saltando por encima de árboles caídos. Estaba por caer la noche; no habíamos visto señales del camino, ni de agua. Acampamos, encendimos una pequeña fogata y freímos la paloma en aceite. Casi sin agua, saboreamos la suculenta carne y luego algunas galletas dulces con sabor a banana como postre. El progreso había sido tan lento que no nos sentimos capaces de continuar en este lado del río atravesando una selva montañosa debido a que no teníamos suficiente alimentos y, de acuerdo al mapa, a esta velocidad podríamos demorar semanas en llegar al pueblo más próximo. Sergio sabía que la otra orilla del Apurímac tenía un buen sendero desde aquí hasta San Francisco, por lo que, pese al obvio mayor peligro de encontrarnos con traficantes de drogas, acordamos utilizar los senderos en el lado narco y salir de allí con la mayor rapidez posible.

Sin agua que beber, aparte de una llovizna que caía, bajamos corriendo casi en línea recta hasta el río, un descenso de 650 metros hasta un kilómetro y medio de distancia. Balanceándonos de los árboles como monos en nuestro descenso de la montaña, llegamos al río en poco más de una hora. Después de superar los últimos metros llenos de piedras resbalosas, finalmente inflamos las balsas y atravesamos el río hasta la otra orilla. Bebimos como dos litros de agua cada uno, y devoramos una gran olla de fideos que Oz preparó. Podíamos ver campos agrícolas más abajo, y sabíamos que eso indicaba que había caminos. Los caminos significan progreso: comenzamos a escalar de prisa la empinada colina.

Anotación en el Diario, 10 de julio, 2008:

En un momento dado, durante este ascenso de 50 metros, puse mis brazos alrededor de la cintura de Sergio para hacerlo más pesado, permitiéndonos halar a Oz por una pared vertical donde no tenía en qué sujetarse. Cosas ridículas que uno hace porque no tiene otra alternativa. La vida depende de que no se desprenda la rama de un árbol muerto, o de que un terrón no se desmorone. Cuando llegamos a los senderos escalamos la cuesta en silencio—súbitamente muy conscientes de estar en territorio de narcos.

Cuando pudimos relajarnos un poco, nos sentamos bajo un árbol y nos atiborramos de limones dulces. Comí ocho hoy. Comida gratis que no hay que cargar—¿por qué no?

Seguimos escalando el cerro. Cuando subíamos a 800 metros con nuestras pesadas mochilas me di cuenta de que el trabajo nos parecía mucho más fácil, y que estábamos en mejor forma física. Encontramos un camino fantástico—excelentemente mantenido—que nos condujo a un valle que estaba cubierto por un exuberante bosque. Ya habíamos dejado atrás los cerros polvorientos, y como si nos señalaran la entrada a la selva, dos grupos de monos aulladores comenzaron a gruñirse unos a otros en el profundo valle. Después de las ballenas azules, los monos aulladores son los mamíferos más ruidosos del mundo, y el ruido llenó el valle como si tropas de dinosaurios se estuvieran provocando para pelear. El ruido me animó y sentí placer en el hecho de estar dejando atrás las montañas, una región en la que tengo limitada experiencia, y ahora estaba ingresando a mi medio favorito en el mundo: el bosque tropical.

Las últimas etapas del río Apurímac todavía formaban parte de la Zona Roja, y poco a poco me fui dando cuenta de que el río Ene sería igualmente peligroso. Debajo de la apariencia de paz y tranquilidad, estaba consciente de la siniestra realidad: se estaba procesando en la zona una enorme cantidad de drogas, y nosotros estábamos en contacto con narcos casi a diario. Sergio me advirtió que si por error ingresábamos a una planta activa de procesamiento de drogas, seríamos asesinados inmediatamente. "De eso no cabe duda", dijo. Las ganancias eran demasiado grandes para que los narcos se arriesgaran a que unos forasteros descubrieran sus ubicaciones. Si los habitantes locales estaban al tanto de los detalles del procesamiento, se mantenían en silencio. No querían perder la vida.

Con teléfonos satelitales, Internet, GP y armas modernas, la industria de las drogas está mucho mejor equipada que la policía peruana, que no podría combatir contra ella. Las únicas operaciones exitosas contra los narcos eran conducidas por el ejército, y aparentemente esas operaciones no eran frecuentes.

Después de dormir en una zanja al borde de una carreta, emprendimos la marcha a las 5:30 y llegamos un pequeño poblado llamado Villa Virgen a la hora del desayuno. El pueblo estaba comenzando a recuperarse de una gran fiesta la noche anterior, y la mayoría de los pobladores estaban todavía despiertos, o perdidamente borrachos. El presidente del poblado se nos acercó tambaleándose, con el rostro congestionado y los ojos enrojecidos, y exigió ver nuestros papeles. Le sonreí y le pregunté muy cortésmente si podía recomendarnos un buen hotel. Se mostró confundido, señaló en dirección al hotel y nos dio la bienvenida a Villa Virgen. Permanecimos una noche, pero a la mañana siguiente nos despedimos de un Sergio muy sonriente y Oz y yo continuamos el viaje solos.

Anotación en el diario, 24 de julio, 2008.

Estamos en Pichari. Oz está muy preocupado por los días y las semanas que nos esperan. Teme a los indios nativos de la zona y a los traficantes en drogas. Creo que su temor es comprensible y nadie piensa que la ruta a seguir será segura. Todos nos dicen que nadie ha caminado por allí antes.

Yo tengo temores, pero siento que tal vez sea solo miedo de lo desconocido, que las cosas serán más fáciles de lo que esperamos.

Hoy volví a estudiar los mapas entre Atalaya y Pucallpa, y la lejanía es absurda. Cientos de millas de selva con un río azul y serpenteante que se abre paso entre ellas. Pase lo que pase, los próximos meses estarán llenos de aventuras.

La verdad es que dudo que vaya a morir durante este viaje. Estoy tan comprometido y concentrado en llegar hasta el final que considero que es un riesgo que vale la pena. Hasta el momento hemos tenido suerte—¿y quién puede decir que nuestra buena fortuna no nos seguirá acompañando? Lo que no quiero es que Oz muera—no me gustaría para nada que eso sucediera. Hoy le di más oportunidades para marcharse, y me parece que lo está considerando. No quiero convencerlo de que se quede, porque si él muere yo seré el responsable.

Siento que mi vida está en manos del destino. No quiero sonar melodramático, pero es así como me siento.

Hoy hablé con Chloe. Pese a los dos años de separación aún tenemos una relación muy estrecha. La única fotografía que tengo aquí es la de ella; es una foto de los dos en un lago en las montañas de Fiji. Ese día nos sentíamos felices. Chloe, te amo.

Dentro de dos días llegaremos a un pueblo llamado Natividad. Se dice que allí todos están armados. Disparan tiros al aire para llamar a una reunión comunitaria. Todos están involucrados en el tráfico de drogas. No hay policía. Muchos nativos. Estoy cansado. Cama.

El 25 de julio Oz y yo salimos de Pichari, caminando con mochilas muy pesadas. Ahora cargábamos todo el equipo que Sergio (el Buey) había estado transportando, y nos sentíamos como si hubiéramos entrado al corazón de la Zona Roja. Podía sentir que Oz estaba asustado, y casi no hablamos mientras nos esforzábamos por cargar el peso adicional. Después de cinco kilómetros, una furgoneta pasó por nuestro lado, y un hombre en la parte posterior gritó, "¡Aquí se matan!" Oz quedó visiblemente asustado y sugirió tomar un descanso. No hablamos durante unos tres minutos, al cabo de los cuales Oz me dijo que necesitaba hablarme de algo. Sabía lo que iba a decir y le pedí esperar a que sacara la cámara y comenzara a filmarlo. "He decidido volver a casa, Ed. Lo siento, tengo demasiadas preocupaciones".

No me sorprendí mucho. Habiendo avanzado apenas unos cinco kilómetros, decidimos que lo más prudente era regresar a Pichari y organizar la partida de Oz. Conseguimos que una furgoneta nos llevara, y nos percatamos que estábamos sentados sobre bolsas de hojas de coca. Irónicamente, el que nos había ofrecido transporte era un amable traficante, que nos llevó hasta la ciudad.

Con tristeza, nos registramos en un desaliñado hostal y comenzamos a escoger los pertrechos que yo podría cargar solo. El contenido del botiquín tenía ahora tantas medicinas como gente blanca había en la zona. Eventualmente conseguí reducir el peso de mi mochila a unos 45 kilos. Cámaras, cintas, computadora, enlaces satelitales, teléfonos, rollos solares, una pila seca de 12 voltios, cargadores, cables, cables, cables, y por supuesto también lo más imprescindible para sobrevivir en la selva. Oz llevaría el resto al Cusco, y lo enviaría a un depósito en Lima.

Hice una anotación en mi diario y esa noche casi no pude dormir, pensando en lo que haría. No quería meterme en situaciones peligrosas, pero tampoco quería desistir de la expedición.

A la mañana siguiente Oz aceptó ayudarme a conseguir un nuevo guía. Pero en nuestro tímido intento descubrimos que el consenso general en el pueblo era que no era seguro caminar con un gringo. La población local pensaba que el ejército estadounidense estaba operando en esta área en un intento por erradicar las plantas de procesamiento de cocaína. Debido a que la mayoría de los habitantes tenían alguna participación en el comercio de drogas, no simpatizaban demasiado con los estadounidenses. Con la cabeza rapada y mi camisa de expedición cubierta con insignias de patrocinadores e instituciones de caridad, mi aspecto era tanto militar como estadounidense.

Si hubiéramos estado en el río, en kayaks, hubiéramos podido remar frenéticamente y atravesar la zona sin ser descubiertos. Pero no estábamos en kayaks. Si los estadounidenses no hubieran comenzado a operar recientemente en esta área, no hubiéramos sido un blanco para los alarmados productores locales de coca. Pero según los rumores locales, ya estaban operando. Me deshice de mi camisa de expedición y compré una camiseta barata en un puesto de la calle.

El último lugar donde entramos para buscar un guía tenía el aspecto de una tienda general, y compré algunos aparejos de pesca para regalar a los nativos. El tendero se mostró interesado, y cuando le dijimos lo que estábamos haciendo se tornó muy serio. "No pueden atravesar esta área a pie", insistió. "Deben tomar un autobús y regresar a Lima, y más tarde retomar su viaje a partir de Atalaya. No hay forma de que un hombre blanco pueda atravesar el río Ene a pie". Le pregunté qué pensaba que sucedería si lo intentábamos. Su respuesta fue muy clara. "Los matarán".

Cuando le dije que pensaba tratar de hacerlo de todas maneras, suspiró y me aconsejó obtener un permiso en el edificio de los Ronderos. Yo había oído hablar de los Ronderos, pero no comprendí realmente quiénes eran hasta que Oswaldo me lo explicó. A la policía peruana no se le permitía ingresar en esta área, que en efecto estaba fuera de la ley. Los Ronderos eran personas locales de confianza, seleccionados para vigilar el orden público en crímenes que no estuvieran involucrados con drogas, y tenían una participación en la industria de las drogas.

Salimos de la tienda con anzuelos de pesca, pesos de plomo y cordeles de nylon, y consideré seriamente no ir a ver a los Ronderos. Si me decían que no podía proseguir, mi posición sería aún peor. Sin embargo, y bastante nerviosos, Oz y yo cruzamos la plaza y llamamos a la puerta de metal del edificio camuflado. Nunca llegué a comprender por qué las unidades paramilitares (y militares) peruanas camuflaban sus bases. ¿Pensaban tal vez que esto las haría invisibles? Era ridículo. Nos invitaron a entrar. En la lóbrega habitación había un hombre gordo sentado detrás de un escritorio de metal y una vieja máquina de escribir. Nos miró con desconfianza y me hizo una seña para que hablara.

Le dije lo que estábamos haciendo. En realidad mentí un poco. Sabía que no me permitiría caminar por la zona, pero también sabía que expediciones anteriores la habían recorrido en kayaks; por eso le dije que estábamos haciendo una expedición en kayak y le pregunté si podía redactar un documento que nos permitiera pasar. El "presidente" (se había presentado como tal) nos dijo que tuviéramos cuidado, pero evidentemente le agradó mi respetuosa solicitud. Dijo que había venido al lugar apropiado y por supuesto me otorgaría un permiso escrito. Mientras martillaba en su vieja máquina de escribir, recé porque el permiso no especificara nuestros medios de transporte. Después de unos cuarenta minutos tosió, firmó el permiso, lo selló y me lo entregó. Era perfecto: no mencionaba kayaks; teníamos un permiso especial, por escrito, para pasar a través del área del Comité de Autodefensa (CAD) de Ronderos.

De vuelta bajo el brillante sol en la plaza de concreto, el pequeño triunfo me dio nuevas esperanzas, y la mención de los kayaks me dio una idea. Le pregunté a Oz, "¿Te quedarías conmigo si viajáramos en botes?". Me dijo que lo haría, pero me recordó que eso sería transgredir las normas de mi expedición.

"Siempre nos atemoriza la etapa siguiente debido a que escuchamos tantas historias de horror", continué, "pero cuando viajamos río abajo las cosas nunca son tan malas como temíamos.

Sigamos adelante remando río abajo en las balsas—veamos con nuestros propios ojos cómo es la situación—y si ambos quedamos satisfechos, podemos regresar aquí para caminar esta sección. Si para entonces no estás contento, puedes abandonar la expedición donde lleguemos en las balsas".

Oz aceptó. Fue un rebuscado medio para lograr mi objetivo, pero era un plan, y por el momento todavía tenía un guía. Retornaríamos a Pichari para seguir caminando, pero por lo menos tendríamos una idea de lo que nos esperaba.

Capítulo Cinco

Los ashaninkas

A la mañana siguiente, después de consumir una sopa de patas de res y una Inca Kola en un desaliñado café, Oz y yo nos dirigimos hacia el río, inflamos nuestras balsas y flotamos sobre el río Apurímac bajo la bruma matinal. En el río, de 20 metros de ancho, hay muchas rocas, pequeños rápidos y remolinos. La travesía hasta el Puerto Ocopa (el siguiente poblado con acceso vial) estaba a 155 kilómetros en línea recta, y tal vez 200 si se toma en cuenta su curso tortuoso. Con la esperanza de llegar en cuatro días, con seguridad estuvimos muy distraídos a la hora de partir, ya que los únicos alimentos que llevamos con nosotros fueron tres paquetes de galletas de fresa.

La primera emoción que sentí fue que, comparado a caminar, navegar era muy divertido. La corriente era poderosa y los bancos nos pasaban por los lados rápidamente. Estábamos viajando hacia el norte a gran velocidad.

Pero Oz comenzó a comportarse de una forma extraña. La proximidad de un rápido, aunque fuera muy pequeño, le hacía gritar como si hubiera visto un fantasma. Ya estaba alterado por las anteriores dificultades del viaje, pero en este momento estaba a punto de sufrir un colapso nervioso en su balsa. Traté de calmarlo, pero estábamos navegando por un río muy bravo con grandes rápidos y chozas de indígenas potencialmente peligrosos a todo lo largo de las orillas, y todos mis intentos fueron en vano. Comenzó a reírse histéricamente.

Los rápidos se hicieron mucho más amenazadores. En un punto no calculé bien la fuerza de uno de ellos, y me encontré atrapado contra una roca por la fuerza del río. El agua llenó mi balsa por completo en menos de un segundo, y pensé que estaba en serio peligro. Oz estaba detrás, navegando en mi dirección, con una sonrisa maníaca en el rostro. Le hice una seña para que se alejara del rumbo que yo había escogido. Cuando pasó sin problema, logré liberar mi balsa y con enorme alivio me percaté de que, inclusive si estaba llena de agua y sumergida, la balsa no se hundía. Remé para alejarme de los rápidos con solo el torso y la mochila fuera del agua—todo el bote estaba sumergido por debajo de la línea de flotación.

Ese día pasamos frente a muchos habitantes de aspecto indígena; casi todos estaban armados con fusiles, y la mayoría se limitó a observarnos, sin mostrar ninguna emoción.

Estaba oscureciendo, y decidimos acampar en una playa pedregosa a las seis de la tarde. Dos chicos estaban pescando con cordel y anzuelo, y nos acercamos para preguntarles si tenían algún alimento. Oz estaba interrogando a los muchachos en una forma tan frenética y llena de pánico que resultaba en cierta forma embarazoso, y me di cuenta de que realmente necesitaba marcharse a casa. Los chicos no parecieron asustarse por el comportamiento de Oz, y nos informaron que en la mañana pasaría por allí un barco de pasajeros. Era la primera vez que oía decir que el río era navegable por barcos, no solo por kayaks y canoas. Esto nos levantó el ánimo considerablemente. Nos dieron dos yucas para comer, y como yo nunca había preparado una, Oz me mostró cómo cortarlas y hervirlas. Cenamos un gran plato de yuca—su sabor era parecido al de la papa—y Oz se relajó un poco, más cómodo con el estómago lleno y sabiendo que no tendría que embarcarse en balsa nuevamente a la mañana siguiente.

A la mañana tomamos el barco de pasajeros hasta el Puerto Ocopa. Allí le pagué a Oz todo el dinero que pude, le dije que le enviaría el resto por Western Union, lo embarqué en un taxi remendado hasta la ciudad de Satipo, donde podría abordar un ómnibus a Lima y otro hasta su ciudad natal, Cusco. Aunque parezca frío, la verdad es que me alegraba de que Oz se marchara; su miedo era contagioso y ya no me servía de ayuda en la expedición. Su compañía había sido insustituible, llevándome tan lejos como pudo, y le debía mucho. Por encima del sueldo que había ganado, también le mandé el dinero suficiente para pagar por su siguiente período académico en la escuela de guías. El destartalado taxi desapareció en medio de una nube de polvo, y esa fue la última vez que vi a Oswaldo.

La expedición estaba en su cuarto mes, había visto partir a Luke y ahora a Oz, pero yo me sentía cada vez más fuerte. Me estaba adaptando física y mentalmente a las exigencias de esta expedición y me sentía lleno de vida, experimentando nuevas sensaciones y nuevos escenarios cada día.

El robusto capitán del barco que habíamos abordado se llamaba Rubén, y amablemente me llevó hasta la comunidad ashaninka cerca del Puerto Ocopa, para buscar un nuevo guía. Estaba buscando un hombre que hablara la lengua indígena local. El poblado consistía en una ordenada disposición de calles polvorientas y edificios sencillos de madera, techados con ramas de palmera. La diferencia entre el poblado ashaninka y la ciudad colonial de Puerto Ocopa era que los indios eran limpios y ordenados, mientras que el puerto colonial era caótico y mugriento. A menudo las casas estaban techadas, pero sin paredes, aunque las calles de tierra que las conectaban no se diferenciaban mucho de las de un pueblo occidental. Después de cinco intentos por encontrar la casa indicada, llegamos a una en cuya puerta estaba sentada una pareja ashaninka de mediana edad, con un chico. Rubén explicó lo que estaba buscando, y de inmediato el muchacho sonrió alegremente y exclamó, "¡Yo seré el guía!".

—¡Fantástico!—exclamé, asombrado de haber encontrado a alguien para guiarme—. ¿Cuántos años tienes?

—Dieciséis—respondió Elías.

Solo faltaba un par de horas para que el barco saliera río arriba, y volví a empacar mis cosas. Una mochila no muy pesada para mí (sin la *laptop*, cargadores solares y otras cosas pesadas que dejaría en el destartalado hotel, ya que volveríamos a pasar por aquí), y una mochila muy liviana para Elías. Calculo que el muchacho medía menos de cinco pies. Era ancho de espaldas, y tenía una sonrisa amplia, casi africana. Le compré unos zapatos de lona y una camisa, y abordamos el barco.

Durante la travesía le pregunté a Elías por su familia. Me explicó que la pareja que había conocido eran su tío y tía, y que estaba viviendo con ellos porque a su madre la habían matado.

—Oh, lo siento—dije—. ¿Cuándo murió?

—El miércoles—respondió Elías.

Mi español no era lo suficientemente fluido como para hablarle de esto como hubiera deseado, además de que era un tema muy delicado—aparentemente su madre había muerto menos de una semana antes de conocernos, increíblemente, con un clavo atravesado en la garganta.

De vuelta a Pichari, Elías y yo nos registramos en el mismo hotel donde Oz y yo nos habíamos hospedado dos veces. Habiendo dejado mi *laptop* en Puerto Ocopa para reducir peso, no podía chequear mis emails, y decidí llamar a mi amiga Marlene en Lima, que me comunicó todos los mensajes importantes. Me resultó reconfortante hablar con ella, y escuchar en su voz una preocupación por mi seguridad que me hizo sentir que alguien, cerca, pensaba en mí.

En los últimos días, más de una vez había sentido miedo de morir. Pero cuando analicé la validez de la exploración decidí que lo que me atemorizaba era simplemente lo que ignoraba, y que probablemente todo saldría bien. Con seguridad las advertencias estaban dirigidas al turista promedio. Yo no era uno de ellos. También recordé que había servido en Irlanda del Norte y había vivido cuatro meses en Afganistán. Podía manejar esta situación, especialmente si Elías podía enfrentarse a ella apenas seis días después de perder a su madre.

El 30 de julio del 2008, después de caminar 35 kilómetros por un camino tortuoso y sin pavimentar, Elías y yo llegamos a Natividad. Después de todas las advertencias, había imaginado que este pueblo sin ley estaría lleno de narcos armados con sombreros de alas anchas y grandes bigotes. En lugar de ello, una apacible pareja nos permitió permanecer en una especie de hostal, y fui a buscar a Paulina, la hermana de Oz, que por coincidencia estaba trabajando como maestra en Natividad. Fue fácil encontrarla; era la única maestra en el pueblo, y fue fascinante ver esta hermosa versión femenina de Oswaldo. Se preocupó mucho al enterarse de las razones por las que Oswaldo ya no estaba conmigo, y me dijo que probablemente yo también debería abandonar la empresa. Sonreí, traté de explicarle que no me importaban los riesgos, y le sugerí visitar juntos al presidente del pueblo para que me vieran como un explorador que no representaba ningún peligro para los traficantes de drogas.

Paulina me acompañó a la casa del presidente, pero él se encontraba en la ducha cuando llegamos. Mientras esperábamos afuera, me sentí un poco como George Bush rondando cerca de un fuerte Talibán en Afganistán, y deseando que nadie se percatara de su presencia. Toda la gente en la plaza interrumpió sus actividades y se quedó mirándome.

Entonces vi a los "duros". "Llegó el momento", pensé. A través de la plaza, cuatro hombres con fusiles caminaron decididamente hacia mí con expresiones malévolas en los rostros. Yo estaba con ánimo arrogante y anticipé su llegada caminando hacia ellos, estrechándoles las manos, uno a uno y mirándolos directamente a los ojos.

Me presenté y les mostré el documento de permiso de los Ronderos en Pichari. En ese momento me di cuenta de que la carta valía su maldito peso en oro.

Se mostraron un poco confundidos por el documento, pero aun así parecieron estar de acuerdo en que yo tenía autorización para estar allí. Sin embargo exigieron ver a Elías, que se había quedado en el hostal; me acompañaron, a punta de pistola, hasta el lugar donde estábamos hospedados. Lamentablemente Elías no había visto la necesidad de traer consigo ningún documento de identificación, un gran error en un país como el Perú, donde es obligatorio, por ley, llevar consigo la tarjeta de identificación. Logró salir del lío gracias a que solo era un niño.

Después, los hombres exigieron ver el contenido de mi mochila. Los llevé a mi habitación y les mostré todo. Expliqué en minucioso detalle todo lo relacionado con la cámara de video, cómo funcionaba y básicamente los saturé de información. Al poco rato se aburrieron.

Había temido que me confiscaran la cámara, porque lo único que deseaban era evitar que la gente se enterara del comercio de narcóticos en el área. Pero cuando vieron todo no supieron realmente qué hacer. Sin cambiar sus expresiones malévolas, me agradecieron por el tiempo que les había dedicado, y me dieron la bienvenida al pueblo. Si tenía cualquier dificultad o problema, debería contactarlos. "Nosotros somos la ley", me dijeron en caso de que hasta ahora no me hubiera dado cuenta de ello.

Después de este encuentro, caminé por la calle principal y un hombre alto con una perilla se me acercó, y me dijo en tono amenazante, "Te cuidado, gringo", y desapareció. Si no me hubieran advertido que aquí debía tener cuidado, me hubiera echado a reír. La gente de Natividad se tomaba demasiado en serio. Eran apenas adolescentes con armas, pero esa era una combinación letal.

Al acostarme esa noche, estaba sorprendido de encontrarme nuevamente en una cama, en un hostal, y puse mi cámara en visión infrarroja y al alcance de la mano, en caso de que alguien nos molestara en la noche. Nadie lo hizo.

Desayunamos a las seis de la mañana. Llenos de huevos fritos y pan nos despedimos de Paulina y emprendimos la marcha, fuera de Natividad, hacia el río Ene. Elías y yo lucíamos ridículos caminando juntos, yo con cerca de un metro noventa de estatura, y él con poco más de metro y medio. Parecía más un niño con sus pantalones cortos y sus nuevos zapatos de lona.

A media mañana llegamos a Puerto Ene. Allí conocimos a Jonathan, un hombre musculoso y esbelto que no demoró ni dos minutos en decidir dejar a su esposa e hijos para caminar con nosotros. Jonathan conocía los senderos y tenía la confianza de un hombre que había vivido siempre en el área. Sobre todo, era una persona con carácter y entusiasmo que de inmediato nos motivó a Elías y a mí a caminar más de prisa. Nos guió con energía a través de caminos boscosos, y la inyección de sangre nueva fue totalmente vigorizante.

Era a comienzos de agosto. Elías, Jonathan y yo caminábamos a través de comunidades indígenas, una tras otra, en una especie de ensueño. En cada poblado nos ofrecían masato, una bebida fermentada que hacen las mujeres masticando yuca y escupiéndola en un recipiente. La saliva es vital para el proceso de fermentación, y el producto resultante es una bebida lechosa ligeramente alcohólica. Era ofensivo no aceptar una bebida, y hasta ahora no me había dado cuenta de que uno podía rechazar cortésmente los tragos adicionales, así que el día entero bebíamos litros de este líquido fermentado.

Las comunidades indígenas me ponían nervioso. Por su parte, los ashaninkas reaccionaban en forma similar ante mi presencia. Estas fueron las tribus más auténticas y originales que conocí durante todo el viaje, y en gran parte hubiera deseado tener en ese momento más experiencia para relajarme y disfrutar más de la experiencia. Pero mi objetivo era la expedición, y tenía que limitarme a adaptarme, aprender y absorber todo lo posible. Traté de relajarme, pero estaba tan lejos de sentirme cómodo que nunca llegué a lograrlo.

Los hombres y mujeres ashaninkas vestían prendas azules o marrones de una sola pieza, llamadas cushmas. No eran mucho más que costales, en realidad, hilados a mano siguiendo un método tradicional. Tanto hombres como mujeres eran bajos de estatura, nadie medía más de 1,70 metros, y se adornaban con numerosas joyas y collares de cuentas y pintura roja en el rostro, a menudo en una línea delgada cruzando sus narices de una mejilla a otra. Muy pocos llevaban zapatos, muchos portaban arcos y flechas en una mano. La mayor parte de la conversación era en el idioma ashaninka, mientras yo hablaba español con Jonathan y Elías, tratando de tener una idea de lo que los demás decían. En el pasado, un pequeño grupo de misioneros había llegado por barco para visitar algunas comunidades, pero todos coincidieron en que yo era el primer hombre blanco que había llegado hasta su pueblo a pie.

Jonathan tuvo que dejarnos y volver a su casa, pues había recibido por radio de alta frecuencia la noticia de que su hija estaba enferma. Lamenté su partida; la suya había sido una presencia estimulante, y echaría de menos su energía y su impaciencia por hacer las cosas de prisa. Era, sin duda, un tipo de sudamericano poco común.

En su última noche yo estaba acostado en mi hamaca escribiendo mi diario cuando me sacó de la concentración. "¡Estafford! ¡Estafford!, ¡Ven a beber con nosotros!" Había comprado a los nativos un balde con diez litros de masato, y quería brindar conmigo. Cuando decliné su amable invitación desde mi hamaca, vino a decirme que de todos modos yo debía pagar 100 soles (£20) por la bebida.

"¡Vete a la puta!", fueron las últimas palabras que le dije. "¡Al carajo!"

A la mañana siguiente Elías y yo continuamos el viaje, pero el ambiente estaba sombrío y silencioso sin nuestro engreído amigo. Eventualmente llegamos a la comunidad de Pamakiari, que nos dijo enérgicamente, "No". No podíamos pasar. Los habitantes estaban visiblemente asustados por mi llegada y se reunieron para compartir su alarma y gritarme. Elías y yo recibimos baldazos de agua, y una mujer me untó con las manos pintura roja en toda la cara.

Recuerdo en particular a una mujer que estaba en la parte trasera del grupo. Era mucho más alta, debía medir un metro ochenta, era delgada y blanca como una occidental, pero llevaba el rostro pintado con el mismo tinte vegetal rojo y lucía los collares de cuentas tradicionales de los ashaninkas. Me la quedé mirando, sin saber quién era, y ella percibió mi mirada. Se adelantó y me preguntó, con un excelente acento inglés: "¿Eres británico? Mi nombre es Emily".

"¿Sabes dónde te encuentras?", continuó en tono acusador. "¿Tienes una idea de lo mucho que ha sufrido esta gente?". Por una parte yo estaba feliz de haber encontrado una persona con la que podría conversar fluidamente, pero al mismo tiempo estaba avergonzado por mi falta de conocimientos sobre los ashaninkas.

Los pobladores nos permitieron hablar, pero al comienzo Emily estaba muy incómoda de mostrarse demasiado amigable conmigo. Más tarde me enteré de que era una antropóloga italiana, y que había pasado varios meses trabajando con los ashaninkas de un pueblo cercano antes de conquistar su confianza, le permitieran visitarlos y eventualmente vivir en una de sus comunidades para estudiar su cultura.

Emily actuó como mediadora, ya que Elías era demasiado joven para ejercer influencia alguna entre los hombres y mujeres, todos los cuales detestaban mi presencia. Me preguntaron si tenía una autorización de CARE, la organización indígena encargada de los ashaninkas de la zona del río Ene. Admití no estar enterado siquiera de la existencia de esa organización. Me sentí tonto, ingenuo y mal preparado. Los ashaninkas rechazaron mis regalos y me pidieron encaminarme hacia el río para esperar un barco. No me dejaron pasar. Emily me estaba mirando cuando recogí mi cargamento y caminé hacia el río con Elías. Yo no tenía idea de qué hacer. El lugar donde me decían que debía ir era Satipo, a cientos de kilómetros de distancia, río abajo en barco y luego en taxi. Era el pueblo por donde había pasado Oz en camino a su casa.

Mientras Elías y yo esperábamos, y yo aprovechaba para lavarme la pintura roja de la cara en las aguas marrones del río, Emily bajó hasta la orilla. Me dijo que, por coincidencia, ella también estaba viajando a Satipo ese día con algunos de los ancianos del pueblo, y que había espacio en el barco. Podíamos acompañarla.

En ese momento hubiera podido abrazarla. Cuando me ofreció su ayuda, Emily no tenía idea de lo miserable que me sentía y lo cerca que estaba de echarme a llorar. Emily, Elías, varios ancianos ashaninkas y yo abordamos el pequeño barco y partimos río abajo hasta Puerto Ocopa, donde vivía Elías y donde el río Ene es accesible al mundo exterior por un camino polvoriento.

Una vez en el barco, Emily se relajó. Ya no estábamos bajo la mirada de la comunidad; más tranquilos, nos sentamos juntos en el tanque de conservación de la pesca del barco, sobre el suelo de madera, y con una sonrisa me invitó a fumar un cigarrillo mentolado. Hubiera podido besarla. También se había lavado la pintura indígena roja del rostro, y sus largos rizos enmarcaban su rostro mediterráneo, al mismo tiempo seguro y femenino. La normalidad de su presencia, la forma en que sus suaves labios aspiraban el humo del cigarrillo y la gentileza con que comenzó a contarnos la historia de los ashaninkas, comenzaron a llenarme el pecho de felicidad.

En el pasado esta área había sufrido tremendos problemas de espantosa violencia, y los ashaninkas del Ene habían padecido terriblemente en manos de Sendero Luminoso, los terroristas comunistas que estaban tratando de controlar al Perú. En ese entonces, el gobierno armó a los ashaninkas con armas modernas, que les permitieron defenderse con violencia. Como consecuencia, habían sido aniquiladas generaciones enteras de hombres ashaninkas y muy pocas mujeres de más de veinticinco años se habían librado de ser violadas o golpeadas durante las luchas. Las compañías petroleras presentaban una nueva amenaza porque querían venir a extraer petróleo de la zona que habitaban los ashaninkas, algo que ya estaba ocurriendo en otros ríos del área. Encima de eso, las invasiones de los cocaleros (colonos peruanos que se apoderan de las tierras de los indígenas, por fuerza o por medio de engaños) estaban vinculadas estrechamente con la explotación ilegal de madera. Por todas esas razones, no resulta sorprendente que los ashaninkas vieran a todo forastero como un peligro potencial.

El hecho de habernos arrojado agua, me explicó Emily, fue una forma de restarle gravedad a la situación—los habitantes estaban realmente temerosos de nosotros, pero tenían buen corazón y no querían problemas. Emily me contó que la mañana anterior una mujer había arrojado agua a un hombre ebrio que acababa de golpear a su mujer. El mensaje había sido claro, pero sin acudir a la fuerza.

Emily me ofreció presentarme a CARE y ayudarme a obtener una autorización que me permitiera continuar mi caminata. Estaba poniendo en riesgo su reputación y la confianza de esta gente, por ayudar a un extraño. Pese a mi estado de agotamiento y la paranoia en que me encontraba, debo admitir que estaba cautivado por Emily y sus largas y esbeltas piernas.

Seguí su consejo y compré 800 soles de regalos para los ashaninkas del pueblo. El paquete consistía sobre todo en antibióticos, calmantes y golosinas, y en CARE quedaron convencidos de mis buenas intenciones y me otorgaron el permiso. Originalmente habían sugerido comprar machetes y palas para las comunidades, pero optamos por medicamentos porque no pesaban y teníamos que cargarlo todo en nuestras mochilas. Inclusive me proporcionaron, de su organización, un compañero y guía llamado Oscar, que conocía las comunidades y contaba con la confianza de la gente. Cargado de abundantes regalos, un permiso y un guía ashaninka de confianza, sentí que las cosas retomaban un buen curso. Había pasado varias noches en un hotel en una ciudad y salido con Emily a comer pizza acompañada de vino tinto, y habíamos hablado de nuestras vidas en nuestros países de origen. Me sentía como nuevo y una vez más estaba listo para el río Ene. Con todo en orden, ¿qué podría salir mal?

Oscar era un ashaninka de aproximadamente mi misma edad, y lucía un corte de cabello que recordaba a los futbolistas alemanes de los años ochenta. El día antes me había pedido un adelanto de su sueldo. Al dárselo, pensé, "Estoy haciendo esto porque él es parte de CARE, y tengo que confiar en él". Oscar estaba muy contento y acordamos encontrarnos en el hostal al día siguiente, a las siete de la mañana.

A las 7:01 toqué la puerta de Oscar en el oscuro hostal. Nadie respondió. ¿Se habría marchado? Maldición, esto era frustrante. Ya le había pagado por adelantado, y ahora no tenía un guía. Pregunté al dueño del hostal a qué hora se había marchado, y me informó que aún estaba en su habitación, durmiendo. Volví a llamar a su puerta. En realidad la golpeé repetidamente con el puño, gritando, "¡Oscar! ¡Buenos días, amigo!" A eso de las 7.20 todo el hostal estaba despierto y molesto conmigo; entonces, finalmente, la puerta se abrió revelando un par de ojos inyectados tratando de enfocarse en mí desde la oscuridad y el mal olor del interior. Oscar estaba hecho una ruina. Los efluvios de licor barato me hicieron retroceder un paso. "¡Fabuloso!", dije sonriendo. "El barco nos espera. Vamos, amigo". Oscar tomó su diminuta mochila y lo metí en el taxi que nos llevaría al puerto. Se durmió inmediatamente, pero no me importó. El viaje de regreso hasta el lugar donde reiniciaríamos la caminata estaba a dos días de viaje en barco; tenía tiempo de sobra para recuperarse de la borrachera.

Más de treinta horas después, el barco volvió a atracar en Pamakiari. Cuando bajé a la orilla, me encontré con la mujer que me había arrojado agua. Oscar le explicó que él debía guiarme, y que ahora tenía una autorización escrita de CARE. Oscar era en realidad la voz con más autoridad, porque la mujer no sabía leer y por lo tanto el documento carecía de significado para ella. Su rostro, medio escondido detrás de un negro y espeso cerquillo, se iluminó con una sonrisa que parecía decirme, "Entonces, por esta vez te dejo ir", y siguió con sus ocupaciones.

Como era por la mañana, no permanecimos en la comunidad porque podíamos caminar un buen trecho. El atraso que tuvimos debido a todos esos viajes de ida y vuelta comenzó a preocuparme acerca de mi programa de viaje y quería dejar atrás el río Ene cuanto antes. Caminamos a través de sembradíos de yuca y luego por senderos de cazadores en la selva. Cada vez que se podía, Oscar contrataba los servicios de otro hombre para mostrarnos el camino a la siguiente comunidad, como si él no los conociera o le fuera fácil desorientarse en el verde laberinto de la selva interior.

La llegada a la mayoría de las comunidades todavía me causaba aprensión, pese a la presencia de Oscar. Nos llevábamos bien, pero no existía una conexión real entre nosotros y yo estaba consciente de que su lealtad estaba con su gente más que conmigo, y que dependía mucho de él.

Después de dos días, llegamos a una comunidad que lucía muy civilizada, con casas techadas alrededor de un bien mantenido campo de fútbol. Dejamos nuestras mochilas en una de las chozas y Oscar salió a buscar al jefe del poblado. Me senté a esperarlo, pero el tiempo pasaba y no Oscar no regresaba. Comencé a sentirme incómodo. Cuando finalmente regresó lucía preocupado.

—Deja la cámara y ven conmigo—dijo.

—¿Cómo?—le respondí. Lo había escuchado pero no quería hacer lo que me pedía. Si algo iba a suceder, quería filmarlo.

—Deja la cámara—insistió. Estaba muy serio, y obedecí.

Caminamos hasta el centro del poblado a un terreno donde se estaba construyendo una escuela. Oscar tomó la delantera y me señaló al jefe. Mientras me acercaba a él para presentarme y estrecharle la mano, me arrojaron un balde de agua sucia que me dejó empapado. La muchacha que lo había arrojado me estaba gritando, encolerizada, en ashaninka. El sonido agudo de sus palabras me hirió tanto como el agua sucia.

El siguiente baldazo fue de una mezcla de concreto, seguido por otros dos iguales. Miré a los pobladores que me roedeaban, y ninguno se estaba riendo. Me sentí marcadamente tranquilo, aunque algo ridículo, completamente empapado en concreto aguado. Entonces la muchacha comenzó a meterme la mezcla de concreto en la boca. Las mujeres me gritaban, alarmadas y furiosas, pero estoy seguro de haber detectado simpatía en los ojos de los hombres que, tranquilos, observaban en silencio.

"Debemos marcharnos", le dije a Oscar escupiendo arena y cemento. Estreché la mano del jefe y le agradecí. Nos volvimos y nos dirigimos hacia el río. Oscar estaba visiblemente agitado, y no dijo nada durante el trecho. Pero cuando llegamos al río me dijo que la comunidad río abajo estaba esperando con lo que traduje como "una pila de espinas" para arrojármelas.

Oscar me explicó que esto era serio, porque pensaban que yo trabajaba para una compañía petrolera argentina, Pluspetrol. El día anterior habían recibido un mensaje de CARE por radio de alta frecuencia que les advertía de la llegada de gringos que vendrían a robarles el petróleo de su territorio. Y fue justamente en ese momento cuando yo llegué.

Era un error perfectamente comprensible por parte de los ashaninkas. Yo era blanco y mi visita era en extremo inoportuna. No pude evitar pensar que CARE debió haber escogido un mejor momento para enviar el mensaje de advertencia con respecto a mi visita, pero en realidad ese no era un problema de ellos. Oscar dijo que no podríamos continuar porque él también había sido desterrado de la comunidad, y por eso ahora existiría desconfianza entre CARE y esta comunidad. Era un problema serio, y Oscar dijo que no estaba preparado para seguir caminando conmigo. Le pregunté si lo haría al otro lado del río Ene—el lado donde predominaban los colonos—, pero siendo ashaninka tenía miedo de caminar por esa zona, y dijo que los narcos eran demasiado peligrosos.

Inflamos nuestras balsas y al comienzo remamos hacia el extremo más alejado del río para poder marcar la posición con mi GPS. Cuando estuve satisfecho de poder encontrar nuevamente el punto cuando regresara, comenzamos a remar río abajo. Yo estaba inquieto: solo había logrado completar dos días más de caminata con Oscar y obtener los cruciales permisos, y ahora estaba volviendo a Puerto Ocopa nuevamente. No estaba seguro de por qué regresaba con Oscar, pero mi cansancio y la penosa experiencia de haber visto a la comunidad mostrarse tan agresiva contra mí me convencieron de que era una buena idea abandonar el pueblo. Ahora necesitaba encontrar un nuevo compañero de caminata, tal vez uno que no fuera ashaninka, lo que me permitiría continuar en el lado narco. En este momento los nativos me preocupaban mucho más que los narcos, por lo que ahora mis pensamientos estaban concentrados en la orilla izquierda (oeste) del río. Cuando estuvimos a cierta distancia, Oscar y no nos sentamos y, simplemente, nos dejamos llevar por la corriente.

Esa noche tuve una conversación fascinante con un hombre en el puerto. Me dijo que los nativos en esa zona eran "malos" e impedían que el Perú progresara. Repetía de memoria la propaganda que el presidente García enviaba al pueblo. Los anuncios de televisión recordaban constantemente que "El Perú avanza", mostrando personas felices extrayendo petróleo y otros recursos naturales. Eso me causó repugnancia, porque sabía que los ashaninkas no se beneficiarían en absoluto con ese próspero futuro.

Al día siguiente Oscar y yo viajamos a Satipo, donde Emily me enseñó un mapa que mostraba que un asombroso ciento por ciento de la Amazonía peruana (fuera de las áreas protegidas), había sido destinado a la extracción de recursos de algún tipo. Una increíble ley afirmaba que los peruanos eran dueños de sus tierras tan solo hasta cinco metros debajo de la superficie. El gobierno podía vender los derechos de explotación en el territorio ashaninka a compañías internacionales, y los indígenas no tenían derecho a protestar. Eso era lo que estaba ocurriendo en el río Ene. Es por eso que las comunidades se estaban defendiendo. No pude evitar ponerme de su lado—pese a que los ashaninkas me habían echado, comprendía totalmente la razón, y me sentí orgulloso de su fiero espíritu defensivo.

Emily me habló de otras zonas del Perú donde las compañías petroleras ya habían comenzando a extraer petróleo, y donde las comunidades nativas habían sufrido transformaciones irreversibles. El proceso era sucio, y la contaminación (en gran parte por derrames durante el transporte) era elevada, ensuciando los ríos y matando los peces. A menudo los habitantes eran compensados con salarios de hasta $1,000 al mes. Suficiente para vivir como reyes en las comunidades, y mantenerse permanentemente ebrios—que es lo que a menudo sucede, junto con un marcado aumento de la violencia doméstica. Cuando se lleva cerveza, o peor aún, licores fuertes, a las comunidades, los valores tradicionales desaparecen completamente. Emily me dijo que después de cada fiesta en su comunidad, alrededor de la tercera parte de las mujeres serán severamente golpeadas por sus compañeros borrachos. Y eso sucedía siempre.

La reacción de los ashaninkas hacia mí había sido, en verdad, buena. Solo deseaban proteger su tierra y su estilo de vida, y esperaban conservar ambas. Les deseé la mejor de las suertes y no quise molestarlos más, por lo que decidí permanecer en la orilla izquierda durante el resto del recorrido por el río Ene.

De vuelta en Satipo, me sentía emocionalmente agotado. Hice saber que estaba buscando un guía, pero los que aceptaron el trabajo no eran adecuados o querían cobrar sueldos elevados fuera de mi presupuesto. Con cierta resignación llegué a la conclusión de que tendría que caminar solo. No me alejaría de las orillas a la izquierda del río, ya que el nivel del agua estaba bajo y podía caminar con mi balsa permanentemente inflada y atada a la mochila, para poder escapar rápidamente en caso de encontrar algún problema. Era un plan arriesgado porque sin un guía, me sentía mucho más vulnerable.

Poco antes de mi partida, Emily dijo que el hermano de uno de sus amigos estaba buscando trabajo. Era un trabajador forestal que conocía bien el área en el lado izquierdo del Ene. La propia Emily organizó una reunión para presentarme a Gadiel Sánchez Rivera.

Capítulo Seis

Gadiel "Cho" Sánchez Rivera

Nos encontramos en la cocina de la casa de su hermano, en Satipo. Tenía un aire inteligente y avispado, el cabello corto, y camisa y pantalones bien planchados. Yo había llevado unos mapas para que los viéramos juntos. Los examinó minuciosamente, frotándose sus labios de aspecto africano, señalando las áreas que conocía y las que deberíamos evitar. Prudentemente, recomendó que saliéramos cuanto antes para completar la tarea y salir de allí. Dijo que conocía un poco la lengua ashaninka, ya que había pasado mucho tiempo viviendo en áreas remotas donde los ashaninkas no hablaban español. Se había visto obligado a aprender lo más básico para poder comunicarse con ellos. Formulamos nuestro plan y nos estrechamos las manos.

En compañía de Gadiel—más conocido como Cho (en inglés rima con Joe) entre sus amigos—regresé al río siguiendo el camino que ya me era familiar: un par de horas desde Satipo a Puerto Ocopa en taxi, y luego un día completo de Ocopa a Quiteni en un barco de pasajeros. Pasaríamos la noche en Quiteni, en la ribera occidental y colonizada para luego continuar hasta el lugar donde yo había tocado la orilla occidental en mi balsa, y establecido una posición en mi GPS con Oscar. A partir de allí el plan era utilizar un camino para transporte de troncos para llegar a las montañas, lejos del río, evitando así un encuentro con las tribus más fieras y aisladas en la parte baja del río Ene. Esta ruta sería continua, pero nos llevaría solamente un poco más lejos del río que la que yo había usado antes.

En Quiteni, hice esta anotación en mi diario:

Estoy mentalmente cansado y me falta motivación. Físicamente me encuentro bien, pero el español de Cho parece diferente y no entiendo gran cosa de lo que dice.

Cho es razonable y luce inteligente y saludable. Pero su conocimiento de la lengua ashaninka no es tan bueno como nos había dicho, y ese es un problema. Mañana debo buscar otro guía que hable el idioma.

Cho también es de la patrulla de Dios, y acaba de explicarme por qué no es bueno poner imágenes de Cristo en una iglesia. Aparentemente, Dios se pone tan celoso como me pondría yo si encontrara a mi novia en la cama con Cho.

Estoy cansado de las personas melodramáticas que nos cuentan historias de horror. Eso mina las energías. Sin embargo, todos dicen que estamos locos al caminar por el lugar donde iremos mañana. Aparentemente los machiguenga "no entienden". Yo solo quiero caminar, que me dejen en paz.

Cho medía 1.77 metros, era de complexión mediana, pero de cuerpo magro. Cuando iniciamos la marcha, calzado él con zapatos de lona, comenzó a cantar a todo volumen himnos cristianos en español. Al principio lo encontré divertido, pues su confianza era evidente y estaba haciendo lo que le gustaba hacer: caminar. Me invitó a cantar con él, pero yo aún no había logrado relajarme lo suficiente como para ponerme a cantar. En parte me gustaba el evidente aplomo de Cho, pero por otro lado no tardé en impacientarme ante su estilo de motivación, basado en canciones infantiles más apropiadas para niños exploradores. Cho me preguntaba repetidamente, "¿Cómo está tu motivación?". Esas preguntas me ponían de mal humor inclusive si antes hubiera estado de buen ánimo. Había caminado durante cuatro meses sin que nadie se ocupara de alegrarme, y me molestaba que alguien perturbara mi mundo.

La nueva carretera para transporte de madera conducía a las montañas, y Cho y yo caminamos vigorosa y rápidamente. Vi mi primer zopilote rey con su inconfundible cabeza morada, roja y amarilla. Lo sorprendimos cuando estaba comiendo un animal muerto en la carretera, y cuando echó a volar me hizo pensar en los enormes cóndores que habíamos visto meses antes en el Cañón del Colca. La carretera estaba recién terminada de construir—tal vez una semana antes—y todavía no había sido transitada por ningún vehículo desde que las aplanadoras habían terminado su trabajo. Eso significaba que nuestra ruta de escape del río Ene había sido construida mientras yo estaba caminando a lo largo del río. Al final de la tarde llegamos a un pequeño poblado de indios de la tribu machiguenga.

Para mí, los machiguengas lucen, visten y hablan igual que los ashaninkas, pero aparentemente su idioma es diferente. Preguntamos si podíamos hospedarnos con una familia, pero pude percibir que nuestra presencia les incomodaba. Más tarde, Cho me dijo que era porque creían que éramos narcos y estábamos transportando pasta de cocaína en nuestras mochilas. Nos dieron un pequeño plato de yuca para cenar y a cambio pidieron cincuenta soles, que pagué a regañadientes. No me gustó la experiencia en general, y me sentí aliviado cuando nos marchamos a la mañana siguiente.

Cho había estado particularmente preocupado por una comunidad con la que creía que tendríamos problemas, así que me condujo por un sendero invisible hacia las montañas, y evitó esa población. Sus conocimientos eran invaluables. Me dijo que la comunidad era "mala" y que no nos hubieran permitido pasar. Había trabajado antes en esta zona y conocía a las familias que vivían en las colinas y podríamos pasar por allí sin problemas.

El 14 de agosto del 2008, Cho y yo llegamos a un poblado llamado Masurunkiari. Era una ciudad interesante porque era moderna, con edificios de madera y concreto de dos o tres pisos, un municipio, electricidad y una gran escuela, pero sus habitantes eran ciento por ciento indígenas. Estos machiguengas habían vendido su madera, y ahora tenían dinero. Eran muy abiertos a los forasteros y como era evidente que comerciaban regularmente con peruanos blancos, no tendrían problema alguno en tratar con un gringo.

En dos días habíamos recorrido 80 kilómetros. Cho era un

caminante incansable—su única debilidad era solamente una gran ampolla causada por sus zapatos de lona.

Después de caminar cinco días, llegamos nuevamente a Puerto Ocopa, pero por primera vez a pie. En promedio, habíamos recorrido la increíble distancia de 35 kilómetros diarios por las nuevas carreteras para transporte de madera. Lamentablemente, la explotación de la madera era espantosa. Cho me dijo que el diez por ciento de lo que veíamos era explotación legal, y el resto era completamente ilegal. Ingenuamente pregunté por qué las autoridades no hacían algo para impedir la tala ilegal de los enormes árboles de la zona. La respuesta obvia fue que las autoridades estaban involucradas en el comercio y se beneficiaban de la situación. "¡El Perú avanza!".

A nivel local, los terratenientes habían recibido una oferta irresistible. Si poseían maderas valiosas, las compañías de explotación forestal les pagarían por la madera y construirían una carretera para venir a extraerla. Los terratenientes se quedarían con terrenos cultivables que ya estaban conectados con la red vial peruana, y tendrían dinero para invertir en ganado. Sin conciencia ni educación ecológica, y un gobierno que estimulaba la explotación de recursos como el futuro del Perú, ¿quién rechazaría la oferta?

Hasta ahora había caminado cuatro meses y medio a partir del Pacífico, y luego de escalar y atravesar los Andes había caminado a lo largo de todo el río Apurímac y el río Ene. La peligrosa Zona Roja había quedado atrás. Desde Puerto Ocopa, que era hasta donde Cho se había comprometido a acompañarme, todavía tenía que caminar a lo largo de los ríos Tambo y Ucayali, antes de que confluyeran y se convirtieran en el Amazonas. No esperaba completar la parte peruana de la expedición hasta unos seis o siete meses más tarde.

Nos sentamos en un bar cercano al hostal de madera donde había dejado mi equipo de repuesto, y pedimos unas cervezas. Ambos estábamos satisfechos con nuestro progreso en los últimos días. Una tormenta había ayudado a reducir la humedad, y el aire estaba fresco y renovado.

Si un hombre blanco atraía miradas de curiosidad en esta zona, uno con un guía negro llamaba la atención mucho más. Los peruanos, como muchos sudamericanos, son muy directos y llamaban a Cho "negro", y a mí "gringo". En esa forma no tenían que tomarse la molestia de aprender nuestros nombres. Cho, que evidentemente tenía raíces africanas, estaba acostumbrado a ser identificado como una persona diferente de las demás. Teníamos algo en común.

El restaurante del hotel proyectaba los típicos videos populares peruanos. Cualquiera que ignore cómo suena la música peruana tiene mucha suerte. Nunca viajen al Perú sin tapones para los oídos. Ningún otro país se compara en música de baja calidad y total falta de talento. Oswaldo había tratado de enseñarme a reconocer los diferentes tipos de música de cada región, pero no me tomé la molestia de aprender porque para mí, todas estaban en la misma categoría. Una total porquería. En las montañas, una mujer gorda con un amplio vestido multicolor da pequeños saltos como si no tuviera acceso a un baño público, y se pone a gritar delante de un micrófono barato como si estuviera dando a luz. En la selva, quince hombres feos entonan con voces roncas canciones con letras un poco diferentes, pero con exactamente el mismo ritmo baratón de sintetizador musical, una y otra vez. Siempre que haya un generador en la zona rural del Perú, habrá un gran televisor y un típico reproductor de DVD, y la peor música del mundo sonará a todo volumen.

Volviendo al presente después de mi lapso de desesperación, mencioné a Cho que necesitaba encontrar un guía para la siguiente sección. Luego de pensar un momento me dijo, "Caminaré contigo hasta Atalaya. No está lejos, y también conozco partes del río Tambo".

En seis días exactos, completamos juntos la caminata a lo largo del río Tambo. Su estado de ánimo era el de un esforzado leñador. Teníamos una tarea que realizar, y la tomaba muy en serio. Si su actitud hubiera sido diferente, el recorrido podía haber durado fácilmente quince días.

Desde Puerto Ocopa hasta Atalaya hay un camino que pasa

directamente sobre las montañas, pero nosotros estábamos más que dispuestos a volver a caminar a la vera del río. Solo nos habíamos alejado por necesidad, y queríamos caminar tan cerca del Tambo como fuera posible, pese a que había muchas comunidades ashaninkas a las orillas del río.

El acceso por la parte alta del río Tambo es espectacular. Grandes montañas boscosas a ambos lados marcan una entrada formidable al nuevo río. El río mismo está canalizado en forma de S por las montañas, que lo fuerzan hacia el este antes de dirigirse nuevamente hacia el norte. El Tambo marcaba el final de las montañas.

Es difícil describir la forma en que Cho y yo nos veíamos mutuamente, pero pese a su confianza e inteligencia, creo haber estado seguro de que nunca estaríamos completamente de acuerdo, porque sus ideas eran tan diferentes de las mías. Mi opinión era que por el momento él me sería útil hasta encontrar un guía que hablara la lengua ashaninka. Había algo más que me hacía sentir incómodo con Cho, pero no acertaba a precisarlo.

Dicho eso, no me había sentido mejor de ánimo en varias semanas. Las últimas etapas del Apurímac y todo el recorrido por el Ene me habían agotado. No me había sentido fuerte, saludable ni vibrante; estaba cansado y me sentía viejo e incapaz de funcionar adecuadamente. Pero ahora estaba más relajado y las imponentes montañas cubiertas de bosques me ayudaron a apreciar la belleza del paisaje por el que nuevamente estábamos caminando.

El 21 de agosto acampamos sobre una playa después de caminar alrededor del prominente retorcimiento del río. Cho estaba inquieto, y a unos 400 metros de distancia divisó a un hombre de la zona. Decidió acercarse para hablar con él mientras yo me bañaba en el río y limpiaba la suciedad que se había adherido a mi piel pálida y pecosa.

Cho regresó visiblemente angustiado; nunca antes lo había visto en ese estado. "Tenemos que marcharnos", me dijo. "Si acampamos aquí, nos matarán". Contrariado por no poder acostarme tranquilamente en mi saco de dormir, acepté partir de inmediato para evitar una muerte inminente. Llegamos a la casa del pescador, donde fuimos recibidos con una frialdad que no habíamos encontrado hasta ahora. Cho, que habitualmente era alegre y conversador, se mantuvo silencioso por primera vez, y opté por tomar la iniciativa. Mostré nuestro permiso y expliqué nuestra aventura. Los tres hombres presentes estaban armados con fusiles y me dijeron que debíamos acompañarlos hasta la comunidad llamada Cheni, río abajo.

Cheni estaba a dos kilómetros de distancia y todos caminamos penosamente en la oscuridad, con los fusiles apuntando hacia Cho y hacia mí desde atrás. La agresividad de los hombres no me desanimó; les pregunté sus nombres y me comporté en la forma más amigable que pude. Quedó muy claro que al más grande y bravo de ellos le había disgustado tener que decirme que su nombre era Víctor. Por alguna razón, aquello me estaba divirtiendo.

Víctor nos ordenó esperar a las afueras del pueblo, mientras él iba a hablar con el jefe. Después de un momento, un hombre alto y delgado con una bufanda estilo universitario y anteojos redondos salió a encontrarnos, limpiándose la nariz con un pañuelo. Su voz era inconfundiblemente militar. "¿No estuvieron ustedes en el Blue Hotel la semana pasada en Satipo?", nos preguntó con una sonrisa arrogante al estilo de Charles Hawtrey (el King Tonka en la película *Carry On Up the Jungle*)

"Bueno . . . sí . . . estaba buscando un guía", dije vacilante, y me eché a reír.

"Síganme", ordenó, y nos llevó a su propia casa. Despidió a Víctor y a sus secuaces, y nos explicó que eran rudos, pero que alrededor de su territorio era necesario mostrar que podían defenderse bien.

Nos dijo que se llamaba Fabián y luego comenzó a ilustrarnos sobre el hecho de que un peruano nunca era el mismo después de haber viajado al extranjero. Claramente, era un hombre educado y había estado en España, donde tenía amigos en una de las universidades. Tenía veintiocho años y era el jefe de Cheni. Dio órdenes para que nos prepararan una cena de huevos fritos y pescado fresco. Nos trató como a huéspedes de honor, e inclusive me ofreció una habitación con cama en su nueva casa de concreto.

La cama no tenía colchón, pero el hecho de estar en una cama luego de ducharme y cenar bien resultó asombroso después de la experiencia de ser obligados por Victor a caminar en la oscuridad a punta de pistola.

Si se estuviera formando un megalómano líder indígena en el Perú, yo diría que Fabián sería el hombre. Conocía su importancia en el pueblo, y la disfrutaba al máximo. Hablaba de Shakespeare y Beethoven y me pareció difícil de creer que estuviéramos en medio de un área remota del Perú indígena. Fabián nos trató de forma impecable, y a cambio regalamos medicinas a los pobladores.

Los dos siguiente poblados ashaninkas nos dieron algunos problemas. En Poyeni, un grupo de mujeres con rostros pintados nos gritaron agresivamente desde un lugar elevado cuando estábamos en ruta hacia la comunidad. Ni siquiera nos permitieron explicar quiénes éramos, y tuvimos que volver a descender y continuar la marcha por la orilla del río, evitando cualquier contacto con la comunidad.

Luego, en Quemarija, nos encontramos con Jorge, un viejo amigo de Cho, quien nos invitó a cenar con su esposa, Nelly, y su bebé. La pareja era encantadora, pero estaban preocupados por la niña, que tenía numerosos abscesos en la cabeza y los pies. Me pidieron echarles una mirada y les expliqué que, si bien llevaba medicinas a cada población, ciertamente no era médico. Sin embargo se mostraron ansiosos por conocer mi opinión, ya que no había un médico en la comunidad, y tampoco tenían acceso a medicinas. Les di un cuarto de dosis de un tratamiento de Amoxicilina, un antibiótico general, pero les recomendé consultar con un doctor en la comunidad vecina antes de dárselo a la bebé.

Los regalos eran importantes para los ashaninkas. En su idioma hay una palabra que tiene dos significados: "asociado comercial" y "amigo". Pese a ser potencialmente peligrosas, las medicinas eran el regalo más valioso que yo podía llevar a las comunidades. Había probado otros artículos comunes, como anzuelos y cordel de pesca, encendedores y lámparas, pero las medicinas eran mucho más apreciadas. La mayoría de las comunidades tenían una persona con entrenamiento básico en el uso de medicinas, y habitualmente le entregaba a ella los medicamentos.

A eso de las cinco de la tarde todavía estábamos conversando con Jorge y Nelly cuando sonó un corno para llamar a los habitantes a una reunión. Cho y yo permanecimos en la casa de la pareja, comenzamos a colgar las hamacas para pasar la noche. Unos minutos más tarde nos llamaron a la reunión, para escuchar al jefe que estaba ataviado con su tocado oficial de plumas, algo que yo no había visto antes en ninguna comunidad. Habló con pasión sobre el derecho de la comunidad de tomar sus propias decisiones, y cuando terminó nos ordenó marcharnos de inmediato.

Confundidos, reunimos nuestras cosas y nos marchamos de prisa con la esperanza de llegar al poblado siguiente antes del anochecer. Le pregunté a Cho qué habíamos hecho mal: habíamos donado medicinas, mostrado nuestros permisos e inclusive conocíamos a algunas personas en la comunidad.

"El jefe estaba ebrio", respondió Cho.

En las comunidades "más civilizadas" (como las llaman los peruanos blancos, con un poco de vergüenza), los niños ashaninkas educados quieren aprender español, e inclusive inglés; quieren aprender a utilizar computadoras y vestirse con ropas occidentales. Cuanto más vi, más estuve de acuerdo con esos deseos. El estilo de vida de los ashaninkas me parecía tanto insostenible como vacío. A diferencia de sus antepasados cazadores y recolectores, ahora las familias vivían en comunidades donde se pasaban todo el día sentados bebiendo y sintiéndose cada vez más celosos unos de otros. Si recibieran educación podrían comenzar a ser productivos y recuperar su orgullo. Tal vez entonces los maridos dejarían de golpear a sus esposas cada viernes por la noche.

Cuando salimos del angosto valle del Tambo, la selva, vasta y plana, se extendía ante nuestros ojos en todas direcciones. Estábamos dejando atrás el bosque seco, y moviéndonos hacia el bosque tropical, que tenía mucha más diversidad biológica. Eso significaba mayor variedad de fauna y flora, y el inicio de lo que se conoce como la Cuenca del Amazonas. Asombrosamente, en este momento solo teníamos que descender 380 metros para llegar hasta la boca del Amazonas—unos 5,268 kilómetros (3,274 millas) de distancia de aquí.

Examinamos los mapas con cuidado, para ver la monótona extensión de verde que existía entre nosotros y la siguiente ciudad selvática al norte, Pucallpa. Originalmente, yo había destinado un mes para este trecho, pero a medida que nos percatábamos de la amplitud de boscosa planicie, de los gigantescos laberintos y los numerosos lagos que formaban los meandros, además de la mala señal que representaba la ausencia de poblados (y por lo tanto de caminos), no teníamos idea de cuánto tiempo demoraríamos. Por primera vez en meses, volví a sentir la emoción y el feliz entusiasmo de antes. A Cho le gustaba la aventura, y me dijo que después de todo no se marcharía, que seguiría caminando conmigo hasta Pucallpa, donde había nacido.

En Atalaya descubrí que Luke se había llevado todo el equipo de repuesto para la expedición que se había quedado en Lima. Quise darle el beneficio de la duda; tal vez Luke pensó que yo prefería que los medicamentos de repuesto y los materiales para purificar el agua regresaran a Inglaterra, pero eso significaba que yo tendría que conseguir todo eso en el Perú. Al no poder encontrar yodo ni cloro en Atalaya, emprendimos la marcha de dos meses hasta Pucallpa sin medios para purificar agua para beber. En este punto, los airados emails entre Luke y yo fueron nuestra última comunicación.

De Atalaya hacia el norte, todas las comunidades eran asheninkas, con una "e" en lugar de "a". Una vez más, para el profano estos poblados indígenas parecían muy similares, pero mientras que los ashaninkas sobre el río Ene se sentaban sobre esteras rojas en el suelo a beber masato morado, los asheninkas del Ucayali tenían pisos de madera en sus casas (y a veces también paredes y divisiones de madera) y se reunían para beber masato blanco. La diferencia de color era simplemente consecuencia de que en la zona no había el tinte morado que se masticaba en el Ene. Tampoco se veían muchas cushmas (las túnicas de una pieza que llevaban los indígenas), y más y más los asheninkas usaban pantalones cortos y camisetas, y solo algunos de los ancianos llevaban el traje tradicional. La pintura roja todavía era común entre los hombres y mujeres.

El 5 de setiembre nos hospedamos en casa de una joven pareja en Villa Vista. Ellos eran mitad asheninkas y mitad descendientes de peruanos que se habían mezclado con pobladores coloniales. Nos invitaron a comer pescado al curry y una bebida dulce de banana, llamada chapo, mucho más agradable que el horrendo masato. Tenían perros y un enorme cerdo que al día siguiente caminó con Manuel, nuestro anfitrión esa noche, y con nosotros durante varias millas lejos de la comunidad.

Ahora caminábamos por la "playa" gran parte del tiempo, porque no conocíamos los caminos locales y consideramos más prudente permanecer a orillas del río. Por esa razón, la marcha era lenta. Algunas riberas eran enredadas y muy escarpadas, otras eran interminables extensiones de vegetación pegajosa que nos halaban y hacía tropezar. Los mosquitos eran agresivos, y mis tobillos mostraban más picaduras que piel sana.

Dos días después, en la mañana, llegamos a una comunidad llamada Santa Cruz. No teníamos la intención de detenernos allí, pero aceptaron nuestro permiso de la organización de protección al indígena (OIRA) sin protestar y nos sugirieron esperar hasta las tres de la tarde (la hora destinada a la radio de alta frecuencia) para hablar con la siguiente comunidad, Pensilvania. Nos ofrecieron hablar con Pensilvania en nuestro nombre.

Ese día el pueblo tenía una minga, que es de hecho una manera de hacer que todos trabajen juntos gratis, y después el anfitrión de la minga provee comida y bebida en agradecimiento por el trabajo de los pobladores. Cho y yo aceptamos la invitación para participar, y trabajamos junto a los pobladores hasta después de mediodía, preparando la tierra para la siembra de un nuevo arrozal. Más tarde disfrutamos del mejor banquete que había comido en mucho tiempo: pollo, arroz, plátanos, yuca y frijoles.

Cuando dieron las tres de la tarde, fuimos con el jefe a llamar por radio a Pensilvania. La respuesta fue muy clara: si un gringo llega a tu comunidad, mátalo. Yo mismo lo oí.

Me entristeció escuchar esto. Había abrigado la esperanza de no volver a encontrar hostilidades, y no pudimos dejar de preocuparnos un poco. Cho sugirió un plan: pasar la noche con nuestros amigos en Santa Luz, luego bajar hasta el río en la mañana y usar nuestras balsas para cruzar hasta una gran isla de guijarros, donde podríamos caminar evitando pasar por Pensilvania.

Esa noche nos quedamos en una casa en Santa Luz, esperando pacientemente a que el jefe sintonizara su más preciada posesión: una radio inalámbrica. Cuando finalmente recibió una señal, con una música apenas reconocible, le pregunté de dónde venía la señal.

"De China", respondió como la cosa más natural.

Al día siguiente Cho y yo salimos en medio de una lluvia torrencial. Cuando llegamos al río estábamos temblando dentro de nuestras camisetas. Inflamos las balsas y nos encaminamos hacia la bruma gris, en ruta a la isla. Al llegar, el cielo se despejó y decidimos no desinflar las balsas. Las cargamos bajo el brazo o encima de la cabeza, tambaleándonos por la fuerza del viento. Cuando llegamos al extremo de la isla las pusimos en el agua y metimos nuestras mochilas en su interior. Súbitamente, Cho me alertó: "Mira, Ed, atrás".

La escena que describo en el prólogo se desarrolló ante mis ojos. Mirando por encima de mi hombro, pude ver no menos de cinco piraguas que se dirigían hacia nosotros—todas llenas de asheninkas armados hasta los dientes. Muchos de los hombres estaban de pie en sus angostas piraguas, y portaban escopetas o arcos y flechas. Las mujeres que los acompañaban tenían machetes. Cuando las piraguas llegaron a la orilla, los hombres y mujeres desembarcaron y se nos acercaron con furia.

Mi diario describe mi reacción con más precisión que mi memoria. "Aquí vamos de nuevo", pensé. En cierta forma estaba ofendido por la desconsideración de los indios que venían a matarme. ¿Es que no se daban cuenta de que teníamos el tiempo medido?

Evidentemente, esa fue la manera en que mi cerebro enfrentó el problema. Sabía la gravedad de la situación, pero esa apatía parecía ser mi forma natural de manejar esta tensión extrema. Lenta, pero serenamente, busqué la manera lógica de calmar a los atacantes.

Extendí las manos abiertas, con actitud apologética e inofensiva. No forcé una sonrisa, porque consideré que los asheninkas la podrían considerar, erróneamente, como un insulto ante la gravedad de la situación. Les mostré mi permiso de OIRA y observé que el jefe estaba demasiado alterado para leerlo—sus ojos no podían enfocarse en el papel, aunque más tarde me enteré de que podía leer español. Cho y yo parecíamos coincidir en que, si nos mostrábamos serenos, colaboradores e inofensivos, la gente respondería de la misma manera.

El hombre que supuse era el jefe estaba hablando en explosiones iracundas y gesticulando salvajemente, y nos exigió seguirlos hasta su comunidad. A punta de flecha abordamos nuestras balsas y tratamos de seguir a las piraguas, pero los botes de plástico no tenían la misma capacidad de navegar las aguas como sus piraguas, y sin advertirlo estábamos escapando río abajo. Tuvimos que usar la fuerza bruta para mantenernos con el grupo, y temblábamos de agotamiento cuando llegamos a la orilla pantanosa que conducía a la entrada de su comunidad.

Siempre a punta de pistolas o de flechas, fuimos conducidos a una choza de paja en el centro del poblado, y sufrimos un furibundo sermón del verdadero jefe del pueblo, que no había sido, después de todo, el que habíamos conocido en la isla.

El jefe era un hombre pequeño y delgado, con una cabeza grande donde brillaban dos ojos llenos de lo que en ese momento pensé que era extrema maldad. Con todos los pobladores alrededor nuestro, protestó con vehemencia alegando que habíamos insultado al pueblo entero al tratar de pasar sin permiso. Ellos eran una comunidad autónoma con sus propias leyes, y debíamos respetarlas.

En este punto mencionó el nombre de la comunidad, Nuevo Poso, y deduje que no estábamos en Pensilvania. Esa no era la gente que nos había amenazado con matarnos.

Nos ordenaron abrir nuestras mochilas y explicar cada pieza de equipo. Esto ya se había convertido en una rutina, me puse a desempacar cada artículo lentamente, explicando exactamente qué era y para qué servía. La combinación de genuina fascinación ante nuestras cosas, y el mucho tiempo que pasamos en el proceso pareció calmar considerablemente a la gente. Eventualmente cobramos valentía y pedimos algún alimento porque no habíamos probado bocado en todo el día. Nos autorizaron para preguntarle a una mujer que estaba asando plátanos si podía vendernos algo de comida. La mujer también tenía unas galletas de chocolate, que devoramos en segundos, como animales.

Fue la primera oportunidad que tuve de conversar con Cho a solas, y ambos admitimos que durante un momento este incidente había sido muy serio. Si bien más tarde Cho insistió en que nunca creyó que su vida corría peligro, pienso que su atávico machismo sudamericano tuvo algo que ver con la percepción de su memoria. Si hubiéramos sido agresores, no me cabe duda de que los pobladores se habrían lanzado en sus piraguas con la intención de pelear. Estaban defendiendo su territorio. Eso parece mucho menos incomprensible si se considera que la mayoría de estas gentes habían luchado violentamente con los terroristas, y que habían conocido el derramamiento de sangre y la muerte en carne propia.

Me alegré mucho de que ese día no hubiéramos estado armados. Durante todo el viaje, muchas personas nos dijeron que sería una verdadera locura caminar por la selva sin por lo menos una escopeta. Analizando esa posibilidad, llegamos a la conclusión de que si la gente reaccionaba con hostilidad cuando ingresábamos a su comunidad cargados con una mochila solamente, ¿cómo reaccionarían si hubiésemos llegado con armas de fuego? Necesitábamos vernos inofensivos, y no amenazadores. Una escopeta era inaceptable.

La otra razón por la que la gente acostumbraba portar arcos y flechas, o escopetas, es que estaban cazando. Nuestra expedición no permitía la caza, y por lo tanto no teníamos motivos para portar armas. Aparte de las grandes piaras de pecaríes (cerdos salvajes), sabíamos que sería posible ahuyentar a los demás animales mediante gritos y ademanes, y a diferencia de los locales, no considerábamos que los jaguares representaran un riesgo real para nosotros. Estábamos mucho mejor caminando sin armas.

Los habitantes del pueblo se dieron cuenta de que tenían que deshacerse de nosotros de alguna manera, así que cuando regresamos nos dijeron que redactarían una autorización temporal que sería suficiente hasta llegar al siguiente pueblo río abajo. Pero debíamos partir en balsa—y no podíamos poner pie en el territorio.

Me sentí tonto explicando que no podíamos viajar en balsa, y que debíamos viajar a pie porque ese era el objetivo de la expedición. Me asombró ver una reacción muy positiva. Nos permitían continuar a pie si aceptábamos contratar al jefe y a su hermano como guías, y si regresábamos con ellos a Atalaya para obtener otro permiso, esta vez de la policía.

Anotación en el Diario, septiembre 7, 2008—Nuevo Poso:

> *No lo estoy pasando bien. Volvería a casa en este instante si no me hubiera comprometido a hacer esta expedición. Hoy avanzamos apenas un kilómetro antes de ser detenidos por estos asheninkas.*
>
> *Este grupo era mala gente. Pese a que me parece ridículo haber afirmado que la gente puede ser fácilmente categorizada, ahora he comenzado a hacerlo yo mismo. En sus ojos podía ver que no comprendían, o no querían comprender.*
>
> *Nos acompañaron de vuelta a su poblado, pero siempre apuntándome con por lo menos cuatro flechas y escopetas. Los hombres nos miraban torvamente, y las mujeres gritaban con esa voz de pánico histérico que usan las asheninkas, un sonido que me pone la carne de gallina.*
>
> *Tal parece que esta comunidad no da ninguna importancia a la organización que supervisa a los asheninkas (OIRA). No confían en ella, por lo tanto la autorización no tiene mucha influencia.*
>
> *Al final, el jefe dijo que nos acompañaría hasta Atalaya para obtener permisos de la policía, y luego nos guiaría hasta Bolognesi . . . Sospecho que se dio cuenta de que podía sacarnos algo de dinero. No son el tipo de gente que yo escogería como compañeros de caminata, pero aparentemente es la única forma de continuar.*

A la mañana siguiente todos abordamos una canoa con un motor externo de cinco caballos de fuerza, y comenzamos a viajar río arriba. Entumecidos después de pasar todo el día en el bote llegamos a Atalaya. Invité a cenar a todos (lo cual constituía un numeroso grupo de asheninkas de Nuevo Poso). Elegimos un restaurante de comida china—la primera que comí en el Perú—y todos parecieron muy contentos. Al día siguiente fuimos a la estación de policía con el jefe y su hermano. Debido a que eran habitantes de la zona, pensé que uno de los hermanos asheninkas podría explicar a la policía lo que había sucedido, y por qué estábamos allí. Pero se quedaron parados, silenciosos y nerviosos. Fue increíble ver cuán diferentes eran estos dos hombres cuando estaban fuera de su territorio, en una ciudad colonial.

"Al diablo, entonces. Hablaré yo", pensé y le expliqué al policía que yo era un escritor que deseaba viajar a pie desde el Ucayali hasta Pucallpa, y solicité que me redactara una carta donde afirmara que me habían dado autorización para hacerlo. Anotó los detalles, y en cuestión de minutos teníamos la carta. No me hizo una sola pregunta sobre mis motivos ni mi forma de transporte; la autorización fue concedida y los hermanos asheninkas quedaron felices. Ahora caminarían conmigo.

Al día siguiente viajamos de regreso a su comunidad y los hermanos volvieron nuevamente a su elemento. Llamaron a todos los pobladores a una reunión en la que anunciaron su triunfante retorno de Atalaya. Orgullosamente informaron a la gente que, gracias a su ayuda, yo ya tenía un permiso legal para estar allí, y que ahora podíamos hablar públicamente de sus salarios por los próximos días.

Magnífico.

Pensé que podría engañarlos en este intercambio, teniendo en cuenta que en el idioma asheninka no existen números. Antes de la llegada de los españoles, solo tenían tres palabras para referirse a cantidades: nada, uno y mucho. Habiéndome graduado con honores en Matemáticas GCSE, y con conocimientos en ecuaciones cuadráticas, pensé que tendría una ventaja.

A Cho le había pagado veinte soles diarios, y estaba preparado para darles la misma cantidad. "¿Cuánto nos vas a pagar?", preguntó el jefe. La multitud guardaba silencio, aguardando mi respuesta. "Normalmente pago quince soles diarios", expliqué. "Pero como tú eres el jefe, y tú el hermano del jefe, creo que debería pagarles más. ¡Les pagaré veinte soles diarios!".

"¡Inaceptable!", dijo el jefe. "Somos los hermanos Dongo. Nunca podríamos dejar a nuestras familias por menos de veinticinco soles diarios".

"Acepto", dije y nos estrechamos las manos para sellar el acuerdo. Todos habíamos salido ganando. Los felices hermanos se llamaban Alfonso Dongo y Andreas Dongo. Ambos hablaban español básico (español perfecto, para mí, pero Cho dijo que era básico), y ahora teníamos un equipo de cuatro hombres para enfrentarnos con el río Ucayali.

Mi conocimiento del español me permitía comprender un 30 por ciento en reuniones como esta, cuando las personas hablaban entre ellas y no directamente conmigo. Era como ser un poco ciego y no percibir la imagen completa en ningún momento. Sentía como si me envolviera una bruma que empañaba mi comprensión y hacía que todo pareciera un sueño. En este punto estaba limitado a hacer preguntas directas y a comprender respuestas básicas.

La primera comunidad por la debíamos pasar al día siguiente era Pensilvania. "¿Cómo obtendré una autorización para pasar?", pregunté a los hermanos. "Ellos han amenazado matarme".

"Ya te han otorgado el permiso", dijo Andreas, el jefe, que explicó que el jefe de Pensilvania había estado en Atalaya cuando fuimos a solicitar el permiso de la policía, y que habían compartido una cerveza. Andreas había comenzado a ganarse sus veinticinco soles diarios.

Sin exageración, los hermanos asheninkas eran una gente fantástica. Estaban felices de haber salido de su comunidad, explorando no solo la selva, sino también las otras comunidades asheninkas que anteriormente habían visitado rara vez. Se convirtió en el viaje de los hermanos Dongo, y pudimos entrar sin problemas a la mayoría de las comunidades.

"Este es el señor Eduardo—nuestro gran amigo y famoso escritor de Inglaterra", anunciaban, genuinamente orgullosos de presentarme. Fuimos bien recibidos en las comunidades, pero ellos insistían siempre que este viaje hubiera sido imposible sin su ayuda. Cuando les preguntaba qué hubiera sucedido si Cho y yo hubiéramos estado solos, hacían ademanes que sugerían un cuchillo cortándonos el cuello, o un flechazo en la cabeza que dejaría regado mi cerebro en el árbol más cercano. Aparentemente, esto les parecía muy divertido.

No me cabía duda de lo peligrosa que era realmente esta gente. Querían proteger sus tierras de invasores, y por eso vivían en constante estado de alerta. Con una actitud errada, no hubiéramos podido pasar.

Sin embargo algunas comunidades estaban completamente cerradas, por lo menos para mí. Nunca descubrí la razón exacta para no dejarnos pasar, pero muchas de las personas con quienes hablamos pensaban genuinamente que los gringos se comían a los bebés. Cuando uno combina mitos como este, con las muy reales incursiones de los explotadores de madera, cultivadores de coca y compañías petroleras, no es sorprendente que algunas comunidades no quisieran gringos en sus territorios. El mito de devoradores de bebés era ridículo—pero tal vez existía por una razón. En estos casos nos veíamos obligados a retroceder, cruzar a la otra orilla del río y rezar porque los poblados al otro lado fueran más abiertos y comprensivos.

La dificultad actual era la manta blanca, como se describe a las nubes de mosquitos y moscas que nos envolvían cada vez que nos acercábamos al agua, lo que sucedía con mucha frecuencia. Era difícil cuantificar la cantidad de insectos que volaban al mismo tiempo a nuestro alrededor, picándonos constantemente, pero deben haber sido decenas de miles, más que solo cientos.

"Serán mucho más agresivos cuando llegue la temporada de lluvias", explicó alegremente Cho. "Entonces son *realmente* malos".

San Francisco de Orellana
Pebas
Tierra Amarillo
COLOMBIA
(Sam leaves)
Amatura
Iquitos (Keith leaves)
Belém do Solimões
LORENTO
Nauta
The Triple Frontier.
Leticia, Tabatinga, Santa Rosa
(Sam arrives)
PERU
Requena (Keith Arrived)
BRAZIL
Contamana (the Dongo brothers return home)
N
W
E
S
NW
NE
SW
SE
Pucallpa (Cho was born here)
ANDES MOUNTAINS
ACRE
SCALE
0
100
200
km
Bologhesi (Start of the "Pela Cara" zone)
Nuevo Poso (the Dongo brothers start walking)
Atalaya
PATH
RIVER

PARTE 3: LA SOMBRÍA MARCHA HACIA COLOMBIA

Capítulo Siete

"Cuida a tu gringo, o le cortaremos la cabeza"

A medida que progresábamos, algunos de mis pensamientos se iban tornando cada vez más oscuros. Sentí que entendía mal las cosas y mi carácter en general comenzó a cambiar. Todo comenzó a poca distancia al sur de un caluroso poblado selvático llamado Bolognesi.

Cuando caminaba con Cho y los hermanos Dongo por una carretera para transporte de madera, acercándonos al pequeño poblado, desde lo alto de un camión sobrecargado alguien me gritó, "¡Pela cara!". Eso significa algo así como "cara pelada", y asumí que era uno de los muchos insultos que me gritaba la gente por ser diferente. Tal vez había sufrido un poco de insolación y mi piel se estaba pelando.

Pero no. En el pueblo volví a recibir el mismo insulto, acompañado de risas disimuladas. Le pregunté a Cho cuál era el verdadero significado, y su respuesta fue vaga, como si nunca antes hubiera escuchado esa expresión, por lo que me quedé pensando que la gente estaba simplemente hablando en broma de desollarme el rostro.

Aquí el río tenía unos 500 metros de ancho, y cruzarlo con solo dos balsas y cuatro hombres significaba que el tiempo y esfuerzo requerido para cruzar y luego regresar por los otros compañeros era insostenible. La solución era evidente, pero demoramos dos días en dilucidarla: debíamos embarcar a dos hombres con sus mochilas en cada balsa. Un hombre estaría a cargo de remar, mientras que el otro le conversaba amablemente, tratando de mantener lo más bajo posible su centro de gravedad. El peso total en mi balsa con Andreas, que afortunadamente era diminuto, era de unos 170 kilos, pero lo que nos creaba inestabilidad era no poder reducir el peso. Estábamos al máximo y constantemente corríamos el riesgo de zozobrar. Después de pasar la noche sobre las orillas del río, mojadas por ligeros arroyuelos, inflamos las balsas, metimos a dos hombres dentro de cada una y remamos precariamente hasta la comunidad llamada Nueve de Octubre. Cuando llegamos todos nos sonreían, admirados al ver que cuatro hombres habían podido entrar en dos balsas ridículamente pequeñas. Les habíamos anunciado nuestra llegada por radio de alta frecuencia, y esta comunidad shipebo ya nos estaba esperando.

Los shipebos fueron la primera tribu indígena de aspecto diferente. Las mujeres tenían el cabello negrísimo y largo, y absolutamente todas llevaban cerquillos. Vestían una blusa azul sin forma, que me hizo pensar más en las ropas que los colonizadores imponían a los quechuas de los Andes, que en los sencillos cushmas de los ashaninkas, asheninkas y michiguengas. Sin excepción, los hombres vestían *shorts* y camisetas tipo *T-shirt* (playeras).

Yo estaba comprando farina (un carbohidrato a base de yuca) y azúcar en la tienda de la comunidad, y como me sentía relajado mencioné que era muy agradable visitar una comunidad tan amigable. Una mujer shipebo me respondió que la reacción inicial de la gente al oír la radio había sido, "¡Maten al pela cara!", pero más tarde, cuando supieron cuál era mi objetivo, y que tenía permisos, aceptaron dejarme pasar.

—¡¿Cómo?!—Le pedí a la mujer que me explicara qué significaba pela cara, y me contó que en el área se había realizado tráfico de órganos humanos, y se había encontrado cadáveres sin órganos.

—Los culpables son estadounidenses, gringos como tú. La gente se atemorizó cuando supieron de tu llegada.

No supe cómo interpretar esto—había mucha gente que quería

hacerme cuentos increíbles, pero lo que sucedió luego me hizo ver muy claramente la realidad.

Alejándonos de la ciudad, trazada en forma lineal, el camino conectaba una fila o más de casas separadas, todas ocupadas por familias shipebo. Cuando ingresamos al territorio de una de esas familias, les dediqué una de mis habituales sonrisas y les hice adiós con la mano (para mostrarles que era un viajero bueno e inofensivo), pero el dueño de la casa no me respondió—se me quedó mirando, paralizado.

El hombre le preguntó a Alfonso, mi guía, que estaba caminando delante de mí, "¿El gringo roba esto?", y al decir "esto", mostró su rostro con el dedo índice. No había dejado de mirarme, petrificado.

Alfonso y Andreas se rieron en voz alta y le explicaron que yo era un turista, pero el hombre no se rió.

Seguimos caminando. La mujer de la siguiente casa había bebido demasiado masato y estaba casi ebria. De inmediato comenzó a gritarme—tal parecía que había oído decir que un pela cara estaba viniendo a arrebatarle sus hijos.

Una vez más, mis guías tuvieron que tranquilizarla, explicando mi causa en el dialecto local. Pero debido a su ebriedad, la mujer no comprendió ni se calmó. Nos alejamos de prisa.

Aquí había mucha gente que creía que los gringos robaban bebés y mataban a las personas para robarles sus órganos. No sé si realmente haya existido este tipo de tráfico ilegal, pero eso no importaba, porque los shipebo se lo creían.

El resultado es que en varias ocasiones nos advirtieron que si durante la noche nos encontraban los indígenas, y veían que yo era blanco, con seguridad me matarían sin hacer preguntas. Para evitar este riesgo planificamos nuestra ruta con mucho cuidado, cuidándonos siempre de estar cerca de una comunidad al final del día.

Fue difícil no sentirme afectado por todo esto. Cho, Alfonso y Andreas entraban tranquilamente a las comunidades, pero ellos no eran el foco de atención. Yo lo era. En esta etapa también me sentí en inferioridad de condiciones debido al poco español que podía comprender. Obviamente los hermanos asheninkas hablaban entre ellos en su idioma y los shipebos hablaban en el suyo. Los guías me permitieron continuar, pero mi incapacidad para comunicarme adecuadamente y la ansiedad que eso me causaba me sumergieron aún más en mi propio mundo de tristeza. Odiaba inspirar miedo, y me agoté emocionalmente tratando de demostrar en cada comunidad que era una buena persona, para que la gente pudiera así tranquilizarse y me aceptara. El hecho de no permanecer nunca más de una noche en cada lugar significaba que tenía que hacer todo ese esfuerzo noche tras noche, ya que el río estaba lleno de esas remotas comunidades. Era mucho más peligroso mantenerse lejos de los poblados, porque parecería que nos estábamos escondiendo y causaríamos mucho más desconfianza y temor en las defensivas tribus.

Las cosas se hacían cada vez más difíciles. Ponerme la ropa húmeda cada mañana se convirtió en un obstáculo mental, caminar se volvió un trabajo, y no encontraba placer en casi ninguna cosa. No veía la selva cuando caminábamos por ella; no saboreaba las sopas de pescado ni los duros pacas (roedores) que comíamos. Con seguridad estaba deprimido, y sin embargo una voz interior me preguntaba, ¿"Estás avanzando, físicamente?" "¿Sí?" "Entonces todo está bien".

Había subordinado completamente el placer en aras de mi objetivo final. Vivía en una forma que era menos que humana. Me acostaba temprano y no conversaba con los guías. Dejé de escribir blogs los días que no eran inusualmente satisfactorios, me asustaba que el mundo exterior viera en lo que me estaba convirtiendo. Cuando hacía un blog, trataba de ocultar mi verdadera melancolía. Me comportaba como un adolescente nervioso y andaba con la cabeza gacha. No podía llamar a mi familia ni mis amigos porque sabía que había perdido perspectiva en la expedición, y no podía enfrentarme a la normalidad ni al humor de ellos. Me sentía totalmente infeliz y muchas noches lloré en silencio en mi hamaca, con lágrimas corriéndome por el rostro y lamentándome de mi suerte.

Pero desde la profundidad de mi abatimiento sí pude vislumbrar un mundo que tenía humor y bondad. Cho quería aprender un poco de inglés básico, y ahora podía decirme, "*Let's go wash!*" (¡Vamos a lavarnos!) al final de un largo día. Era un logro pequeño, pero que me hacía sonreír. Los hermanos asheninkas también percibían mi lucha interior. Andreas, que se había convertido en mi compañero de balsa, me miraba directamente a los ojos cuando teníamos un momento de privacidad a bordo de los botes, y me preguntaba si me sentía bien. Ahora su expresión era bondadosa, y sus actitudes me hacían sonreír. Apuntaba a sus labios para indicar acerca de lo que estaba hablando, y establecimos un vínculo estrecho, principalmente porque dependíamos uno del otro cuando cruzábamos corrientes peligrosas del río.

El 22 de setiembre del 2008 llegamos a Diobamba, una comunidad asheninka donde vivía el tío de Alfonso y Andreas. Como una hora antes de nuestra llegada, Alfonso había capturado una tortuga como regalo para la comunidad, y por esas dos razones fuimos recibidos con más hospitalidad que en otros lugares. La familia que nos hospedó estaba a cargo de una madre soltera de unos treinticuatro años cuyo esposo había muerto. A diferencia de otras asheninkas, era alta y atlética, con curvas femeninas y elegantes que hacían pensar en la corredora olímpica Florence Griffith-Joyner. Lo que más llamaba la atención era su aplomo: me miró directamente a los ojos con una amplia sonrisa. Los hermanos Dongo comentaron que me quería como esposo—y a juzgar por su comportamiento, aquello no era del todo improbable. Una oleada de inesperada emoción y calidez invadió mi cuerpo. Aquella atención, en mi estado actual de debilidad y desconfianza en mí mismo, me sorprendió de tal forma que no pude hacer otra cosa que sonreír y agradecerle cuando nos trajo comida y bebidas y nos agasajó magníficamente. Tenía la risa más generosa que había oído en una mujer. En mi interior sentí una chispa revitalizante y me arrastré de nuevo al mundo de los vivos.

Yo había pensado que la tortuga se convertiría en una mascota, pero fue clínicamente abierta con un machete, como una lata de frijoles, y extraída de su caparazón. Luego, frotaron el caparazón con sal y lo asaron como entrante para distraernos mientras nuestra anfitriona preparaba un estofado de tortuga. También nos ofreció una fuente de carne de armadillo gigante que devoramos con avidez, y comencé a recuperar mi fuerza física y emocional.

Pese a tan increíble hospitalidad, mi estado mental estaba demasiado alterado como para recuperarse debido a un solo incidente. Desde mi hamaca podía oír que los hermanos Dongo conversaban, y en mi estado de semi-vigilia estaba seguro de que planeaban asesinarme. Había una palabra en asheninka, de uso frecuente, que sonaba como la palabra española "matar". Una parte de mí sabía que me comportaba como un paranoico, pero eso no fue suficiente para serenarme e impedir que mi cerebro me siguiera atormentando mientras estaba en la hamaca.

Caminar por las riberas fluviales implicaba cruzar el río varias veces por día. Las playas caminables se alternaban de un lado al otro con los meandros. Como el río estaba bajo, eso resultaba un poco más rápido que abrirnos paso entre la densa maleza de la selva.

El primer día de estos múltiples cruces, los hermanos Dongo, que estaban juntos en un bote, decidieron que si no remaban con fuerza la corriente los arrastraría río abajo, y no tendrían que caminar. Su lógica era razonable, pero Cho y yo no pudimos evitar que lo hicieran repetidamente a lo largo del día. El problema era que yo me había comprometido a caminar a todo lo largo del río, y Alfonso y Andreas avanzaban 500 metros río abajo en cada cruce. Debido a que era importante mantenernos juntos, Cho y yo también estábamos avanzando por el agua.

Podíamos ver que esto nos perturbaba a ambos. Estábamos aquí para caminar a lo largo del Amazonas, y ninguno de los dos quería hacer nada que fuera menos del ciento por ciento.

—Cho, tenemos que decirles que a partir de ahora no podemos de ninguna manera permitir que la corriente nos lleve río abajo, y si eso sucediera, debemos caminar de regreso hasta el lugar donde comenzamos al otro lado.

—Necesitamos hacer algo más que eso—respondió Cho—. Tenemos que volver atrás y reiniciar el recorrido de hoy.

Por primera vez pude apreciar la seriedad del compromiso que Cho había decidido dar a esta aventura. Sus valores dictaban que lo sucedido hoy era inaceptable. Sonrientes, nos estrechamos las manos y decidimos que en la siguiente comunidad alquilaríamos un bote para regresar hasta el inicio y volver a caminar este trecho del río.

Fue una lección para mí. La sensación de culpabilidad que había sentido todo el día fue reemplazada por el sentimiento puro y limpio de estar haciendo lo correcto. Perderíamos un día entero y nos costaría dinero, pero tendríamos limpias nuestras conciencias. Con el paso de las semanas me acostumbré a depender de ese instinto, y por primera vez en mi vida aprendí la manera de vivir basándome en lo que considerábamos como correcto o incorrecto.

En Bolognesi contratamos un bote, a un precio elevado, y volvimos a recorrer ese trecho del río. Cuando los hermanos Dongo comprendieron nuestras razones, se mostraron completamente de acuerdo con el concepto.

Como teníamos la intención de estar de vuelta en Bolognesi en la noche, guardamos allí nuestros equipos y solo conservamos lo mínimo necesario: botellas de agua y un GPS. Pero la caminata por el río demoró más de lo anticipado y comenzó a anochecer. Nos vimos obligados a acampar en una playa donde un hombre estaba pescando. Le prestó un anzuelo y cordel a Alfonso, y con una fenomenal destreza acuciada por la posibilidad de quedarnos sin cenar, Alfonso atrapó varios peces. Los compartimos con el pescador, que nos permitió usar su fogata para cocinarlos y nos invitó a un poco de carne de tortuga. Cuando comenzó a sentirse frío, Cho encontró una pequeña sábana de plástico de aproximadamente dos metros por uno, con la cual hicimos un refugio improvisado. Alineados debajo como soldados, con un techo que solo nos cubría de las rodillas hasta el pecho, rogamos por una noche tibia y seca.

A las diez de la noche el viento comenzó a soplar con fuerza, y a las once comenzaron a caer gotas de lluvia que no auguraban nada bueno. A medida que crecía la tormenta, encogimos las rodillas y nos sentamos en la fila que ahora habíamos formado, empapados hasta los huesos por la lluvia que caía horizontalmente. Hubiera sido imposible dormir en esas condiciones, de manera que nos limitamos a permanecer sentados juntos, temblando en la oscuridad y esperando a que amaneciera. El viento y la lluvia cesaron en la madrugada, y logramos dormir un poco, tratando de calentar nuestras ropas mojadas, mientras permanecíamos tan inmóviles como era posible.

A partir de ese momento creamos una norma inflexible. Si cruzábamos cualquier río en una balsa u otro tipo de bote, tendríamos que caminar de regreso hasta un punto perpendicular al punto donde nos habíamos embarcado. En esa forma nadie podría acusarnos de haber aprovechado de la corriente del río para avanzar.

Uno piensa que los peligros de la selva vienen de jaguares, serpientes y anguilas eléctricas, pero lo que me estaba volviendo loco eran los insectos. Con regularidad nos topábamos con nidos de avispas escondidos debajo de las hojas, y cuando alguien gritaba, "¡avispas!", corríamos en diferentes direcciones hacia la maleza para reducir el número de picaduras que cada uno recibía. Aprendí a no apoyarme en los árboles ni plantas, debido a que diminutas hormigas subían por mis brazos y me picaban, dejando pequeñas heridas húmedas.

Anotación en mi Diario, 20 de setiembre, 2008:

> *Estamos en un mundo de mierda. No hemos llegado a la comunidad donde nos dirigíamos; no tenemos agua y tampoco hemos comido, bebido ni nos hemos bañado. Los mosquitos son los peores que he visto. Al subir a mi hamaca, unos treinta lograron meterse dentro del mosquitero. Cuando pensaba que todos habían muerto, otro aparecía.*
>
> *Puedo adivinar que me pican porque aparece una sangre roja y jugosa en mis manos cada que aplasto uno, pero afortunadamente no muestro reacción (no se ven las picaduras). Tal vez estoy desarrollando una resistencia, como los habitantes locales. Hay millones de mosquitos fuera del mosquitero. MILLONES.*

Este fue un día malo. Los guías están adivinando nuestra dirección. No comprendo nada. No hay senderos.

4:30 AM, anotación adicional:

Me levanté a orinar, y cuando me miré el vientre, tenía como 40 mosquitos chupándome la sangre. Los aplasté con la mano, dejando una mancha de sangre fresca en toda el área.

Por otro lado, dormir también se estaba convirtiendo en un problema. No obstante que contábamos con casi doce horas de oscuridad en la hamaca, permanecía despierto durante horas, preocupado, pensando en cómo atravesaríamos el trecho siguiente. Al comienzo tomé antihistamínicos para ayudarme a dormir, pero termine usando diazepan, tramadol e inclusive morfina para poder descansar lo suficiente para continuar la marcha. Recibí un email de Chloe, mi ex, en el que me preguntaba si estaba usando drogas. Me conocía bien y por mis blogs podía deducir que no estaba pensando con claridad. Tenía razón. Sin embargo la alternativa me resultaba aún más insoportable—la desesperación de ver que amanecía sin haber podido lograr que mi mente se tranquilizara.

Al día siguiente, como de costumbre, Cho fue el último en estar listo. Aún no había desarrollado un sistema para organizar su equipo rápidamente y la rutina normal era esperarlo durante otros veinte minutos después de que los otros tres estábamos listos. Cuando finalmente partimos le hice una observación al respecto, y su respuesta fue entregarme una botella llena de agua fresca de lluvia que ingeniosamente había recolectado durante la noche. Mientras bebía ávidamente el primer líquido que consumía después de pasar toda la noche a secas, me sentí muy culpable por haberlo regañado. Cho había recogido suficiente agua para que cada uno de nosotros tuviera un litro. ¿Qué importancia tenía un retraso de veinte minutos?

Me resulta difícil justificar la razón por la que no había estado dirigiendo la ruta de la exploración. Las semanas anteriores habíamos viajado todo el tiempo río abajo, y no había sido necesario. Asumí que los hermanos Dongo eran tan expertos en caminar por la selva que simplemente me limitaría a seguirlos. Pero al pasar las horas me di cuenta de que estábamos avanzando en la misma dirección, y comencé por lo menos a verificar nuestra dirección con la brújula.

Durante media hora caminamos hacia el norte, y luego por media hora caminamos hacia el sur. Todavía inseguro de que esto fuera parte del plan de los hermanos, me dediqué a observarlos hasta que se hizo evidente que no sabían en qué dirección debíamos caminar.

Comencé hablar con ellos, y a indicarles la dirección que, en teoría, deberíamos estar tomando, especificando que el río quedaba a nuestra izquierda. Me sorprendió comprobar que estaban completamente desorientados. Descubrí que eso se debía a que los dos últimos días habían estado nublados y no habían podido ver el sol para mantener nuestra dirección. Nunca habían visto una brújula, y en ese punto me aseguré de avanzar en una dirección general, la que durante el primer año de la expedición había sido el norte.

Eso también me hizo asumir la guía. Ahora que tenía conmigo un grupo competente, no había excusa para el descuido; necesitaba tomar el control y tener siempre una idea clara de dónde estábamos con relación al río, de suerte que si algo sucediera podríamos evacuar. Comencé a percatarme de que cuando los guías afirmaban confiados, "la comunidad está en esta dirección", estaban adivinando y no dándome una información precisa. Por eso tenía que chequear la ruta todo el tiempo.

En realidad eso me sirvió para recuperar la confianza, porque yo era la única persona del grupo que podría ubicarse sin necesidad de ver el sol. Yo era crucial para nuestro progreso.

Otros exploradores, aventureros o caminantes se hubieran sorprendido al saber que la ubicación me había preocupado tan poco hasta el momento, y como excusa puedo decir que ahora la caminata se había vuelto una forma de vida, más que una expedición.

Estábamos simplemente caminando a lo largo de la trayectoria de un río, y mi perspectiva y manejo de muchas cosas había cambiado mucho debido a mi preocupación por asuntos como la seguridad o la economía.

El Amazonas fluvial peruano—las áreas boscosas que son poderosamente determinadas por el río—puede ser denso e inaccesible. La bóveda de follaje era baja, y solo quedaban unos pocos árboles de gran tamaño. Espinas y zarzas llenaban los espacios entre los árboles, y era impensable caminar sin un machete para abrirse paso. A menudo el suelo parecía el fondo de un lago medio vacío, lleno de raíces y lianas expuestas y retorcidas cubriendo el espeso lodo. Los habitantes locales podían escabullirse entre diminutos espacios con la flexibilidad de panteras, mientras que mi mochila se enredaba en todas las ramas altas, desprendiendo polvo y hormigas que me caían sobre el cuello y me frenaban el paso, causándome más y más frustración.

Fue mucho más fácil permanecer en las comunidades asheninkas que en las de los shipebos. Los shipebos tomaban mucho más en serio el mito de *pela cara*, y con ellos las relaciones podían ser frías y difíciles. Por el contrario, los asheninkas convertían nuestras visitas en una excusa para hacer una fiesta con los hermanos Dongo, quienes tal vez conocían a un par de ellos, y estaban más que felices de festejar una noche con el ron de caña de azúcar de fabricación casera.

Sin embargo, al leer mi diario me doy cuenta de que aún no me sentía completamente a gusto.

Anotación en mi diario, 26 de setiembre, 2008—Selva:

> *Estoy harto de ser el blanco de bromas que no comprendo, o que simplemente no encuentro divertidas. Tal vez estoy tan solo demasiado cansado, pero la mitad de las bromas son acerca de la insensatez de mi caminata, o sobre mi asesinato. "Cuida a tu gringo, Cho, o le cortaremos la cabeza".*
>
> *Cho se ríe, los hermanos Dongo se ríen, la comunidad entera se ríe, menos yo. En este momento no soy capaz de disfrutar de nada, excepto de comer, y sentirme limpio después de bañarme.*

Quisiera que mi español fuera mejor. En las noches estoy demasiado exhausto para aprender o para concentrarme lo suficiente para traducir. Por eso permito que el ruido pase sin esforzarme por traducir y termino comprendiendo cada vez menos.

Durante un tiempo me he estado preguntando si mi caminata es un acto egoísta. ¿Estaré perturbando innecesariamente a la gente, y podría evitarse ese malestar? ¿Habré pensado realmente en el efecto que estaba teniendo sobre la gente que conozco?

Los indígenas en esta parte del Amazonas deseaban modernizarse. Todos, sin excepción, querían electricidad, lámparas, televisión por satélite y teléfonos móviles. Las comunidades que visité serían irreconocibles dentro de veinte años. Este no era un caso de tribus aisladas que necesitaban que las dejaran en paz para continuar con sus vidas—era, más bien, un caso de falta de comunicación, rumores y chismes que causaban ignorancia y temores innecesarios.

Llegué a la conclusión de que mi caminata era positiva para esas comunidades, aunque inicialmente se enfadaran. Pese a que esas comunidades tenían que vivir en constante estado de alerta para proteger sus territorios, la ignorancia del mundo exterior nunca es buena. No todos los hombres blancos son iguales, y pese a que admiraba el espíritu defensivo y luchador de sus habitantes, era bueno que conocieran a un gringo que no tenía la intención de robarles sus tierras, madera, hijos u órganos. Era bueno que hubieran conocido uno que sonreía estúpidamente y les hacía adiós con la mano—y que comprara farina y azúcar en la tienda local.

Llegando a este punto había vuelto a extender del plazo, y ahora pronosticaba que la expedición demoraría dos años enteros. La gran ciudad selvática de Pucallpa marcaba la cuarta parte de mi viaje, y era un hito que durante varios meses había soñado con alcanzar. El 28 de setiembre habíamos estado caminando seis meses y dos días, pero todavía faltaban tres días para llegar a Pucallpa. Estábamos esperando la llegada de Mark Barrowcliffe, un periodista británico que caminaría con nosotros para poder escribir un artículo para el *Guardian*. Mark, que no hablaba español, venía de Lima con Marlene, y yo debía adelantarme en barco para encontrarme con él. Después de recogerlo todos regresaríamos en barco para comenzar a caminar desde el punto donde nos habíamos detenido.

La experiencia me hizo bien. Estar lejos del río permitió que mis ojos se enfocaran en cosas que estaban a más de 20 metros de distancia, y la idea de una noche en una cama era maravillosa. Quería desesperadamente una habitación con aire acondicionado, ese pequeño confort adicional que me hubiera asegurado una noche sólida de sueño, pero con los hermanos asheninkas y Cho acompañándome, no podía permitirme un gasto tan elevado.

Fue fabuloso volver a ver a Marlene. Es una mujer encantadora, realmente no es muy peruana y bastante diferente; se ríe y maldice como un soldado. Al comienzo Mark se mostró bastante nervioso, y yo me sentía igualmente aprensivo por su llegada. Creo que nos causamos una irritación mutua, y momentos después de su llegada ya le estaba hablando de la amenaza del *pela cara* y de lo miserable que me había sentido.

Mark tenía esposa y una bebé, y estaba considerando seriamente si caminar conmigo por esas áreas sería un riesgo excesivo. Creí mi deber mencionarle que debía admitir que estaría caminando bajo su propia responsabilidad, que las tribus eran impredecibles y que cualquier cosa podría suceder. Ese comentario no ayudó.

Marlene se portó muy valientemente al caminar con nosotros. Sin previa preparación ni experiencia, pasó todo un día recorriendo senderos resbalosos y serpenteantes, y aterrizó sobre su trasero más de una vez antes de tomar el barco de regreso.

Mark nos acompañó durante tres días, y al final estaba muy contento de marcharse. Para él, la selva fue un bautizo de fuego. Para mí fue excelente tener un compañero inglés para hablar de deportes, escuelas, televisión y todos los temas británicos. Éramos muy diferentes, pero disfrutamos de la compañía mutua; él me ayudó a ver cuán lejos había llegado. Verlo dando sus primeros pasos en la selva me hizo sentir como un absoluto profesional. Esos tres días cuidé de él, y me olvidé de preocuparme por mí mismo. Era exactamente lo que me hacía falta, y vi que me había vuelto muy eficiente en lo que estábamos haciendo. Ver la selva a través de los ojos de Mark me hizo ver que me sentía relativamente cómodo y a gusto entre los árboles.

El último día, Mark miró el bravo y caudaloso río, y se echó a reír: "Por un maldito momento creí que tendríamos que cruzar eso". Sonreí, y al instante supo que eso era justamente lo que haríamos. Nos enlazamos juntos, y dirigiéndonos río arriba cruzamos mientras la ferocidad del río amenazaba con hacernos zozobrar.

Creo que Mark nunca llegó a relajarse. Parecía temeroso de la gente y de la selva, y me dio lástima verlo en este extraño mundo. Cuando nos despedimos, Mark me agradeció y me dijo que esperaba que mi experiencia fuera buena. No sé si se dio cuenta de lo mucho que su presencia me había ayudado sicológicamente, o de lo agradecido que quedé por su visita. Ahora Cho y yo teníamos nuevos pantalones y *shorts*, porque Mark había descartado los que le habían regalado los promotores de ropa para deportes. Al decirle adiós con la mano, ahora nosotros lucíamos como revitalizados chicos exploradores.

En solo unos pocos días habíamos gastado casi £1,000 en alquilar botes para recoger y dejar a Mark, en pasajes aéreos para Marlene, en hoteles y comida de mejor calidad en la ciudad. En consecuencia, cuando llegamos a Pucallpa—a pie esta vez—simplemente pasamos de largo sin volver la mirada. Necesitábamos un lugar barato.

Seguimos caminando, portando cada uno su propio equipo y una proporción del equipo de grupo que teníamos que transportar. Las ollas, botes, *laptop*, teléfono satelital, EPIRB (rayo indicador de posición para rescate en emergencias), cámaras, cintas, baterías, etc., estaban divididas en una forma que considerábamos equitativa. Andreas y Alfonso me habían dicho que caminarían otros siete a diez días hasta la ciudad de Contamana, y después de eso volverían a su destino.

El 20 de octubre divisamos a la distancia algo amarillo y rojo muy brillante, y pensamos que estaríamos llegando a un campamento de tala de madera o a un río. A medida que nos acercábamos pudimos ver que los colores eran en realidad dos helicópteros estacionados en un helipuerto, y el campamento era demasiado elegante para pertenecer a explotadores de maderas. Remamos al otro lado del río y saludamos desde nuestros botes inflables. Los trabajadores del campamento tenían aspecto extranjero, argentinos tal vez, y se quedaron perplejos al ver las dos balsas de jebe con un inglés, un afroperuano y dos indios asheninkas.

Fuimos recibidos con amabilidad por el administrador francés del campamento, quien nos explicó que estaban realizando estudios sísmicos para tratar de encontrar petróleo. Al no haber encontrado nada, el campamento sería eliminado en el lapso de unas semanas. Traté de recordar un poco del francés que había estudiado en mis siete años de escuela, pero apenas pude decir "Buenas tardes", por lo cual hablamos en español. El francés era cordial, pero evidentemente no estaba muy interesado en nosotros, y nos dijo que podríamos hospedarnos en la carpa de los trabajadores en la parte posterior.

Pese a ser la única estructura en el campamento que no tenía aire acondicionado, para nosotros era un alojamiento de lujo. Nos explicaron algunas reglas de seguridad (yo casi no podía creer que aún estábamos en el Perú), y nos mostraron las duchas y los modernos inodoros a nuestra disposición. Era fenomenal lo que el dinero podía hacer para convertir una enmarañada jungla en un esterilizado campamento; los hombres vivían lujosamente con su propio gimnasio, bar y restaurante. Nos invitaron a grandes platos de pollo frito y arroz con tomates, recargaron todas nuestras piezas de equipo con su generador, que funcionaba las veinticuatro horas.

Después de desayunar muy bien, tuvimos que escabullirnos

a través de jardines para continuar caminando en esa ribera del río, y pronto llegamos a un poblado shipebo llamado Holandia. El pueblo parecía estar desierto, y procedimos a caminar directamente hasta un poblado llamado San Juan, donde hombres armados con escopetas nos detuvieron y nos llevaron de vuelta a Holandia.

El jefe de seguridad de Holandia era muy viejo, y nunca sentí tanta instantánea animosidad contra alguien desde la época del lunático golfista australiano que salía con mi hermana. Nos dijo que un hombre había desaparecido, y que estábamos bajo sospecha de asesinato. Esto era demasiado ridículo para ser tomado en serio, por supuesto.

En mi diario parece que me referí al viejo como "Sr. Odioso", y sería lamentable no continuar llamándolo por ese nombre totalmente apropiado para él. Odioso quería encontrar todas nuestras faltas, creyéndose muy listo. Declaró que mi pasaporte no era válido porque no estaba firmado por la Reina de Inglaterra en persona. Me dijo que era mi responsabilidad demostrar que Mark Barrowcliffe estaba de vuelta en Inglaterra, y no escondido entre las malezas de la zona (el nombre de Mark todavía figuraba en nuestros permisos).

Después de dos horas de interrogarme a solas, me dijo que le gustaría recibir una explicación de cada uno de los artículos que llevaba en mi mochila. Debo admitir que se me estaba terminando la paciencia, y opté por preguntarle por qué no se la pedía al jefe de San Juan, que estaba sentado a su lado y tenía en la mano el inventario completo que habíamos compilado juntos cuatro horas antes, cuando su gente nos había detenido.

No—me hizo volver a vaciar mi mochila. Durante el tortuoso proceso, Odioso hojeó con desconfianza las páginas de la novela cómica de Mark Barrowcliffe titulada *Lucky Dog*, como si pudiera encontrar en ella los detalles de un complot para cometer un asesinato. Inclusive anotó el número de serie de mi *laptop*. Por sí acaso.

Pero yo no fui el único. Odioso pasó más de dos horas con Alfonso, luego con Andreas y finalmente con Cho. Afortunadamente yo tenía un libro para leer. Perdimos todo el día en el interrogatorio sobre el shipebo desaparecido, quien probablemente, luego de emborracharse, se había extraviado y estaba durmiendo en algún lugar.

Afortunadamente, no todos en Holandia eran como el Odioso. Dos familias ofrecieron prepararnos comida. En la confusión aceptamos ambas ofertas y consumimos dos enormes cenas a la luz de velas.

A la mañana siguiente, después de pasar la noche en la estación de policía (una cabaña de madera), llegó el verdadero jefe de seguridad y nos enteramos de que el Odioso había sido un simple suplente. El hombre, más joven, nos miró sonriendo y nos preguntó si visitaríamos los baños termales en Contamana, luego nos deseó un buen viaje y buena suerte. Al final echó a perder la buena impresión, diciendo que era obligatorio donar cincuenta soles a la fuerza policial de Holandia para reparar el techo de la estación, después de lo cual quedaríamos libres para partir.

Al final del día los hombres conversaron con dos chiquillas que parecían estar muy interesadas. No debería ponerme a juzgar, pero las chicas no parecían tener más de trece o catorce años, y en nuestro grupo ningún hombre tenía menos de treinta. Habitualmente la mayoría de las jóvenes de quince o más ya estaban casadas y con hijos, por eso yo fui la única persona que encontró extraña esta situación. Cualquier hombre que quería encontrar una chica soltera optaba por una de catorce años o menos.

A la mañana siguiente a las seis, salimos de Holandia con la intención de recuperar el tiempo perdido. La ruta hacia Contamana era plana y recorrimos los senderos, cada vez mejores, hasta que eventualmente se convirtieron en carreteras pavimentadas. A las 7 de la noche, ya oscuro, nos registramos en un hotel de la ciudad. Ya no era un poblado de chozas de madera: se estaban construyendo edificios de concreto y ladrillo, la plaza estaba adornada con jardines floridos y había basureros que la gente utilizaba.

Alfonso y Andreas Dongo, nuestros leales hermanos asheninkas, nos dejaron en este punto. Durmieron bien, se bañaron y se vistieron con sus elegantes camisetas polo y pantalones, y se pusieron loción para después de afeitarse para su viaje de vuelta, río arriba, hasta la comunidad que habían dejado cuarenta y siete días antes. Para entonces estaban tan lejos de su territorio que su influencia comenzaba a menguar; por eso era conveniente que se marcharan. Me sentía triste cuando fui a su habitación para pagarles y despedirme de ellos. Aparte de mis depresiones, habían sido cuarenta y siete días extraordinarios, y sabía que ahora tendríamos que atravesar las temibles comunidades sin su ayuda. Nos estrechamos las manos y los hermanos fueron a la ciudad para comprar un nuevo motor fuera de borda para su comunidad. Me quedé con una cálida sensación de estarme despidiendo de amigos verdaderos.

Esa noche volví a leer mi diario del día en que había conocido a Alfonso y Andreas.

> *Este grupo era mala gente. Pese a que me parece ridículo haber afirmado que la gente puede ser fácilmente categorizada, ahora he comenzado a hacerlo yo mismo. En sus ojos podía ver que no comprendían, o no querían comprender.*

¿Quién, exactamente, no había comprendido?

Capítulo Ocho

Depresión

Cuando pienso en ello, debo haber estado esforzándome tanto con la expedición misma, que estaba negado a la posibilidad de cosas como el placer y una conversación animada. Ignoraba cualquier interacción o actividad que no me ayudara directamente a avanzar. Mi instinto me decía que mi perspectiva era errada; sabía que me estaba comportando en forma antisocial, pero sin embargo me mantenía hosco y aislado.

Parte de esta tensión era causada por problemas económicos. Ahora JBS Associates me estaba dando una cuota mensual de £1,000, pero eso cubría tan solo la mitad de nuestros gastos. Tenía una deuda de £9,500 en mi tarjeta de crédito, el límite era £10,000 y no tenía forma de pagar los intereses. Todavía tenía una hipoteca pendiente en Inglaterra, y la inquilina me acababa de anunciar que se marchaba. Sé que algunos lugares de la selva son asombrosamente bellos, porque en raras ocasiones me detenía a observar mi entorno. Las colinas cubiertas de selva se apiñaban como cajas verdes de huevos, y las orillas escarpadas daban paso a farallones cubiertos de enredaderas que se inclinaban sobre pequeños riachuelos. Nadie caminaba por estos lugares porque el follaje era tan denso que sin un machete hubiera sido casi imposible avanzar. Con frecuencia encontrábamos desvíos alrededor de obstáculos naturales como pantanos impenetrables que aliviaban nuestro esfuerzo por seguir adelante, cargados de pesadas mochilas.

Al poco tiempo Cho encontró un nuevo guía shipebo, Pablo, otro individuo de rostro amable que me inspiró confianza. Aceptó caminar con nosotros únicamente si le pagábamos 150 soles por adelantado. El problema era que los hombres siempre necesitan dejar a sus mujeres con suficiente dinero para vivir mientras ellos están ausentes. Su pedido era lógico y comprensible.

Pablo, Cho y yo caminamos a través de la selva más cenagosa que hayamos visto en nuestras vidas. Habiendo sufrido ligeramente de hongos en los pies provocados por mi par original de botas para selva, ahora estaba calzando lo mismo que los asheninkas: zapatos de lona. Serían temporales, hasta que Altberg pudiera hacerme unas botas que se secaran mejor, pero por el momento tenía los tobillos expuestos y me sentía desnudo caminando por la jungla. La falta de protección en los tobillos me dejaba expuesto a dislocaciones, espinas, arañazos y sobre todo a serpientes. Por otro lado, los zapatos de lona eran tan delgados y sencillos que me permitían caminar por pantanos sin sufrir de hongos.

En esta profundidad de la selva cada vez veíamos más serpientes. Si se camina por senderos selváticos el riesgo es menor, pero si se avanza por un bosque muy denso, sabiendo que la mayoría de las serpientes viven en árboles, entonces el riesgo es mucho más alto. Al igual que todos los otros animales, no nos atacarían por gusto, ya que éramos demasiado grandes para que pudieran comernos, pero las probabilidades de que perturbáramos o sorprendiéramos a una serpiente eran mayores que nunca. Con creciente frecuencia, al pasar por madrigueras de víboras en el suelo del bosque, yo sugería caminar alrededor y no matarlas, como tiende a hacerlo la gente de la zona. A menudo recorríamos áreas por donde nadie hubiera caminado, por lo cual, en este momento las probabilidades de que alguien nos siguiera y que una serpiente lo mordiera eran muy remotas. Dejaríamos vivir a las serpientes.

En la selva, yo tenía una rutina diaria muy estricta para cuidarme los pies. En las mañanas los untaba con vaselina antes de ponerme las medias limpias (pero húmedas) que había lavado el día anterior en el río. Luego, al final del día antes de cenar, me lavaba los pies y las medias, me ponía talco y caminaba en sandalias para permitir que mis pies respiraran y se secaran.

Este método funcionó perfectamente durante toda la expedición, excepto con el primer par de Altbergs, que eran demasiado gruesos y las "válvulas" de drenaje se bloqueaban con lodo. En las subsecuentes botas que pedí, las válvulas habían sido remplazadas por ojales reforzados que tenían la ventaja de drenar extraordinariamente bien, pero la desventaja de acumular arena del lecho del río. Si el área era arenosa y necesitábamos cruzar numerosos ríos, era necesario lavar esas botas con regularidad. Las consecuencias de no hacerlo eran pies enrojecidos y en carne viva, esponjosos como queso y subsecuentes infecciones.

Fue solo en este punto cuando consideré prudente decirle a Cho que yo no era religioso. Antes no le había mentido, pero sí había evitado ser muy directo. Lo tomó bien y pude ver que ahora consideraba un reto convertirme durante las caminatas. Pablo tuvo que regresar a su casa para proteger a su hija de los avances indeseados de un hombre del poblado. Se había enterado de la noticia por medio de la radio de alta frecuencia, y había sido remplazado por Jorge.

Jorge era muy diferente de los otros habitantes locales que habíamos contratado hasta el momento. No era indígena, sino más bien un peruano de raíces españolas. Era un poco mayor que los otros, de unos cincuenta años, con un vientre prominente y unos modales calmados y relajados que hacían pensar en un tío favorito.

El 9 de noviembre también contratamos a Raúl, un hombre de edad similar, delgado como un alambre, pero fuerte y musculoso. Yo estaba preocupado por dinero y no me sentía en control de las finanzas. Emplear a un hombre que no sabía por dónde iba fue particularmente exasperante, porque era un recordatorio directo de que estaba desperdiciando mi dinero. Raúl había afirmado conocer los caminos, así que al partir éramos un equipo de cuatro hombres. Cuando comenzamos a extraviarnos y a caminar en círculos me molesté y le dije que no estaba satisfecho.

En un poblado llamado Nuevo Delicia, mientras comíamos arroz con carne de roedor, decidí mencionar el tema de guías.

"Necesitamos encontrar un nuevo guía mañana por la mañana",

anuncié. Todos miraron hacia abajo y siguieron comiendo. "Necesitamos encontrar una persona que conozca los caminos, y no nos tenga caminando en círculos todo el día", continué. Cho y Jorge estaban de acuerdo conmigo, pero evidentemente todos sentimos lástima por Raúl, quien no dijo nada.

Cho se atrevió a preguntar, "¿Qué pasa con Raúl?"

—Se marcha—respondí—. Ya le hemos pagado por hoy.

Estaba consciente de estar hablando de Raúl en su presencia.

—¿Estás de acuerdo, Raúl?—le pregunté.

—Sí—contestó.

Esa noche terminé de leer *The Book Thief*, una historia de increíble coraje en 1942, en Munich. Permanecí acostado en mi hamaca, llorando. El libro me había hecho recordar a todas las personas que amaba, y pensar en las cosas que tenían importancia en la vida, y las que no la tenían. Eso hizo que mi caminata pareciera absolutamente trivial comparada con los sufrimientos de la guerra, y me di cuenta de que debía recordar constantemente que era necesario relajarme y pensar en los demás, en lugar que vivir en esa aislada burbuja de ciega determinación.

Dormí bien con la ayuda de las pastillas de diazepan de las que ahora dependía para olvidar mis preocupaciones de dinero y descansar adecuadamente.

En la mesa del desayuno en Nuevo Delicia, una rata cayó de los maderos del techo y nos hizo reír, pero todos nos sentíamos un poco incómodos. A Raúl no le gustaba la idea de marcharse, y en lugar de admitirlo, comenzó a decirme lo mucho que sabía sobre la próxima ruta, que ahora tendríamos que recorrerla sin él. Cuanto más hablaba, más me percataba de que realmente sabía mucho. Miré el mapa, pensativo.

—Cho, ¿crees que fue una buena decisión hacer que Raúl se retire del grupo?

—Tú eres el jefe—dijo Cho.

—Pero te estoy pidiendo tu opinión, Cho.

—OK—comenzó—. Creo que eres demasiado impaciente. Creo que esta caminata demorará un buen tiempo, y que necesitas relajarte. Y cuando un camino se vuelva espinoso y pantanoso durante dos horas, tendrás que respirar profundo, sonreír y aceptarlo como parte de la aventura.

Todo este tiempo Jorge y Raúl habían estado escuchando, y todos, incluyéndome a mí, sabíamos que Cho tenía razón, y que me había puesto en mi sitio. Me sentí humillado y me volví hacia Raúl.

—Lo siento, Raúl. Fui muy duro contigo ayer. Si te parece bien, me gustaría que continuaras con nosotros.

Raúl no respondió, pero era evidente que había aceptado la disculpa y que permanecería con nosotros.

De alguna manera, la revelación de mis deficiencias y la franqueza que vino a continuación pareció mejorar las cosas. Nuestra caminata fue buena, y en la anotación en mi diario a la noche siguiente comenté sobre el hecho de que al parecer, este grupo se convertiría en un excelente equipo de cuatro, como lo había sido con los hermanos Dongo. Durante los descansos compartíamos cigarrillos baratos, y me enseñaban a maldecir en español. Comenzamos a divertirnos juntos, y sobre todo, yo comencé a sentirme más como parte del equipo.

Al día siguiente pasamos por un poblado de peruanos no indígenas. Ahora encontrábamos cada vez menos comunidades indígenas, y la hospitalidad que recibíamos era cada vez más cálida. Ocasionalmente todavía escuchaba el grito de “pela cara”, pero ahora parecía más en broma que en serio. Era la hora del almuerzo, y Jorge, que nunca dejaba pasar la oportunidad de disfrutar de una comida decente, sugirió detenernos en un restaurante.

Se nos acercó una muchacha de unos diez y ocho años—la persona más bella que había visto desde que llegué al Perú—y sentí que el corazón me latía con fuerza mientras ella nos servía arroz, frijoles y plátanos. Su nombre era Sonia, y me preguntó, personalmente, si podía quedarme unos días en la ciudad. Le expliqué por qué no era posible, y salí de la ciudad entre las bromas de mis tres compañeros, pero con el corazón alegre.

Muchas de las comunidades que habíamos visitado todavía tenían problemas con el consumo de alcohol; es triste reportar que en la mayoría de los poblados habíamos visto hombres completamente ebrios en pleno día. No un poco alegres, o inclusive pendencieros: simplemente tan borrachos que no podían ni mantenerse en pie, y parecían locos. Su aspecto todavía era muy indígena. Pese a que todos hablaban español, en estas zonas no había habido mucha mezcla directa con sangre española, y por lo tanto la tolerancia al alcohol era muy baja, como sucede con las tribus amerindias.

Habitualmente, el orden en que caminábamos era, Raúl por delante, luego yo, seguido de Jorge, y Cho a la zaga. Raúl portaba tan solo una mochila ligera y le gustaba machetear. Detrás de él yo me ocupaba de la guía, y Jorge y Cho nos seguían detrás. En un camino entre comunidades, Cho nos llamó la atención exclamando, "¡Mira!"

Traté de distinguir lo que nos estaba señalando entre la maleza, y vi la ominosa presencia de una *fer de lance* (una víbora de pozo), enroscada y lista para atacar. La serpiente estaba en medio del camino, de suerte que Raúl, Jorge y yo habíamos caminado a solo centímetros de la culebra, que ahora se mostraba muy agitada. Dicen que la primera persona despierta a la serpiente, la segunda la perturba y la tercera recibe la mordida. Cho había sido el número cuatro y había visto el movimiento cuando la serpiente se replegó defensivamente, lista para atacar.

La mordida de una serpiente como esta puede ser en extremo seria. *Fer de lance* es el nombre común que se les da a diversas especies de víboras del género *Bothrops*. Tienen un veneno predominantemente hemotóxico que afecta la sangre, destruye las células y causa una masiva hemorragia y necrosis. Una mordida podría significar la muerte debido al fallo de todos los órganos y tejidos del cuerpo. La víctima sangra por los folículos del cabello, por los ojos, orejas, nariz y uñas antes de sucumbir a una muerte horrible.

Debido a que estaba en el camino y fácilmente podría morder a un caminante, Raúl tomó un palo largo y mató al animal sin mucho remilgo, de un golpe seco en la cabeza. Conservacionistas o no, estuve de acuerdo con que había sido lo más conveniente en esas circunstancias.

En el poblado siguiente—para entonces me sentía muy vulnerable con mis zapatos de lona—adopté el estilo de calzado de Raúl y Jorge, y me compré unas botas de goma y medias de futbolista. De inmediato me gustó esta combinación, y me encantó la facilidad con que podía vaciar las botas después de cruzar los ríos. En la noche las ponía boca abajo sobre ramas—por la mañana estaban completamente secas y era un placer ponérmelas, en comparación con los zapatos húmedos o las botas con pasadores endurecidos por el lodo. El único inconveniente era que cuando vadeaba por agua sucia, también me entraban astillas y espinas que se quedaban en la parte superior, y necesitaban ser extraídas en cuanto llegábamos nuevamente a un terreno seco. Aunque tampoco era un gran problema, porque resultaba fácil quitarme las botas, sacudirlas y volvérmelas a poner, no era el sistema más conveniente.

Cuando los días se volvieron semanas, la vida con Cho, Raúl y Jorge se fue haciendo rutinaria. Despertábamos con la luz a las 5:30, sin necesidad de una alarma. Ante la mera idea de ponerme las ropas húmedas, mi hamaca, que me había parecido incómoda toda la noche, súbitamente se me antojaba el lecho más suave, acogedor y confortable.

Cuando mis pies tocaban el suelo, yo entraba en "piloto automático". Todo seguía los mismos patrones, día tras día. Aunque mi camiseta, pantalones y medias hubieran sido lavados en el río la noche anterior, invariablemente seguían húmedos y con arena. La humedad impedía que nada se secara completamente durante la noche, y por eso teníamos que ponernos la ropa en ese estado. Una vez vestidos, por supuesto, no había problema. De todos modos al poco rato comenzábamos a sudar, de manera que la ropa nunca llegaba a estar realmente seca. Más tarde en la expedición, Cho y yo desarrollamos un sistema de tendederas sobre la fogata para secar nuestra ropa cada noche.

En los pueblos, con frecuencia comíamos una sopa de testículos de gallo y gallina vieja en el desayuno. Era suficientemente nutritiva, si bien insípida y repetitiva. Por lo general dejaba que los guías conversaran entre ellos, porque mi cerebro necesitaba más tiempo para comenzar a funcionar.

Vendaba mi pie infectado y tomaba antibióticos para impedir que se convirtieran en úlceras tropicales. Luego venía la capa de vaselina y las medias de fútbol, y al final las botas negras.

A menudo, los poblados no tenían áreas designadas para defecar. La gente simplemente se alejaba un poco en la selva para evacuar. Era un proceso tanto antihigiénico como fortuito, y pese a que había suficientes insectos y gusanos para descomponer las heces—inclusive las de una familia entera—, cuando todo un poblado carecía de un sistemas de desagüe, el área podía volverse bastante sucia y maloliente.

Mis estados de ánimo eran tan variables como los de una persona deprimida. Tal vez lo estaba. La felicidad total de ver un saki barbudo, un mono de aspecto muy particular, podía estar inmediatamente seguida de frustración por tener que retroceder cuatro kilómetros porque habíamos llegado a un pantano que no podíamos cruzar en bote debido a la abundancia de árboles espinosos. Cubierto de arañazos, picaduras de hormigas y heridas causadas por el peso de mi mochila, mi ánimo podía transformarse en absoluta felicidad al desnudarme y bañarme. Por supuesto que todo era relativo, pero podía recuperar esa sensación de limpieza bañándome en las aguas estancadas de un lago marrón lleno de maleza.

Después de animarme a causa de varios mensajes positivos, cometí el error de buscar un estímulo en los blogs para levantarme la moral. Esta forma de incentivo no era confiable en absoluto, y vivir con la esperanza de recibir mensajes agradables fue terrible para mantener una actitud constantemente positiva. A veces los mensajes simplemente no llegaban, y otras veces eran airados y negativos, acusándome de irresponsable o algo peor.

Durante toda la expedición, la música fue una fantástica vía de escape. Gasté como siete reproductores MP3 que iba comprando en la zona; eran baratos y no duraban mucho. El único problema con la música es que, después de tener el cerebro medio dormido durante todo un día, expuesto a la monotonía y al tedio, al encender ese estímulo me exaltaba de tal manera en mi hamaca que tampoco de esa forma podía dormir. Escuchaba durante horas el sonido de la civilización, de la normalidad tal como yo la conocía, y del mundo occidental.

Anotación en mi diario, 13 de noviembre, 2008, San Ramón:

El temor no expresa mis verdaderos sentimientos. Ya no hay riberas en el río, y los caminos están inundados y pantanosos. Pronto tendremos que alejarnos más del río tan solo para encontrar un suelo duro donde podamos caminar.

A Raúl le preocupan mucho las trampas. Hemos ingresado a una zona donde los habitantes locales utilizan ciertos métodos para cazar, como escopetas hechas por ellos mismos, instaladas en alambres en los pequeños senderos. Los animales que buscan son roedores grandes como la paca o agoutí, y las toscas armas disparan casi a quemarropa contra los animales, abriendo enormes brechas en sus cuerpos. Instaladas a unos quince centímetros del suelo, si tropezáramos con una, podría arrancarnos un pie, y nadie parece llevar la cuenta de dónde están ubicadas. Hay muchas probabilidades de que caminemos por un terreno lleno de esas trampas que tanto se parecen a las minas antipersonales. Caminar al frente se está volviendo una responsabilidad menos deseable.

Anotación en mi diario, 17 de noviembre, 2008, Puerto Vermudes:

A las dos de la tarde tuve que detener la marcha porque estaba demasiado cansado. Sentía las piernas debilitadas y estaba a punto de llorar de agotamiento. Es curioso, he pasado la mayor parte de mi vida adulta en el extranjero, pero nunca con un grupo de occidentales. El ejército, las expediciones y la asesoría de riesgos nunca me habían puesto en situaciones en las que estuviera solo durante largos períodos de tiempo. Esta es la primera vez en que he estado completamente inmerso en un país y su gente. Han pasado cuatro meses y medio desde que Luke se marchó, y desde entonces he tenido un par de veladas conversando con Emily, pero nada más. (Es evidente que había olvidado la visita de Mark Barrowcliffe).

Debería prestar más atención a los otros, y tratar de interactuar más con ellos, pero estoy tan cansado que mi español no está progresando. Simplemente me desconecto del ruido.

Pensando en eso, me resulta difícil justificar ese comportamiento. ¿Por qué no encontré la energía necesaria para hacer un esfuerzo, interactuar más, aprender más palabras cada día? También anoté en mi diario que el jefe de Puerto Vermudes se llamaba Juan Rojas, que era muy amable y nos había invitado a caimitos, unos frutos dulces, redondos y pegajosos que podían dejar los labios pegados si uno no sabía cómo comerlos. También anoté que tenía cinco hijos, los niños más educados y confiados que yo había conocido. Uno de ellos ofreció guiarnos los próximos cuatro kilómetros hasta el siguiente poblado, y nos regaló todos los mangos que llevaba en su mochila. Tenía seis años. Yo estaba rodeado de enorme buena voluntad y generosidad, pero no podía enfocarme en esa bondad. Estaba atrapado (por mi propia tozudez y obstinación) en un lugar donde no quería estar, y me seguía sintiendo deprimido.

Jorge, el guía gordo que ya lleva una semana acompañándonos, tiene cincuenta años y está disfrutando la caminata. Creo que me considera menos inteligente y menos capaz de lo que soy. Sé que probablemente mi español tan pobre no hace que me vea muy listo, pero recientemente me preguntó qué rango había alcanzado en el ejército. Se quedó asombrado cuando le dije que capitán. "Pero supongo que no de infantería", añadió. "Sí", respondí. "Soy capitán de infantería".

Sé que era apenas una sombra de lo que había sido, y la reacción de Jorge no me sorprendió.

Anotación en mi diario, 19 de noviembre, 2008, San Roque:

Hoy tuve una gran discusión sobre religión con Cho. Siempre había tratado de evitar ese tema, porque sabía que no estaríamos de acuerdo, y yo necesitaba tenerlo como guía. Creo que no le importa que yo no sea religioso. Pienso que eso no cambiará las cosas, pero es interesante saber que piensa que iré al infierno porque no creo en Dios. Le expliqué que si bien la religión fue una manera astuta de manipular y controlar a la gente, creada siglos atrás, en la actualidad ya no era necesaria. Tomé un poco de material de Eddie Izzard, y le pedí que "explicara los dinosaurios".

Son casi las 12:30 y tengo que dormir. Todo estará bien.

El 20 de noviembre nos estábamos acercando a la ciudad selvática de Iquitos, donde queríamos tomar un descanso para la Navidad. Faltando aún 300 kilómetros, decidimos cruzar de la cúspide de un meandro a otro. La línea directa que veíamos era de siete kilómetros, mientras que siguiendo por el canal del río serían veinticuatro. Nos encaminamos con Raúl al frente. Él abría el camino durante todo el día, portando solo una pequeña mochila. Cho, Jorge y yo hacíamos turnos para ocupar el segundo lugar, abriendo el camino un poco más para que pudieran pasar nuestras mochilas y el gran vientre de Jorge.

Iniciamos la caminata a eso de las 7 AM, y la primera hora fue, como siempre, fresca—o mejor dicho, un poco más fresca. A las ocho ya sudábamos entre una nube de mosquitos. Caminar en el tercer o cuarto lugar en la fila era lo peor. Los mosquitos nos picaban constantemente. La cantidad de picaduras que recibíamos era absurda. Como el repelente era muy valioso para usarlo siempre (el sudor lo limpiaba demasiado rápido), lo guardábamos para los momentos de descanso, cuando comíamos o cuando queríamos un poco de paz sin oír sus exasperantes zumbidos en nuestros oídos. Eso significaba que mientras caminábamos o nos deteníamos a esperar, lo cual ocurría con mucha frecuencia porque nos estábamos abriendo paso por entre las malezas, estábamos constantemente bajo ataque.

En un momento dado tenía cinco mosquitos picándome el dorso de cada mano, y no podía ver los que tenía en la frente o en la nuca. Calculo, sin exagerar, que estaba recibiendo por lo menos diez picaduras por minuto. Si uno multiplica eso por las ocho horas de caminata diaria, el resultado es de 4,800 picaduras diarias, 33,660 por semana, e, increíblemente, 145,600 picaduras por mes. A veces no eran tantas como el número que calculo, pero durante toda la expedición supongo que no fueron menos de 200,000, lo cual explica por qué nuestros cuerpos ya no reaccionaban ante ellas.

En todo el mundo, los exploradores de lujo deben estar tirando al suelo sus ejemplares de mi libro, exclamando, "¿Por qué no usaban un mosquitero para protegerse la cabeza?", o "¿No tenían guantes?". Yo contaba con ambas cosas, pero nunca las utilicé, en parte porque los demás no las tenían y no quería ser el gringo engreído que usaba un equipo sofisticado, y en parte porque parecía una forma extraña de enfrentarse con la situación. Los hombres que me acompañaban eran fuertes y estaban acostumbrados a la selva, por eso me parecía importante que me vieran como a un igual. De la misma manera que me gustó deshacerme de mi ridícula camisa impermeable de expedicionario y estaba feliz con mis zapatos de lona, me gustaba vivir la experiencia del Amazonas como lo hacían la gente de la zona, sin ostentosos pertrechos de gringo. Me sentía orgulloso de hacer la caminata de la misma manera que la gente que vivía allí.

Para mantener a Raúl encarrilado se necesitaba un cuidadoso equilibrio: darle suficiente libertad para elegir su propia "ruta de menos obstáculos" a través de la enmarañada pared, y mantenerlo en el buen camino. A menudo corría el riesgo de ofender el orgullo que sentía por su "brújula interna" al indicarle la dirección correcta y encaminarlo hacia el objetivo donde nos estábamos dirigiendo.

Para entonces, las inundaciones comenzaban a preocuparme. Si bien nos demoraban más tiempo, los lagos no presentaban problemas porque podíamos inflar las balsas y atravesarlos a remo. Las ciénagas con vegetación muy densa eran más complicadas porque las balsas podían agujerearse, y por eso a menudo teníamos que fabricar puentes flotantes con hojas de palmera y vegetación, para cruzar amplias y precarias extensiones de aguas profundas llenas de maleza.

En este punto comenzaba a percatarme de que instalar pasamanos a los lados de las zonas inundadas era más fácil en la teoría que en la práctica. El bosque inundado era algo esporádico e impredecible, y los mapas peruanos que estábamos utilizando databan de cuarenta años atrás. Un bosque inundado es el lugar más enmarañado que uno se pueda imaginar. Hiedras y ramas creaban una red de maderas retorcidas delante de nosotros, repletas de todos los tipos de hormigas agresivas. Pasamos por encima de raíces elevadas y debajo de ramas bajas, acumulando rasguños, espinas y cortes de forma alarmante.

Las botas de jebe, que me quedaban un poco chicas, me habían causado ampollas en ambos pies, y dado que pasábamos la mayor parte del día caminando en agua sucia, la infección no cedía a pesar de que había terminado un tratamiento de antibióticos.

A las cinco de la tarde del 20 de noviembre, anticipando que no alcanzaríamos el otro lado del cruce de siete kilómetros, decidimos acampar. Solo teníamos medio litro de agua por cabeza, y sin un riachuelo cerca, nos retiramos rápidamente bajo nuestros mosquiteros sin hacer una fogata, para comer nuestras raciones personales de media lata de atún, un puñado de farina y un poco de azúcar. Mezclé los tres con unas gotas de mi preciosa agua, y me arrepentí desde que probé el primer bocado dulzón de pescado.

A la mañana siguiente, muy temprano, desarmamos el campamento y a la hora podíamos ver la vegetación que se abría frente a nosotros. El sol brillaba, y cuando atravesamos la fila de árboles esperábamos encontrar señales de vida en el río. Pero el río había cambiado de curso, y nosotros habíamos llegado al recodo de un lago seco.

Después de una corta caminata alrededor de la orilla, nos encontramos con dos habitantes locales que se rieron de nuestro error, y nos dijeron que el cauce del río estaba ahora a cuatro kilómetros de distancia. Ellos tenían un pequeño terreno y una cabañita a la que nos invitaron para comer sopa de pollo y plátanos. Después de la mala comida de la noche anterior, recibimos esta de muy buen grado, comiendo cada uno grandes platos. Antes de partir bebimos un poco del agua de lluvia que habían recogido.

Dos horas más tarde llegamos a Tahuantinsuyo, un pequeño poblado con un campo de fútbol y una tienda. Una amable señora nos preparó costillas de cerdo, y olvidamos la incomodidad del día anterior mientras disfrutábamos de cada bocado de las saladas costillas.

Siempre que llegábamos a un poblado, la gente me observaba con curiosidad. Cuando iba a bañarme, todos me miraban. Cuando me cambiaba de ropa, todos me miraban. Inclusive cuando estaba en mi hamaca, leyendo a la luz de mi lámpara de cabeza, no era raro que acudieran quince o veinte personas para observarme. Inclusive en una comunidad que tenía "Direct TV", el equivalente peruano de televisión por satélite, aparentemente yo era mucho más interesante.

Eso habría sido aceptable si hubiera durado unos pocos días, pero después de ocho meses ya me estaba impacientando. En mi deseo de esconderme de las miradas, me aislé aún más. Lo único que quería era que me dejaran en paz, pero tenía que vencer esa actitud antisocial. Necesitaba la ayuda de estas gentes para poder continuar. Estaba pasando por su territorio y durmiendo en sus poblados. Esta no era aquella expedición a la selva que yo había imaginado. Ansiaba llegar a Brasil, los grandes bosques tropicales y la ausencia de gente.

Las veces que conversaba con alguien, cuando hacía el esfuerzo, los temas eran siempre los mismos. "Usted está loco, no podrá caminar tan lejos. Los indios lo matarán, o será devorado por un jaguar".

Sin embargo, con el tiempo comencé a disfrutar de la compañía de nuestro grupo. Jorge era bondadoso y considerado, y Raúl se reía constantemente de nuestros problemas. Cuando me sentaba a descansar, los insectos me picaban a través de los pantalones, concentrándose en mis testículos, lo cual, por supuesto, me molestaba mucho. A Raúl esto le parecía muy divertido, y comenzamos a establecer un vínculo basado en el humor negro.

Con las frecuentes conversaciones con Cho, a menudo sobre religión, comencé a sentirme más como parte del grupo, mien tras que Jorge y Raúl se convirtieron en una sólida unidad de trabajo similar a la que habían formado los hermanos Dongo antes de ellos. Los chistes, como era de esperarse, eran todos racistas y sexistas, pero no malos. Simplemente, era una forma de bromear entre personas que nunca habían sido políticamente correctos.

El 24 de noviembre del 2008, todavía faltando 246 kilómetros para llegar a Iquitos, me levanté a las 3:45 para establecer contacto directo con mi viejo compañero de Sandhurst, Ben Saunders, que estaba dando una conferencia en la Royal Geographical Society acerca de comunicaciones en expediciones. En ese momento me encontraba en un pequeño poblado llamado Tamanco, y encendí mi Macbook de suerte que la cámara de Skype quedó enfocada en unas matas en la plaza del pueblo. La última vez que habíamos hablado era casi de noche, y luego, cuando nos conectamos poco después del alba, la vista era adecuadamente selvática.

Era la primera vez que estaba usando BGAN y Skype para hacer una entrevista, y ambos funcionaron bien. Era increíble poder hablar en vivo desde el bosque tropical, teniendo en cuenta que habíamos transportado todo nuestro equipo a pie.

Fue fabuloso hablar por un momento con Ben, y lamenté que se cortara la comunicación después de solo un par de minutos. Él no tenía idea de lo mucho que yo sufría mentalmente, ni tampoco de cuánto me había revivido ese momento de normalidad.

En este punto, Cho se estaba mostrando bastante hosco. No había sido fácil caminar con alguien que se quejaba constantemente de las dificultades, pero a menudo, en las ciudades, se burlaba de mí y, tan solo para ver cómo reaccionaban, le decía a la gente que yo no era religioso. Insistía en que yo terminaría en el infierno, y aparentemente pensaba que ese era también el destino de todos los homosexuales. Yo le respondía que por lo menos tendría compañía. Era frustrante vivir en un mundo donde primaba un humor rudo y una actitud arcaica hacia las mujeres, los homosexuales y las gentes de otras razas. Todos pensaban de manera completamente diferente a la mía.

Debido a que era la temporada de lluvias y que estábamos entrando y saliendo del agua todo el tiempo, nuestras botas se llenaban constantemente, y eso nos obligaba a asir nuestros talones con las manos y estirarnos para vaciar el agua sin quitarnos las botas. Pese a que aquello casi siempre funcionaba, aún persistía el problema de que el agua restante se entibiaba y suavizaba la piel, dejándola vulnerable a heridas y hongos.

Decidí hacer un experimento con mis botas, y corté dos hoyos en el empeine en el mismo lugar donde los habían tenido mis botas de selva. Ahora no importaba que fueran impermeables, ya que el agua siempre llegaba a un nivel más alto que las botas. Los guías, sin embargo, se espantaron al ver mi modificación.

Funcionó de maravilla. Ahora podía salir del agua profunda y continuar caminando sin tener que detenerme a vaciar las botas, y después de un minuto estaban bastante más secas que si las hubiera vaciado, porque el peso de mi cuerpo estaba constantemente presionando más agua hacia afuera. Mi piel mejoró considerablemente, y las ampollas comenzaron a sanarse. El sistema también me permitió llevar los pantalones por encima de las botas para protegerme de molestias como espinas y astillas.

Cuando no tenía acceso a botas especiales para selva, éste se convirtió en mi sistema favorito: zapatos de lona con agujeros en el empeine, y pantalones cortados justo debajo del borde de la bota para impedir la entrada de espinas, pero no tan largos como para que el barro se acumulara alrededor del tobillo.

Anotación en mi diario, 27 de noviembre, 2008:

Creo que hasta disfruté de este día. Lo hubiera disfrutado más sin Cho, pero me doy cuenta de que necesito tener un punto de enfoque para mi energía negativa, y en este momento es Cho. Creo que no soy mentalmente fuerte. Tengo determinación y es por eso que llegaré hasta el final, pero tengo muy poco control sobre mis estados de ánimo.

He reducido el número de medicamentos que tomaba, ahora solo tomo omeprazole para el estómago y dixycyclina contra la malaria, y me siento mucho mejor. He dejado de tomar diazepam y antihistamínicos para dormir, y estoy más alerta.

Me hace mucha falta tener un amigo con quién conversar, o una amiga en quién confiar. Me hace falta un compañero para beber juntos.

Anotación en mi diario, 1ro de diciembre, 2008:

Hoy fue un día infernal. A las siete de la mañana salimos de Bagazán sin un guía local. Todos tenían miedo de caminar con un "pela cara". Confiábamos en llegar a un lago a media mañana, pero nuestro avance se fue haciendo cada vez más lento y al final del día habíamos caminado un total de seis kilómetros. El bosque estaba inundado, y la cantidad de mosquitos era increíble.

Tuve que inventar un sistema para aplastar los mosquitos con mi gorra. Al comienzo me golpeaba la otra mano, luego el cuello desde la izquierda, después la oreja izquierda, la oreja derecha y el cuello desde la derecha. Y después repetía todos los movimientos. Ya se nos ha terminado el repelente de insectos.

Después caminé debajo de una rama y derribé un nido de hormigas sobre mi mochila; miles de hormigas me cubrieron y me picaron. Estaba metido en agua hasta las rodillas, pero tuve que arrojar lejos mi mochila, desnudarme hasta la cintura y quitármelas de encima, una a una. Ahora puedo reconocer el olor de las hormigas. Es inconfundible, huele a tierra rancia, y este nido tenía un olor acre.

Encontramos el lago a las cinco de la tarde, y divisamos una casa a la orilla izquierda. Remamos hasta allí, y los habitantes nos permitieron (después de un poco de persuasión) hospedarnos en su escuela. Estoy muy cansado. Fue el día de exploración selvática más desagradable que he pasado en mi vida. Eso, considerando que he pasado dos años de mi vida en la jungla. Definitivamente, no todas las selvas son iguales.

La situación va de mal en peor, las aguas están en crecida. No sé que haremos. Tendremos que alejarnos aún más del río. Esta crecida era imposible.

Ahora, cuando la gente dice, "pela cara", mi respuesta es la misma. "Lo siento, estoy cansado de hablar de esto. Solo los ignorantes creen en historias tan estúpidas como esas".

Cuando lo leo ahora, el párrafo final me parece rudo y severo. Sin embargo puedo recordar muy bien cómo me sentía: estaba cansado de fingir que encontraba interesantes las historias que me contaba la gente. Estaba harto de su ignorancia. No era culpa suya, pero cuanto más pensaba en eso, más consideraba que sería conveniente decirles que se comportaban estúpidamente. Claro que hubiera podido hacerlo con más diplomacia.

Anotación en mi diario, 4 de diciembre, 2008, Magdalena:

Hoy despertamos a las 5:30 AM, empacamos nuestras cosas y después de comer un poco de farina y azúcar en agua, comenzamos a caminar. El cielo decidió soltar una tremenda lluvia, así que pasamos todo el día empapados. Yo estaba consciente de que cada uno de mis cortes y heridas, y de cada arañazo, que se estaban convirtiendo en llagas.

En este momento tengo una herida abierta en el talón izquierdo; llagas alrededor de la cintura, causadas por la correa de mi mochila; y cortes en las manos causadas por caídas. Es imposible mantenerlos limpios o secos.

Después de dos horas siguiendo a Raúl por entre el barro, llegamos a un poblado de cabañas con techo de paja, que resultó llamarse Elmer Fawcett. Estaba a cinco kilómetros de distancia del lugar donde, según el mapa, debería estar. En una de las chozas, una familia estaba sentada alrededor de una olla burbujeante. Nos invitaron a subir, y escalamos por el delgado tablón para escapar de la torrencial lluvia.

"¿Qué hay en la olla?", pregunté. "Mono", replicó la mujer.

Felices de por lo menos haber escapado de la lluvia, aceptamos la invitación de la familia a compartir su comida, y me alegré de que no me hubiera tocado la cabeza. El "mono" era en realidad un kinkajou, un mamífero nocturno arbóreo parecido al mapache. Estaba hervido sin ningún condimento, y era duro e insípido. Jorge chupó los sesos y el jugo le chorreó por sus gordas mejillas.

El hombre y su hijo aceptaron guiarnos hasta Magdalena portando su escopeta. Acompañados por ellos y en medio de la lluvia, cruzamos de ida y vuelta los puentes y pasos más diminutos a través de pantanos y crecidas. Sin su ayuda hubiéramos pasado por lo menos un día entero tratando de abrirnos paso por entre el laberinto, pero al final solo demoramos dos horas

En un momento dado, durante el recorrido de dos horas por los pantanos, el hijo del guía señaló hacia algo que yo nunca había visto antes. Un cuerpo marrón, grueso y muscular avanzaba por el agua poco profunda. "*¡Puta madre, Cho! ¡Una anaconda!*"

Tomé de prisa mi cámara de video y comencé a filmar esta mitológica serpiente. Para ser una anaconda, no era muy grande— unos tres metros de largo, con un grosor de 15 a 20 centímetros, pero era la primera anaconda que yo veía y estaba ansioso por filmarla y anotar el encuentro.

El padre del chico me preguntó si había terminado de filmarla y sonrió cuando le dije que sí. "¡Qué espectáculo!", pensé. Entonces el hombre se adelantó y con su machete cortó la anaconda en pedazos para alimentar con ellos a sus perros.

Anotación en mi diario, 6 de diciembre, Requena:

OK. Estoy deprimido. Profundamente deprimido. Tengo breves momentos de alegría, pero no duran mucho y, básicamente, me siento infeliz.

Ayer llegamos a Requena; me sentí bien, pero cansado, cansado de caminar, cansado de mis guías, cansado de la expedición. Todo se ha agudizado por tener tan buen acceso a la Internet. Un mundo de cervezas, de chicas y amigos y amor está al otro lado de la pantalla, pero nunca me sentí más solo.

Necesito pensar menos en el mundo exterior y concentrarme en mi objetivo. Necesito tener confianza en mi propia capacidad para enfrentarme con la jungla. Necesito ser emocionalmente independiente de los demás.

¿Que necesito para concentrarme en ser feliz? El idioma: todavía me quedan tres meses en el Perú y podría estar leyendo en español todas las noches. Podría estar tomando clases de portugués en mi MP3 para no volver a tener este problema cuando llegue a Brasil.

Necesito estar en control. Necesito fortalecerme cada día, en lugar de debilitarme. Necesito hacer planchas y ejercicios para mejorar. Mentalmente, necesito concentrarme en lo positivo, en lo que he logrado hasta el momento. Necesito dejar de pensar en las mujeres que he conocido en mi vida. Eso no es constructivo, y me está deprimiendo. Necesito aceptar que no tener una relación es el sacrificio requerido para esta expedición.

Keith (el fotógrafo) llega mañana. Es importante que vea que está visitando a un explorador positivo que ama lo que está haciendo. Es la una de la mañana. Debo apagar la luz.

Capítulo Nueve

Recuperación en Iquitos

A eso de las siete de la mañana, Cho llamó a mi puerta. "Ed, Kid está aquí". (Para los sudamericanos, la palabra Keith es impronunciable). "¿Qué? ¿Eh? Gracias, Cho", mascullé a través de la puerta. Apoyé los pies desnudos en el frío piso de losetas del hotel y salí lentamente de mi cuarto.

En el corredor vi a un inglés alto, de cabeza rapada, con una amplia mochila y una sonrisa igualmente amplia que salía por una puerta. "¿Todo bien, Ed? ¿Cómo estás?", preguntó con su acento londinense y una gran sonrisa. "¿Te gustaría un cigarrillo?"

Era la primera vez que veía a Keith Ducatel. Era amigo de un amigo que se había enterado de mi expedición y buscaba la oportunidad de viajar al Amazonas a tomar fotografías. Yo había visto una muestra de su trabajo; sin duda tenía mucho talento, pero yo lo había imaginado más joven, tal vez porque la fotografía era solo su pasión, y no su trabajo principal.

El tipo con los cigarrillos que ahora estaba parado frente a mí tenía un aura de alegre entusiasmo por estar donde estaba y lo que estaba a punto de emprender. Cercano a los cuarenta, se mostraba relajado y no parecía haberle afectado el complicado viaje que había hecho para llegar hasta aquí. De inmediato comencé a hablar.

Fue como una especie de desahogo. La visita de alguien de mi misma nacionalidad y aproximadamente de mi edad me causaba un tremendo alivio. Fuimos juntos a la ciudad para algunos trámites administrativos, y no dejamos de hablar ni un minuto. Me sentía tan feliz de poder comunicarme con alguien de nuevo que no puede evitar sonreír. Era el hecho de poder expresar sutilezas, hacer bromas entre hombres y poder relacionarme con alguien. Todo mi ser volvió a llenarse de optimismo, energía, humor y vida.

La misma mañana que llegó Keith reorganizamos su mochila y salimos fuera de Requena. Jorge, Raúl, Cho, Keith y yo conformábamos un equipo de cinco, y sin embargo, debido a que ninguno de nosotros era del área, no conocíamos los caminos de la zona y teníamos que pedir direcciones en cada poblado. Como resultado, llegamos a un gran tributario que había tenido un puente, pero que en la actualidad estaba derruido. Faltaba una gran sección del centro, y las aguas abajo eran poderosas y rápidas.

Era evidente que no podríamos cruzarlo a nado, pero antes inclusive de pensar en inflar las balsas para ir a la otra orilla, Raúl y Jorge, que ya estaban muy relajados y compenetrados con nuestro viaje, comenzaron a cortar varas de los árboles cercanos. En pocos segundos tenían diez varas largas y rectas, y estaban cortando lianas para utilizarlas como sogas. Observé, con el mayor respeto, cómo estos hombres reconstruían el puente sin vacilar, y sin un clavo ni un martillo. Keith aprovechó la oportunidad para adaptarse a las condiciones y tomar fotos de los hombres trabajando con absoluta tranquilidad, sin otra herramienta que sus machetes como ayuda. En diez minutos el puente estaba reparado y no solo nosotros podíamos cruzarlo, sino cualquier otra persona que deseara hacerlo en los meses siguientes. Keith estaba impresionado y yo me sentía orgulloso del ingenio y la habilidad de los hombres que me rodeaban.

Llegamos a una comunidad llamada Santa Rosa, donde los niños se agolparon para mirarnos, fascinados, mientras estudiábamos el mapa, planificábamos nuestra ruta y bebíamos una naranjada barata. Aquí, las comunidades no estaban conformadas por indígenas puros. Todos los habitantes se consideraban de raíces hispanas y solo hablaban español. A solo unos doscientos kilómetros de la gran ciudad de Iquitos, se sentían relajados en presencia de occidentales, y nos trataron casi con amabilidad. Compramos un kilo y medio de armadillo ahumado y seguimos caminando.

Keith y yo conversábamos mucho durante la caminata y mi salud mental se restablecía constantemente. Me di cuenta de que ahora podría enfrentarme con cualquier problema sin dificultad, y si uno de nosotros se caía, podríamos reírnos como viejos amigos.

Para mí, regresar a la normalidad fue una experiencia emotiva. Hacía mucho tiempo que no me había sentido tan contento; el contraste con los meses de soledad y depresión era absoluto, y la caminata volvió a ser divertida y a tener un espíritu de aventura.

Además, Keith no tuvo dificultad con el peso de su mochila. Había recibido algo de entrenamiento en Inglaterra, pero tuvo que unirse a un grupo que llevaba meses caminando y ni una sola vez se quejó. No estaba aclimatado, y le chorreaba el sudor, sus camisetas mostraban la increíble cantidad de sal que perdía sudando. Sus brazos y espalda estaban cubiertos de picaduras—picaduras tan feroces, tan grandes y abundantes que hubieran abatido al más bravo—, pero él sonreía, buscaba lo positivo y seguía tomando fotos en medio de una nube de mosquitos.

La única desventaja era que fumaba. No solo fumaba, sino que era evidente que le encantaba fumar. Como soy un ex -fumador, podía apreciar el absoluto placer que él obtenía de, en un momento de descanso, sentarse sobre una roca o un tronco e inhalar profundamente el humo tranquilizador. No demoré mucho en ceder a la tentación, y durante las siguientes semanas todos, incluyendo al final a Cho, nos asegurábamos de tener cigarrillos cuando abandonábamos una ciudad. El hecho de fumar representaba un gran cambio: ya no se trataba simplemente de seguir adelante, sino poder relajarnos y disfrutar del viaje como amigos compartiendo un sencillo placer.

A veces contratábamos a un guía local que conocía el camino al siguiente poblado, tal vez por solo unas horas, de manera que fluctuábamos entre un grupo de cinco o de seis hombres. Eso me estaba costando mucho dinero, pero pese a estar muy contento de tener un equipo que funcionaba bien, sabía que en cuanto fuera posible tendría que despedirme de Jorge y Raúl. Por el momento, en parte debido a la comodidad de contar con esos hombres mayores como parte de la expedición, se quedaron conmigo y yo me limité a sentirme satisfecho por el hecho de que no estábamos simplemente avanzando, sino avanzando muy bien y hasta disfrutando de la caminata. Yo, sencillamente tendría, que encontrar el dinero.

Mi confianza comenzó a crecer y crecer durante este período. No hay nada como salir de una total depresión y autocompasión, y recuperar el ánimo en base de la seguridad que produce estar consciente de tu propia fuerza y habilidad. Ahora podría compararme a un inglés normal, con la ventaja de poder caminar sobre troncos resbalosos, manejar un machete y dirigir a un grupo de exploradores.

En el entrenamiento militar en Sandhurst, las primeras cinco semanas fueron un intenso período de tensa privación de sueño. Mucha gente se retiraba porque perdía la motivación y olvidaba las razones que le habían impulsado a ingresar al ejército. Veíamos que el pelotón iba disminuyendo a medida que se marchaban los que habían perdido el entusiasmo. Pero todos los que permanecían sufrían de momentos melancolía y se sentían derrotados y patéticos. Entonces, muy ingeniosamente, el sistema de entrenamiento miliar tomaba a esos hombres medio destruidos y los reconstruía. Comenzaban a volverse diestros en actividades militares como marchar, disparar y guiar, y su seguridad iba en aumento. El entrenamiento estaba diseñado para crear hombres que se sintieran orgullosos de ser soldados, más que de lo que hubieran hecho en sus vidas anteriores. Al cabo de un año, la diferencia que se observaba era increíble. Los jóvenes y desdeñables estudiantes se convertían en oficiales del Ejército Británico, capaces y confiados.

Podía ver las similitudes con lo que yo estaba viviendo. Antes del viaje había sido arrogante, mi confianza estaba inspirada en los elogios que recibía por mi personalidad o por mis habilidades. Pero ya había perdido esa falsa confianza, y ahora me estaba reconstruyendo basado solamente en mis habilidades reales, no en opiniones, ostentaciones o pretensiones. No había disimulo ni engaño. Estaba volviendo a aprender mi oficio únicamente en base de mi capacidad natural y la sensación rejuvenecedora que me invadía al estar superando esos problemas me llenaba de vigor y energía.

Observar a Keith también me sirvió de ayuda. Keith había tenido muy poca experiencia en la selva, aparte de un viaje de una semana con un brasileño loco que estaba siempre ebrio. Le enseñé a cuidar de sus pies, a cubrir las irritaciones que le causaba el roce de su mochila en las caderas, antes de que se volvieran heridas, y se volvió un experto en colgar su hamaca y organizar su equipo.

Informé a Raúl y Jorge que caminaríamos juntos hasta Nauta, donde les pagaría y les daría dinero adicional para tomar un barco y regresar a sus casas. A partir de allí, Cho, Keith y yo caminaríamos unos días bajo el sol directo por la carretera que iba hasta el sur de Iquitos. Jorge tenía una infección respiratoria, y Raúl también había estado tosiendo. Estar mojados todo el día no era problema para Cho, tampoco para Keith o para mí, que teníamos alrededor de treinta años, pero Raúl y Jorge tenían alrededor de cincuenta y estaban comenzando a dar muestras de deterioro físico. Jorge se estaba volviendo un poco antagónico y menos servicial. Creo que era simplemente la fatiga; se había mantenido bien durante semanas. Raúl había recibido una oferta de un estadounidense, para venderle 350 árboles de un terreno que había reclamado, y tenía la esperanza de hacer dinero. De no haber sucedido eso, dijo que le hubiera gustado continuar la marcha.

Mirando el futuro avance en el mapa, me comenzaba a preocupar la temporada de crecidas que estaba por venir. Siempre creí poder cruzar la frontera a Brasil antes de las crecidas, pero ahora eso parecía imposible. El lado peruano del río (sur) estaría completamente inundado y me vería obligado a considerar la alternativa de cruzar a través de Colombia por la ribera norte. El solo nombre de Colombia me llenaba de temor: recordé haber leído sobre expediciones en kayak donde los exploradores habían sido baleados desde el lado colombiano. Sin embargo, nosotros no estaríamos viajando en kayaks, sino a pie.

Aún nos faltaba alrededor de una semana para llegar a Nauta, la ciudad ubicada al inicio de la autopista, y teníamos mucha selva que cruzar. Desde un campamento sobre una playa fluvial, el 15 de diciembre escribí lo siguiente:

Estúpidamente avanzamos hacia el noreste, alejándonos del río, y nos dejamos engañar por falsos horizontes en los que continuamente creíamos ver ríos. Cada vez que pensábamos estar llegando al río, los árboles se abrían para revelar una ciénaga, un antiguo lecho de río, o un lago pantanoso. Algunos se podían cruzar, pero otros requerían enormes desvíos. El río había cambiado recientemente de posición, y no estábamos seguros de la ubicación exacta; hacíamos cálculos basados en lo que podíamos oír a través de la vegetación, a kilómetros de distancia.

Nos topamos con juncos y cañas cubiertos de diminutas púas tan finas como cabellos, que penetraban a través de la ropa y nos herían las rodillas y los tobillos. A las 5:40 PM llegamos finalmente al río cuando solo nos quedaban veinte minutos de luz; sin decir palabra, cortamos varas para levantar lonas y mosquiteros sobre la playa, y casi anocheciendo nos lavamos de prisa antes de cenar agua con farina y azúcar.

Recuerdo bien esa noche porque Keith y yo compartimos un mosquitero en la playa, y él tenía un iPod donde se podían ver películas. Vimos *El cazador de venados* con un auricular cada uno, hasta que el cansancio nos impidió mantener los ojos abiertos.

Desperté una hora después y vi a Keith en cuatro patas sobre la arena vomitando una y otra vez. Raúl mostró su lado bondadoso al levantarse para acompañar a Keith hasta que terminó de vomitar y regresó al mosquitero para volver a quedarse dormido.

Por la mañana, era evidente que Keith todavía se sentía mal, pero no había otra alternativa que seguir caminando. No teníamos alimentos y necesitábamos llegar a alguna comunidad donde reabastecernos. Keith hizo acopio de todas sus energías y caminamos todo el día hasta media tarde, cuando por fin encontramos una comunidad con una tienda y algunos botes.

Keith, que había contraído malaria durante su viaje a Brasil, volvió a tener una recaída y no estaba en condiciones de caminar. Debido a que no hablaba una palabra de español, le pedí a Cho que se adelantara con él, en bote, hasta Nauta. Cho y Keith se habían hecho buenos amigos y Cho estaba feliz de poder ayudarlo. El plan era que yo caminaría con Jorge y Raúl, y nos encontraríamos con Cho en Nauta. Keith descansaría unos días en un hotel en Iquitos.

El cambio de dinámica fue divertido. Caminar con mis antiguos compañeros era diferente y tranquilizador, y recorrimos enormes distancias cada día. Me alegraba saber que la civilización de Iquitos estuviera tan cerca, y que llegaríamos allá para Navidad. En cierta forma, pasar Navidad en una ciudad, con una cama, era como la luz al final de un largo y oscuro túnel. Ese sería el descanso más precioso de mi vida.

Al enviarlo con Keith, la ausencia temporal de Cho me hizo ver claramente cuánto confiaba en él. Todavía lo encontraba irritante por momentos, pero era honesto y confiable, y me di cuenta de que me sentía agradecido por tenerlo a mi lado. Raúl, Jorge y yo llegamos unos días después, y encontramos a Cho esperándonos, muy descansado y fresco, con ropas limpias y *jeans* nuevos, en un pequeño hotel en Nauta. Al igual que muchos peruanos, Cho tenía la costumbre de peinarse el cabello hacia atrás, como mi abuelo, y se le veía muy elegante, en un estilo antiguo, con su camisa bien planchada.

Jorge, que se había vuelto un poco irritable, me pidió que le pagara y se mostró muy molesto cuando le desconté el dinero que le había dado en adelanto para comprar cervezas. Estuvo enfurruñado como un niño, y cuando Raúl, Cho y yo salimos por última vez a beber una cerveza, se quedó atrás en el hotel. A nuestro regreso, tarde en la noche, descubrimos que se había marchado sin despedirse de ninguno de nosotros. Pero los tiempos eran difíciles, y nuestro presupuesto muy ajustado.

También Raúl partió, a la mañana siguiente, pero en este caso nos separamos como buenos amigos y durante los meses siguientes mantuvimos contacto esporádicamente por correo electrónico. Cho y yo nos dirigimos al norte, hacia Iquitos. Viendo que teníamos que caminar 101 kilómetros, ingenuamente creímos poder hacerlo en una sola etapa sin detenernos, todo el día y la noche, para lograrlo. Lamentablemente no habíamos pensado en nuestro estado de agotamiento, y la caminata por el asfalto caliente demoró cuatro días completos.

El último día, un hombre alto y grueso se nos acercó en su motocicleta y se quitó el casco, gritando en inglés con acento americano, "¡Ed Stafford! ¿Eres tú, realmente?"

"¡Qué rayos . . . !", pensé mientras este personaje enorme con cabello gris se lanzaba hacia nosotros tendiéndome las manos y mostrando una amplia sonrisa que exhibía dientes sanos y fuertes. Su nombre era Rodolfo, Rudy para los amigos, y en el periódico local había leído un artículo sobre nuestra caminata. Nunca antes me habían reconocido, y por eso me pareció tan divertida la reacción de Rudy al vernos. Nos invitó a cenar en su casa cuando llegáramos a Iquitos, y aceptamos agradecidos.

En realidad, Rudy fue mucho más lejos, y pese a que él y su esposa, Mati, iban a viajar a Lima para pasar la Navidad, nos ofreció las llaves y completa disponibilidad de su casa mientras permaneciéramos en la ciudad. Rudy me hacía pensar en los gángsters de las antiguas películas; me dijo que podía dejar su motocicleta en la calle, frente a su casa, porque los chicos locales le tenían respeto. A Rudy le encantaba dar consejos varoniles: "Cuando gana mi equipo de fútbol, el Universitario, compro bebidas para toda la calle, y, ¿sabes qué?, nadie se mete conmigo". Había vivido en Estados Unidos y tenía una manera de pensar muy americana. Había regresado a su país natal, Perú, con un gran respeto por el dinero y el estatus.

Rudy continuó, "Hoy fui al banco, y no había nadie. Había cinco cajeros y le pregunté al primero si podía retirar algo de dinero. 'Necesita tomar un número y hacer cola, señor', dijo el hombre. 'Soy la única persona en el banco, pedazo de tonto', le dije. ¡En algún momento te voy a encontrar en la calle, idiota! El cajero amenazó con llamar a seguridad, y volví a repetirle, '¡Te encontraré!', y salí del banco".

Rudy era gritón y crudo, y maldecía en inglés todo el tiempo. Pero era divertido y gozamos de su extrema generosidad mientras recuperábamos fuerzas y disfrutábamos de la ciudad turística de Iquitos.

Cuando vino a encontrarnos, Keith había pasado por Iquitos y había conocido a una bella muchacha llamada Yvonne, que hablaba inglés. Keith tenía una novia en Inglaterra, y no estaba interesado en Yvonne, pero había visto en qué lamentable estado me encontraba yo a su llegada, y decidió que necesitábamos un poco de descanso y recreación. Cho, Keith y yo viajamos a la ciudad para conocer a Yvonne y sus amigas en uno de los bares turísticos. Era un Perú diferente, desconocido para mi: mujeres modernas y elegantes, maquilladas y perfumadas—fue una sorpresa para mis sentidos, que para entonces estaban acostumbrados a la selva. Yvonne tenía una amiga llamada Úrsula que no hablaba inglés, pero cuya compañía me agradó. Hicimos una cita para volvernos a ver al día siguiente en la plaza.

—Sabes manejar una motocicleta, ¿verdad?—me preguntó. Úrsula, de unos treinta años hacía ejercicios a diario y tenía un cuerpo increíblemente firme y atractivo.

—Bueno, nunca lo he hecho—admití—. Iré en la parte de atrás.

Úrsula me dijo que necesitaba recoger a su perro en algún lugar, y acepté acompañarla. Era pequeña, medía poco más de un metro y medio, y fue solo cuando abordé el asiento trasero de su motocicleta que me di cuenta que en el Perú, la cultura es tan machista que un hombre en la parte posterior resulta un espectáculo cómico. Traté de no pensar en ello mientras Úrsula corría por las calles hasta detenerse frente a una tienda. Me pidió esperarla, y reapareció con un perrito caniche que acababa de recibir un tratamiento de belleza. "Aguántalo", me ordenó, y tuve que sostener el acicalado perro con ambas manos.

Debido a que eran carnavales, y es la tradición local arrojar globos inflados con agua a los autos y bicicletas, comencé a reírme ante mi situación. Una semana antes había estado vadeando por pantanos con un machete en mano, y ahora estaba en una motocicleta, empapado hasta los huesos por los globos de agua, con un asustado perrillo en las manos y una linda, pequeña mujer peruana que me llevaba por las calles de esta loca ciudad a gran velocidad.

Nos quedamos para la Navidad y un poco más porque yo ya había tomado una decisión. Una de las cosas más importantes que tengo que agradecerle a Keith es haberme ayudado a descubrir realmente a Cho. Ellos se habían llevado muy bien desde el comienzo porque Keith había hecho un gran esfuerzo para tratar de conocer a Cho. Como resultado, ahora yo veía aspectos suyos que no había visto antes, y descubría cualidades que se me habían escapado por completo. Eso, combinado con pasar noches en su compañía, fortaleció considerablemente nuestra amistad.

Cho quería continuar hasta Brasil, y para eso necesitaba un pasaporte, porque nunca antes había salido del Perú. Llenamos todos los formularios y Rudy también nos ayudó, y esperamos a que el pasaporte de Cho llegara de Lima.

Rudy nos presentó a algunas personas muy serviciales, como el Dr. Oto, el principal médico militar en la ciudad, quien nos dio consejos excelentes para aumentar nuestros antídotos contra el veneno de serpientes, y la mejor forma de administrarlos.

Debo admitir que el temor que había sentido ante Brasil y lo desconocido disminuyó con la idea de que Cho me acompañaría hasta el final del trayecto, y que ahora estábamos mucho mejor preparados para la experiencia.

Lo que no adelantaba era el trámite de las visas para Brasil. Con solo unos pocos meses antes de nuestro ingreso al país, Iquitos era el último lugar en el Perú donde podríamos obtenerlas. Me sentía furioso al pensar que mi expedición estuviera en peligro por culpa de un hombre gordo y perezoso en Manaos, a quien ya habíamos pagado para otorgarnos las visas. Cuando escribí para expresar mi preocupación por la falta de visas y permisos de FUNAI, la respuesta que recibí de Manaos fue arrogante y vaga.

La demora causada por la espera del pasaporte de Cho implicaba que a Keith y a mí se nos terminaría el tiempo, y que tendríamos que regresar a Inglaterra sin poder continuar con la caminata. Keith, que tomó algunas extraordinarias fotografías y se recuperó de su recaída de la malaria, dijo estar suficientemente satisfecho con su viaje. Siempre estaré en deuda con él por ayudarme a salir de mi depresión, por pagar sus propios gastos, por ser el amigo que necesitaba para ayudarme a recuperar el control de la expedición, por permitirme descubrir tantas cualidades en Cho, y sobre todo, por haber tomado grandiosas fotos que me ayudarían a crear un nuevo sitio web y utilizarlo en la prensa. Muchas mañanas en Iquitos habíamos estado sentados y bebiendo whisky hasta la salida del sol, hablando de cualquier cosa o discutiendo sobre nuestros gustos diferentes en música. Sabía que en Keith había encontrado un amigo verdadero, y tanto Cho como yo lamentamos mucho su partida.

Desde Iquitos hasta San Francisco de Orellana caminamos por fangosas carreteras que se convertían en senderos fangosos al atravesar campos eminentemente agrícolas y bosques secundarios. Inflábamos las balsas cada vez que encontrábamos ríos, ya que debido a la crecida teníamos la impresión de estar cruzando ríos constantemente. Muchos de los poblados estaban bien cuidados y era casi fácil caminar por ellos, con sus bonitas cabañas de madera detrás de cercas, y el pasto recortado por el ganado y las ovejas. Fue una introducción fácil a la caminata, después de los excesos de una fantástica Navidad en Iquitos.

A partir de Orellana todo cambió. Remamos por el amplio río Napo que bajaba del norte, y llegamos a una zona del bosque más bajo que habíamos visto hasta el momento. Pensando en eso, ahora puedo ver de inmediato en Google Earth que estábamos cruzando el cauce de un río, y que estaría en plena crecida, pero en ese momento no me di cuenta del error, ya que estaba acostumbrado a caminar a lo largo del río. Los siguientes 25 kilómetros me enseñaron una lección. Demoramos diez días enteros en recorrerlos.

El primer día nos sorprendió de inmediato una vegetación muy densa y aguas profundas. Imagínense juncos muy gruesos envueltos por lianas afiladas como navajas y palmas con espinas. Luego imagínense todo eso sumergido en una alberca llena de agua lodosa, y tener que abrirse paso por en medio de esa piscina utilizando tan solo un machete de 45 centímetros.

En las partes más espesas, cinco metros podían demorar fácilmente cinco minutos, y durante el primer día de diez horas cubrimos apenas 2.4 kilómetros. A veces el agua nos llegaba hasta medio pecho y no podíamos vernos los pies ni nada que estuviera delante de nosotros dentro del agua; nos veíamos obligados a tantear el camino a través de las espinas. Al final del día no encontramos un lugar adecuado para acampar. Nada más que árboles y agua, y la única alternativa era alejarnos de la fila de árboles, inflar los botes y viajar río abajo en busca de un trozo de tierra seca o un poblado donde pudiéramos pasar la noche. Marcamos nuestra posición en el GPS para poder regresar la mañana siguiente al lugar exacto y dirigirnos río abajo. Después de remar durante media hora, encontramos un grupo de casas sobre una pequeña extensión de terreno elevado, y preguntamos a los habitantes si nos permitirían quedarnos. Aceptaron, les dimos un poco de arroz y atún para cocinar, y colgamos nuestras hamacas en su cabaña, junto a sus hijos.

El 25 de enero le pagamos a un poblador local diez soles para que nos llevara de nuevo río arriba, donde habíamos estado el día anterior. Nos condujo hasta allí, pero no estaba seguro de lo que hacíamos. "¿Van a regresar *caminando*?", preguntó, estupefacto.

Y eso fue lo que hicimos. Pero qué día . . .

Eran las 9:30 cuando comenzamos a caminar, y teníamos con nosotros la mochila compacta de Cho, dos machetes, una brújula, un GPS, una cámara de video, dos paquetes de cigarrillos (una herencia de Keith que aun conservábamos), un encendedor, una lámpara de cabeza, un EPIRB, un kilo de farina y 500 gramos de azúcar.

Desde que salimos, el terreno comenzó a hacerse cenagoso. Al comienzo vadeábamos con el agua a la cintura, pero después nos subió hasta el pecho.

Observé cosas que nunca había esperado: lo liviano que es un machete cuando se lleva todo el día bajo el agua, y cuán lentamente camina uno si quiere evitar que le entren espinas de cinco centímetros por las rodillas y tobillos. Las espinas eran horribles. Yo llevaba mis zapatos de lona, y los atravesaban sin dificultad. Se metían por debajo de las uñas de los pies, en las rodillas. Al extraerlas, dejaban un área adolorida que casi siempre se infectaba ligeramente.

Con Luke en la cima de Nevado Mismi.

Oswaldo Teracaya Rosaldo en el Cañón del Colca.

Con Luke en La Fuente – una de dos cruces, y había dos placas más – con lo que cubrimos todas las bases y subimos a Nevado Mismi a la mañana siguente.

El Cañón del Apurímac: el cañón más profundo del mundo.

Con dos cazadores ashaninkas en las afueras de Pichari.

Madre e hijas ashaninkas haciendo masato, una bebida fermentada y levemente alcohólica que se prepara masticando la yuca y escupiéndola en la olla.

Posta de ronderos en Pichari, en la Zona Roja.

La antropóloga Emily Caruso y su familia ashaninka en Pamaquiari.

Entrada al Río Tambo: esto señaló el final del aterrador Río Ene.

Donando medicamentos a las aldeas a lo largo del Tambo – Cho al fondo.

Hombres ashaninkas en el Río Ucayali.

Andreas y yo – compañeros de balsas de mochila.

Los hermanos Dongo (Alfonso y Andreas) con las camisetas nuevas compradas cuando llegamos a Pucallpa.

Una trampa en forma de escopeta casera hecha con alambres que se usa para atrapar animales pequeños como el agoutí.

Abriéndome camino a través de la selva.

© KEITH DUCATEL

Una niña de una aldea del Perú.

© KEITH DUCATEL

Cruzando el río, halando el equipaje del grupo. Este método hizo posible que las bolsas de los guías se mantuvieran secas. © KEITH DUCATEL

Avanzando por en medio de las inundaciones. © KEITH DUCATEL

Con el agua hasta el pecho, preguntándome cuántos meses más faltarían para que pudiera darme un baño caliente en casa. © KEITH DUCATEL

Niño mestizo en una aldea peruana. © KEITH DUCATEL

Caminando durante la primera temporada de inundaciones. © KEITH DUCATEL

Con Keith Ducatel (fotógrafo), compartiendo una poco usual caja de cervezas.

Con Úrsula (centro) y su familia en Iquitos.

Así me habría visto un mono ardilla mientras caminaba. © KEITH DUCATEL

Mi momento favorito del día: lavarme nuevamente. © KEITH DUCATEL

Cruzando un resbaloso puente de tronco de árbol. © KEITH DUCATEL

Cho pesca con una caña improvisada hecha de un árbol joven.

Vista aérea del campamento.
© KEITH DUCATEL

Vida en el campamento. Ropas calentitas, limpias y secas cada mañana encima de la fogata.

La jungla de concreto: revisando el mapa y descansando un poco sentados.

El cruce final del río hacia Belem al alba: un recordatorio final de cuán pequeños y débiles somos en realidad. © KEITH DUCATEL

El camino hacia Belem. Crocs y medias: ¡qué a la moda! © KEITH DUCATEL

La etapa final del camino con poco tiempo significó largos días y pocas horas para dormir. © KEITH DUCATEL

La veloz carrera hacia el Atlántico: el día más feliz de mi vida hasta ese momento. © KEITH DUCATEL

Cho y yo en el Océano Atlántico: como en una escena sacada de *Godzilla*. © KEITH DUCATEL

Celebrando con champán – era la primera vez que Cho veía el mar.
© KEITH DUCATEL

La bandera de los patrocinadores: todos los que nos patrocinaron y ayudaron estaban en ella.
© KEITH DUCATEL

Por turno nos animábamos, y por turno perdíamos la confianza. Me di cuenta de que realmente todo estaba en nuestra mente, y que una actitud positiva haría que la caminata fuera emocionante y estimulante. En mis momentos de negatividad, cuando había sufrido picaduras, mordidas, pinchazos o las tres cosas, sufría casi un ataque de pánico al preguntarme cómo haría para salir de este infierno. En esas ocasiones tenía que hacer un esfuerzo para calmarme.

Cho también tenía sus momentos. Podía darme cuenta de cuándo yo era más fuerte y tenía más coraje que él. Pero Cho siempre se recuperaba muy bien.

Estábamos en una zona de anacondas, y había muchas pirañas; todavía me asombraba de que ninguna nos hubiera mordido. En ese momento estábamos bastante seguros de que no había caimanes tan cerca del cauce principal, pero más tarde me enteré de que probablemente había muchos a nuestro alrededor. La verdad es que ninguno de esos animales quería atacarnos. Éramos muy grandes para que cualquiera de ellos nos pudiera devorar, excepto el más grande de los caimanes negros (y los jaguares fuera del agua), y a medida que progresábamos nos sentíamos menos amenazados por la fauna del bosque. Cuando uno escribe sobre el Amazonas, siente cierta presión para exagerar el mito y describir el lugar como si estuviera lleno de peligros acechando debajo de cada tronco. Pero la verdad es que, si bien hay peligros potenciales, las probabilidades de ser víctima de ellos es menor de lo que imagina la gente. El temor a lo desconocido es la principal causa de esos rumores y exageraciones, y en realidad, cuando Cho y yo caminábamos por la selva, me sentía más seguro que cuando caminaba en Londres, cuidándome del tránsito y de los carteristas.

Al final de la tarde, el bosque inundado se hizo demasiado profundo para seguir caminando por él. Traté de cargar mi mochila encima de la cabeza, pero mi cara estaba medio hundida y eso no funcionaba. En lugar de dejarme llevar por el pánico, descubrí que este tipo de retos sacaban a relucir lo mejor en mí. Totalmente recuperado, ahora mi cerebro funcionaba al máximo cuando enfrentaba presiones reales y tangibles en la naturaleza. Simplemente, teníamos que adaptarnos y encontrar la manera de continuar. Cuando se presentaba un problema, en mi mente se formaba un plan que nos permitía encontrar una solución adecuada. Cho inflaba la balsa en el río, y tomaba la mochila y remaba en el río, mientras yo no tenía otra cosa que un machete, y nadaba de un árbol a otro en el bosque. El bote corría peligro de sufrir una perforación en segundos, en la masa de espinas, y por eso Cho y yo teníamos que estar en el río. Cho aceptaba a regañadientes porque prefería caminar siempre que fuera posible, pero la única persona que tenía que caminar realmente (o en este caso, nadar), era yo.

La división entre el bosque y el río era incierta. No había orillas (estaban profundamente sumergidas debajo de la superficie), tan solo una gran sábana de agua que invadía directamente la selva.

El plan no era razonable. La natación no es uno de mis puntos fuertes, y calzado con zapatos de lona y portando un machete, respiraba con dificultad mientras me abría paso por la selva. Podía ver que Cho estaba preocupado. Me aferraba a cada árbol por unos segundos, jadeando por aire, antes de volver a hundirme en el agua, nadando con tanta gracia como un gato aterrorizado.

Eventualmente llegamos a un área de terreno muy elevado y escalamos un acantilado fluvial usando raíces de árboles y cubriéndonos de barro. Con músculos temblorosos y las energías minadas después de nadar, desinflé el bote y continué la marcha. La noche anterior habíamos ubicado con el GPS un poblado río abajo, llamado Siete de Julio, y sabíamos que estábamos a solo 300 metros de distancia.

Esos últimos 300 metros nos tomaron una hora y media y cuatro o más obstáculos en el agua, antes de emerger, estropeados y cubiertos de espinas, al pueblo.

Nos aseamos, nos pusimos ropas limpias y en segundos nos sentíamos nuevamente como seres humanos. No dieron una cena de filete de pescado. Estaba seguro de que había sido cocido en mantequilla, pero Cho insistió en lo contrario. Estaba en lo cierto. El pescado había sido cocido en sus propios maravillosos aceites naturales, y lo disfrutamos acompañado con arroz, yuca e Inca Kola.

La mañana siguiente fue de absoluta serenidad. El bosque estaba tranquilo y silencioso, y pese a que estábamos con el agua hasta el pecho, la selva estaba suficientemente abierta como para dejarnos pasar sin tener que cortar demasiado. Los mosquitos tampoco fueron tan malos.

En nuestro mapa podíamos ver un río tributario llamado Atuncocha que bajaba del norte delante de nosotros, y también podíamos ver que en la ribera opuesta del Atuncocha había una sola línea de contorno. Debido al ángulo del Atuncocha, que venía del noroeste, se decidió que deberíamos alejarnos del canal principal del Amazonas y encaminarnos hacia el noreste, directamente hacia este tributario.

A las cuatro de la tarde decidimos que, como no habíamos visto tierra por encima del nivel del agua durante las últimas dos horas, cuando encontráramos una debíamos detenernos y acampar. En este momento estábamos demasiado metidos tierra adentro como para escapar río abajo en los botes. Acamparíamos en la crecida, fuera como fuera. Aún nos faltaban unos 700 metros para llegar al Atuncocha, y la situación no se presentaba esperanzadora. El bosque se cerró y se convirtió en juncos y espinas, y aunque quisiéramos no hubiéramos podido colgar allí nuestras hamacas, ya que los árboles eran demasiado delgados para sostener nuestro peso.

A las 5 PM encontré un trozo de terreno de seis por tres pies, sobre el nivel de agua, y pensé que tendríamos que contentarnos con eso. Sin embargo, poco después Cho encontró una isla en el bosque, que medía 10 por 15 pies, y fue allí donde acampamos (ver mi anotación en el diario, más abajo). Nuestras hamacas estaban por encima del agua, que solo nos llegaba a los tobillos. Lo más importante es que teníamos un lugar donde hacer una fogata y cocinar. Pero si durante la noche el río crecía tendríamos un problema muy serio. En la oscuridad, la única alternativa sería inflar las balsas y elevarnos con el agua, y necesitaríamos sujetarnos a un árbol para mantenernos en posición. Habría demasiada oscuridad para movernos de noche, el bosque era demasiado espeso para atravesarlo en las balsas y tendríamos que esperar hasta el amanecer.

Escribir esto me hace recordar los asombrosos días que nos esperaban. Aún faltaban seis meses para que las aguas llegaran a su máxima altura en Brasil, y los terrenos elevados se nos estaban terminando muy de prisa. Cada día me preguntaba si esta expedición era realizable.

Anotación en mi diario, 26 de enero del 2009:

> *Si el nivel del agua subiera, aunque fuera muy poco, esta sección no sería caminable. A veces solo nuestras cabezas están fuera del agua, a menudo tenemos que retroceder y buscar otras rutas porque el agua es demasiado profunda. Ahora es divertido—pero me pregunto si pensaré lo mismo dentro de un año.*

El 27 de enero despertamos, y pese a que había llovido por la noche, el nivel del agua no había cambiado. Bajé de mi hamaca a unas seis pulgadas de agua, desnudo, excepto por un par de botas de selva. Encontré que mi camiseta mojada, mis pantalones mojados y mis medias mojadas seguían sucios, ya que la noche anterior no habíamos lavado la ropa, como era nuestra costumbre. Me maldije por no haber estado más sereno.

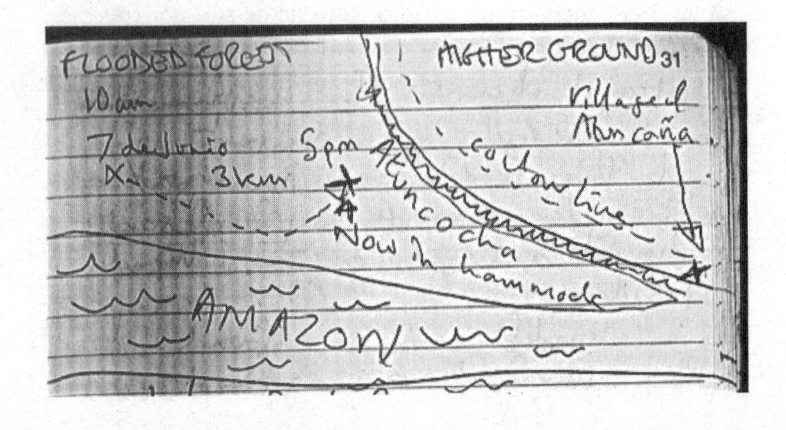

La isla de suelo sólido era un refugio para animales, y cada intersticio de mi mochila estaba habitado por arañas, insectos, escarabajos, cienpiés y hormigas. Levantamos el campamento y de inmediato las aguas volvieron a ser profundas y la vegetación densa. Nos preparamos para horas de tortuoso recorrido entre la enredada espesura, hundidos hasta el mentón en fango marrón, cuando divisamos una luz a lo lejos. El sol se filtraba hasta llegar al bosque, y a nuestra vista se abrió un lago en forma de U. El lago estaba habitado por todas las plantas espinosas imaginables, por lo que inflamos nuestras balsas y cautelosamente nos abrimos paso entre la espinosa vegetación. El lago era profundo, pero en el otro lado ingresaba directamente al bosque y tuvimos que permanecer en los botes, arrastrándonos debajo de ramas y pasando por encima de gigantescas hojas de nenúfares con rebordes cubiertos por armaduras de espinas.

La precaria navegación era como participar en ese juego donde uno tiene que pasar a través de un aro de alambre en una vía de alambres, sin tocarlo para no activar un timbre eléctrico. En cualquier momento esperaba que las balsas reventaran, sumergiéndonos en aguas marrones, fangosas y habitadas por caimanes.

Eventualmente la vegetación se abrió y desembocamos en el río al que queríamos llegar, el Atuncocha. Habíamos estado caminando un día y medio desde Siete de Julio para llegar a este desfiladero; haber superado los tres kilómetros fue un verdadero éxito. Nuestros ojos podían enfocarse alegremente en objetos lejanos, y el espacio alrededor del agua nos pareció vivificante. Gritamos como americanos y remamos por el desfiladero hasta el tan esperado terreno alto marcado por la solitaria línea de contorno.

Santa Rosa de Atuncaña está en la desembocadura del Atuncocha, en el margen del cauce principal de Amazonas. A nuestra llegada nos dieron la bienvenida y nos invitaron a hospedarnos en una casa construida sobre los pilotes más altos que había visto hasta entonces: tal vez cinco metros sobre el nivel del suelo. Todos acudieron a la casa en sus canoas. Un hombre ebrio ofreció guiarnos hasta el siguiente poblado, Roca Eterna, pero para la mañana siguiente estaba tan borracho que lo dejamos y seguimos nuevamente por nuestra cuenta.

Salimos de Santa Rosa, en dirección a Santa Eterna, sin alimentos y sin una idea de cuán lejos estaba nuestro destino, porque no figuraba en nuestro mapa. Sospechamos que sería una caminata de tres días, pero la tienda del poblado no tenía nada—y nos marchamos sin otra cosa que una bolsa de sal humedecida.

La mañana fue lenta, ya que en el terreno más elevado la maleza estaba tan alta y enredada que tuvimos que alejarnos del río y encaminarnos hacia el bosque inundado, que estaba más abierto. Nos deslizamos por el misterioso mundo donde todo se reflejaba en las aguas, casi sin hacer ruido mientras flotábamos por ellas, con las boyantes mochilas sobre nuestras espaldas. Los forros impermeables de las mochilas fueron absolutamente inapreciables; sin ellos, no hubiéramos podido caminar de esta manera. Eran gruesas bolsas para balsa, enrollables, de 100 litros, y dentro de ellas todo se mantenía completamente seco, pese a que las mochilas estaban medio sumergidas la mitad del tiempo.

A las 4:30 de la tarde, después de caminar poco más de un kilómetro y medio, decidimos buscar nuestra ubicación con el GPS, inflar las balsas y remar río abajo hasta Roca Eterna. Cho se había enfriado mucho vadeando, y estaba teniendo más dificultad que yo a consecuencia de estar constantemente sumergido en agua.

Planeamos regresar en la mañana para seguir caminando, pero por lo menos regresaríamos después de comer, secarnos y comprar suministros. Este ir y venir me molestaba, pero no veía otra manera de hacerlo. Poco a poco estábamos recorriendo la gran distancia que aún teníamos por delante, y por lo menos teníamos un sistema viable que nos permitía continuar.

Cuando nos apartábamos de la orilla hacia el cauce principal del Amazonas, el sol nos quemaba por detrás, y le di vuelta a mi gorra para protegerme el cuello de la insolación. Más adelante, una tormenta se acercaba malévolamente. El viento arreció y las olas crecieron, y cuando la oscura cortina de lluvia se desató, Cho comenzó a cantar canciones religiosas a plena voz. Era el tipo de lluvia que golpea el rostro, como sumergirse en un lago glacial.

Cada gota golpeaba como granizo, y volví a darle vuelta a mi gorra hacia el frente, para protegerme los ojos.

En este punto el Amazonas tiene tres kilómetros de ancho, y estar en medio de él, en un botecito inflable de cuatro pies que ostenta una etiqueta que dice, "No usar si hay peligro de ahogarse", mientras las olas se estrellaban y el viento silbaba, fue, por no decir otra cosa, estimulante.

Alejándome de mis inhibiciones de británico, también me puse a cantar. Como no conocía ninguna canción religiosa en español, sin saber por qué canté "No llores por mí, Argentina", a pleno volumen. Me pareció adecuadamente dramática y no pareció tener importancia que Cho y yo estuviéramos cantando canciones completamente diferentes. Estábamos a tres metros de distancia, pero podíamos oírnos mutuamente por encima del ruido de la lluvia.

Intercambiamos una sonrisa y fue como si estuviéramos triunfando. Pequeños y vulnerables en medio de una colosal tormenta, le estábamos ganando al Amazonas y a la anterior semana en que vadeamos por aguas sombrías.

Cuando pasó la lluvia y se calmó el viento, nos sentamos a descansar y flotamos durante un momento. Podíamos ver Roca Eterna situada sobre una solitaria colina, y mientras remábamos con calma hasta la fila de piraguas, fuimos recibidos por unos veinte chicos de rostros inquisitivos. Nos ayudaron a guardar las balsas, luego escalamos por la ribera del río, empapados hasta los huesos, hasta el poblado, para encontrarnos con el jefe, Marcus, que habíamos conocido dos días antes en Santa Rosa.

De nuevo fuera de la lluvia y la humedad, bebimos con genuino placer una infusión de hierbas llamada Yerba Luisa, caliente y endulzada.

El promedio de 2.5 kilómetros diarios me pareció desalentador cuando hice mis cálculos esta noche. A partir de este punto podríamos estar caminando hasta siete años. Inclusive cuando quité las inevitables sendas y las estaciones secas, determiné que si continuábamos al mismo paso necesitaríamos otros tres años.

Había una sola alternativa para evitarlo: teníamos que cambiar nuestras tácticas y alejarnos mucho más del río. Necesitábamos estar a suficiente distancia para que las crecidas no nos afectaran.

En los dos días siguientes terminamos de recorrer la sección inundada hacia Roca Eterna, y luego caminamos un día adicional, en terreno duro, hasta Orán. Orán era más una ciudad que un pueblo, tenía ferreterías, lugares donde servían comida y bares que servían cerveza. Nos registramos en el único hotel, donde nos dieron una habitación miserable con una triste cama, pero tenía electricidad por las noches, de seis a nueve en punto. Para lavarnos todavía tuvimos que acudir al río, pero tener mi propio espacio por primera vez en semanas era un lujo.

Tomamos un día libre, el 1ro de febrero, para esperar la llegada del periodista Matt Power, que venía a caminar un poco con nosotros con el objetivo de escribir un artículo para *Men's Journal*. Cho y yo paseamos por Orán recargando y limpiando nuestro equipo, bebiendo cerveza y viendo un partido de fútbol de mujeres en la plaza.

La otra persona que vendría con nosotros era Úrsula (la dueña del caniche y de la motocicleta), de Iquitos. Le había prometido que podía venir a caminar con nosotros durante tres días, y llegaría a las ocho en punto a la mañana siguiente en el barco rápido de Iquitos. Matt debía llegar seis horas antes en el barco lento, a las 2 de la mañana. Cho y yo decidimos esperar despiertos a Matt.

Cuando finalmente apareció, Cho y yo habíamos consumido algunos tragos. Matt estaba de pie en la proa del barco, y saltó a tierra sobre la orilla cubierta de hierba con una gran sonrisa. Levantó la mano y con un acento neoyorkino preguntó, "¿Mr. Stafford, supongo?"

"Hola, Mat, vamos a beber una cerveza", respondí.

Matt estaba entusiasmado y conversamos durante un par de horas antes de decidir que debíamos descansar un poco antes de la caminata de mañana. Luego, en lo que pareció solo segundos después, sonó la alarma y supe que Úrsula estaba a punto de llegar. Me arrastré fuera de la cama.

Me estaba arrepintiendo de haber invitado a Úrsula. Recibir a

Matt era una cosa—su presencia beneficiaba a la expedición y nos daba una publicidad que nos hacía gran falta—, pero la visita de Úrsula era menos lógica. Llegó con *jeans* apretados, la cara completamente maquillada y una camiseta muy ceñida, y bajó tambaleante del barco. Esto se iba a poner interesante.

Encontramos un hombre llamado Mario que aceptó ser nuestro guía. Mario tenía unos ojos cálidos que inspiraban confianza, y portaba su equipo en un costal de harina, sujetado a la frente por una correa. Pese a tener sesenta y dos años, podía caminar a través del bosque al doble de velocidad que nosotros. Conocía las colinas detrás de la ciudad, y nosotros queríamos escalar a terrenos más altos para acelerar nuestro progreso. Mario nos condujo por campos desbrozados para apacentamiento de búfalos. Yo no había establecido ninguna norma de procedimiento, y Úrsula quería que la llevara de la mano. Podía sentir que Matt me miraba mientras caminaba por esos prístinos campos de ganado extranjero, tomado de la mano con mi diminuta Shakira peruana. Después de viajar desde Estados Unidos con su encargo, Matt debe haberse preguntado sobre qué diablos escribiría, pero se limitó a sonreír con aire comprensivo, y siguió adelante en su atuendo Gortex Pro con polainas que hacían juego.

Saltamos por encima de raíces de refuerzo del tamaño de limosinas, que se extendían sobre el camino, y encontramos riachuelos de agua tan clara como la que viene en botellas. Pese a tener invitados, recorrimos unos 15 kilómetros cada día. Úrsula caminaba muy bien, considerando la ropa que llevaba y que estaba muy lejos de su área normal de vida. Caminó durante tres días, por toda clase de sendas en la selva, atravesando pequeños arroyos, sobre puentes de troncos, hasta que llegamos a una comunidad llamada Sanalillo. Demoramos tres días en llegar a Sanalillo. Normalmente Mario demoraba uno.

El tercer día llegamos a un campo que había sido recientemente despejado de la selva, y los tocones de los árboles caídos todavía estaban humeando. El poblado yawa estaba celebrando una minga, donde todos trabajan en conjunto; los habitantes estaban trabajando en el campo y bebiendo el terrible masato. Los amerindios de rostros pintados de rojo no dudaron en darnos la bienvenida, y después de tres días de caminar en la colina, el líquido fermentado nos supo a gloria. Tras pasar la noche en la escuela local, preparé un barco que llevara a Úrsula de vuelta a casa.

Matt se juntó con un fotógrafo enorme, jugador de *hockey* en hielo, llamado Pete McBride, que había venido a añadir algunas imágenes al artículo de Matt. Los dos disfrutaron de la caminata, y Matt se relajó considerablemente en la compañía de Pete. Sus barritas energizantes y sus ideas occidentales ahora casi me parecían extrañas, un poco desatinadas y exageradas.

Pese a que habíamos elegido una ruta más caminable, aún teníamos que cruzar grandes áreas de crecida al acercarnos al pequeño poblado selvático de Pebas. El agua nos llegaba a la cintura, luego al pecho, y finalmente tuvimos que embarcar todas las mochilas en una balsa y nadar en el agua brillante y negra.

"¡Maldición!", exclamó Pete con el agua a la cintura. Había visto algo grande en el agua, a poca distancia. Me volví y vi lo que parecía ser un enorme pez gato con una enorme y ancha boca, y un cuerpo de serpiente de unos dos metros de largo, moviéndose furtivamente en la profundidad entre Pete y yo. Lo que nos extrañó fue la total ausencia de temor que el extraño pez demostraba ante nosotros. Llamé a Bernabet, el joven guía, para ver si él sabía lo que era. "Una anguila", dijo sonriendo. Era una anguila eléctrica. Le pregunté si era peligrosa, "No, si no la molestas", respondió.

Cuando llegamos a Pebas me enteré de que esas anguilas eléctricas amazónicas pueden ser muy peligrosas. Pueden producir hasta 500 vatios, una fuerza potencialmente mortal para un humano, pese a que dijeron que la forma más común de morir era ahogarse tras desmayarse debido al impacto eléctrico. Este animal es un depredador por excelencia, el rey de su cadena alimenticia, y por eso no conocen el miedo, porque nadie los caza. Pensé en los cuatro meses que nos esperaban, de caminata en crecidas, y me reí de la ridícula situación.

En Pebas nos despedimos de los estadounidenses, que habían

completado todo su objetivo y habían dejado un montón de pertrechos finos que Cho y yo nos repartimos: lámparas de cabeza, pantalones, inclusive medias de segunda mano. Cho y yo quedamos más que agradecidos por los legados de los yanquis; y entonces volvimos nuestra atención hacia el este, hacia Colombia.

Capítulo Diez

La ruta del tráfico de drogas a Colombia

Pebas es un extraño poblado en el Perú. Sin acceso por carretera, es totalmente dependiente del río y tiene una gran población de homosexuales. Por alguna razón, los grupos gay dentro de las comunidades peruanas tienen que ser mucho más ostentosos y extravagantes que en oros países. Tal vez en una cultura tan machista uno tiene que ir a extremos si quiere resistir la tendencia. En Pebas, el resultado eran equipos de los más amanerados jugadores de vóleibol, que se movían con afectación por las calles o en la plaza del pueblo que tiene vista directa al Amazonas. Lo extraordinario es que se movían como mujeres mientras se paseaban o interactuaban unos con otros, pero en cuanto comenzaban a jugar se convertían en hombres diestros que lanzaban la bola de un lado al otro con fuerza impresionante. Al final de un partido muy peleado, volvían a comportarse con la afectación de antes, y se felicitaban mutuamente con besos teatrales y risitas de niña.

El auto-nombrado Señor de Pebas fue un famoso pintor llamado Francisco Grippa, Pancho para sus amigos. Francisco vivía en una mansión absurdamente lujosa con vista a toda la ciudad, y permitía que cualquier viajero que pasaba por Pebas se hospedara en su casa, gratis, lo cual molestaba mucho al único hotel de la ciudad. Francisco decía que hacía eso porque, pese a ser peruano, estaba orgulloso de sus viajes y le gustaba conocer a las personas que visitaban la ciudad. Si sus huéspedes lo deseaban, podían comprar uno o más de sus enormes y coloridos cuadros del Amazonas, que estaban colgados en su amplia galería.

En su juventud, Francisco había sido un gran enamorado, y su actual esposa era joven y bonita. El pueblo aún hablaba de las fiestas que acostumbraba celebrar en su palaciega residencia.

Había sido anfitrión de Martin Strel, el esloveno nadador de largas distancias, cuando pasó nadando el año anterior, y también disfrutó participando un poco en nuestra locura. Fue muy gentil con nosotros. Nos hospedamos en su casa unos días, mientras hablábamos con el mayor número de personas que pudimos sobre la manera de llegar a Brasil a pie. Ya estábamos casi resignados al hecho de que ahora tendríamos que pasar por Colombia, y muchos nos advirtieron de los peligros de la FARC, el tristemente famoso grupo guerrillero marxista-leninista, y de los traficantes en drogas.

Warren, el leal amo de llaves de Francisco, nos encontró un guía de aspecto muy profesional llamado Juan Rodríguez da Silva. Juan era un explotador forestal que había pasado un tiempo en el ejército, y era el peruano más fuerte que conocí durante toda mi permanencia en el Perú. Sus brazos y piernas eran los de un físico-culturista, y yo no hubiera podido creer que nunca hubiese visitado un gimnasio, a no ser porque el gimnasio más próximo estaba a unas 500 millas de distancia. Había adquirido esa fuerza transportando enormes planchas de madera a través de grandes distancias en el bosque. Juan era entusiasta, estaba interesado en la caminata y hablaba con conocimiento de las áreas entre el lugar donde estábamos y la frontera colombiana.

Dijo que la mayor parte tenía caminos, muchos de los cuales eran utilizados por explotadores forestales y por narcotraficantes. De inmediato simpaticé con Juan: era profesional e inteligente, y al igual que muchos exmilitares con los que yo había caminado, había viajado fuera de su ciudad, gracias a lo cual había adquirido una experiencia y sabiduría que no tenían las personas que nunca habían salido de su propio territorio.

Partimos apertrechados de comida para veintiún días, la mayor cantidad que habíamos transportado hasta el momento. Nuestras mochilas eran muy pesadas, y Juan cargaba un gran costal de harina con una cincha alrededor de la frente. Ahora lo normal eran las fuertes lluvias; ya no podía recordar el último día seco que habíamos tenido.

No estoy seguro si hubo alguna razón en particular, pero de inmediato Cho y yo encontramos el viaje muy difícil. Estábamos cargando mochilas con comida para veintiún días; después de tanto terreno plano habíamos perdido la costumbre de caminar en montañas, y Juan se nos adelantaba fácilmente. Cho lo sentía más que yo, y comenzó a preocuparse un poco por su salud. Había estado padeciendo de dolor de estómago también en la noche, y ocasionalmente vomitaba sangre. De cualquier manera, tanto Cho como yo estábamos teniendo excesivas dificultades, y era evidente que Juan estaba un poco frustrado y sorprendido ante nuestra incapacidad para caminar de prisa. Tuvimos que pedir varios momentos de descanso, cosa rara hasta entonces, y nos desconcertaba nuestra debilidad.

Pasamos por un pequeño poblado de pescadores donde uno de los amigos de Juan, Boruga, estaba trabajando a un lado del camino. Juan se volvió hacia mí y me preguntó si me serviría de ayuda compartir mi carga con otra persona, y acepté de inmediato la oferta. Consultó la posibilidad con Boruga, cuyo nombre verdadero era Moisés Soria Huane, quien de inmediato aceptó unirse a nosotros. Dijo que necesitaba cinco minutos para despedirse de su esposa e hijos por tres semanas. Boruga y Juan habían trabajado antes como silvicultores, y ambos estaban muy acostumbrados a transportar pesos y a estar lejos de sus hogares, en la selva. Eran increíbles con los pesos, y como Cho y yo llevábamos el equipo del grupo (comunicaciones, cocina y equipo médico), ellos se repartieron gran parte de los alimentos. En retrospectiva, fueron los mejores guías que tuvimos en todo el viaje; ambos eran exmilitares, ambos explotadores forestales. Se sentían absolutamente en su ambiente en el bosque, eran aún más diestros que los hermanos Dongo, y muy fuertes. Pese al gran peso que transportaban, caminaban de prisa todo el día sin el menor problema. Libra por libra, yo era, por mucho, el más débil; esos hombres medían entre 1.70 y 1.80 metros, mientras que yo mido 1.86, pero estaban en mucho mejor forma física que yo por haber transportado cargas muy pesadas a través de la espesa selva.

Después de un par de días, siempre bajo una lluvia incesante, Cho estaba empeorando.

El aire era más fresco y la humedad constante parecía estar afectando su salud. Una mañana despertamos en uno de los últimos poblados de la selva antes de comenzar a cruzar una gran extensión de despoblado bosque tropical. Yo me había levantado muy temprano y había ido con Juan a observar la ruta donde iniciaríamos la caminata. Era evidente que el agua estaba demasiado crecida para partir ese día, los caminos estaban sumergidos hasta el nivel del pecho, o aún más profundamente. Juan y Boruga no tenían mochilas impermeables, por lo cual no podían nadar con sus cargas en la espalda sin empapar todo el contenido. Decidimos esperar un día, y fui a informar a Cho sobre el plan.

Cometí dos errores básicos al planificar este tramo del viaje. Primero, tomé el cálculo de tiempo de Juan como cosa hecha. Cuando dijo que la ruta tomaría veinte días, quise creerle porque era una excelente noticia. Evidentemente debería haber calculado el tiempo basándome en los mapas, pero no lo hice.

Segundo, permití que Cho y Juan calcularan y compraran los alimentos necesarios para ese tramo. Después de siete días de caminata solo nos quedaban provisiones para tres días. En ese punto calculé que todavía quedarían de quince a veinte días de caminata entre el punto donde nos encontrábamos y Colombia.

Nos estábamos alejando del río, mucho más lejos de lo que yo había anticipado, y como resultado habíamos nos salido de nuestros mapas al 1:100.000 que solo cubrían las áreas fluviales. Yo tenía un mapa al 1:1 millón de esta sección del Perú, pero el río no había sido trazado con precisión, ya que era un mapa de navegación aeronáutica. Tratar de sacar una información adecuada de un mapa al 1:1 millón es difícil, por no decir imposible. Google Earth hubiera sido la solución obvia, pero una enorme nube blanca cubría toda el área, bloqueando la selva que se encontraba debajo.

Redujimos las raciones y comenzamos a buscar alimentos en el bosque. Después de dos días con raciones muy pequeñas, cuando llegamos a un lugar que parecía apropiado para acampar, Cho se volvió hacia mí y me dijo, "Dios provee". ¡Sí, claro!, pensé en mi interior, asumiendo que este sería el inicio de otro sermón acerca de Dios, cuando vi de lo que hablaba. Una gran tortuga de patas rojas estaba acurrucada entre las hojas. Según CITES (el acuerdo internacional entre gobiernos para la protección de las especies en peligro de extinción), las tortugas de patas rojas están catalogadas como "menor preocupación", y no son una especie en peligro. Como nuestras provisiones estaban bajas, no perdimos tiempo preocupándonos por la ética.

Boruga sacrificó a la tortuga mientras Juan encendía el fuego. Absorbí sus habilidades atentamente. La técnica de Juan para encender fogatas era diferente de las demás, porque no utilizaba ramas pequeñas. Encontró madera seca de dos o tres pulgadas de grosor y creó una base para elevar el fuego del suelo húmedo cortando los troncos en dos y colocando la parte seca hacia arriba. Luego cepilló uno de los troncos repetidamente para producir raspaduras secas que apiló sobre la plataforma. Luego, simplemente, acomodó los troncos más grandes alrededor de la parte externa de las raspaduras como los radios de una llanta, y encendió el fuego utilizando un trozo de resina que había cortado de un árbol usando su machete. El resultado fue una estrepitosa fogata en unos diez minutos, pese a que había estado lloviendo sin cesar durante días. El hígado de tortuga que preparó Boruga, frito en aceite y ajo, fue poco menos que exquisito.

Increíblemente, al día siguiente encontramos otra tortuga, tomates silvestres, diversos tipos de nueces y bananas silvestres. Boruga seguía causando admiración al demostrar su destreza como pescador. Cuando acampábamos, él desaparecía y regresaba sonriente con un pez gato, una trucha y cangrejos. También enseñó a Cho todo lo que pudo; Cho comenzó a disfrutar de la pesca y a partir de ese punto se volvió un experto. Nos sentíamos muy bien, y la moral estaba alta pese a que solo teníamos alimentos para tres días que debían durarnos las próximas dos semanas. Nuestras provisiones sumaban:

4 kilos de arroz
2 kg de sal
13 paquetes de fideos instantáneos Ramen
1 bolsita de glutamato de monosodio

No teníamos azúcar, atún, farina, café ni leche en polvo. Nuestra única esperanza era que uno de los abandonados campamentos de explotación forestal donde dormíamos estuviera ocupado, permitiéndonos comprar algo de comida de los leñadores. El alimento que principalmente había dificultades para encontrar en la selva eran carbohidratos, y es por eso que esos leñadores siempre tenían un gran costal de farina, y no mucho más.

Yo no tenía suficiente experiencia para reconocer la diferencia entre falsos corales y serpientes de coral, pero vimos varias serpientes de color rojo, negro y amarillo de regular tamaño cerca de los ríos. Había un viejo dicho según el cual, cuando las serpientes tienen rayas rojas y negras, son inofensivas, pero cuando las rayas son rojas y amarillas, son mortales. Pero el dicho se había originado en América Central y no se aplicaba aquí. Todas esas serpientes eran potencialmente letales, y su veneno era neurotóxico, lo que significaba que atacaba al sistema nervioso central y los pulmones hasta que la víctima moría sofocada.

Normalmente estábamos protegidos de las serpientes de coral, porque tenían bocas pequeñas y colmillos cortos que no podían penetrar una bota. Sin embargo una noche, cuando me estaba lavando en un río, tiré indiferentemente mi caja de jabón a un conveniente hueco en la orilla, y vi que una serpiente de coral despertó sobresaltada y con la velocidad de un rayo salió del agujero a pocos centímetros de mis dedos desnudos.

Desde nuestra partida, seis días antes, no habíamos encontrado a nadie, pero cuando vimos huellas frescas supimos que no estábamos solos.

En este punto se había gastado toda la carga de mi *laptop* y todavía estaba tratando de usar paneles solares para cargarla. Con los constantes días lluviosos la luz del sol era infrecuente, y eso resultaba imposible. Seguimos las huellas durante los dos días siguientes, pero nunca pudimos ver quién estaba delante de nosotros. Aunque el temor que me inspiraban los narcotraficantes me perseguía, sentí que estaba en buena compañía. Pero necesitábamos conseguir alimentos.

El 2 de marzo del 2009 acampamos en un terreno elevado, lejos del río, pero podíamos ver los residuos de hojas acumuladas que habían causado las recientes crecidas, y sabíamos que hacía poco el agua había crecido unos tres metros, hasta casi llegar a nuestro campamento. Boruga desapareció durante un momento y regresó fumando con aire despreocupado. Cinco días antes se nos habían terminado los cigarrillos. Nos dijo que más adelante había un campamento de explotadores forestales, y que ellos tenían alimentos. La noticia era excelente, pero ya habíamos acampado y decidimos no movernos y pasar por el campamento temprano en la mañana.

Cuando llegamos, un gran número de rudos leñadores peruanos estaban desayunando y riéndose en alta voz. De inmediato nos invitaron a platos de espagueti con jamón, y tazas de café endulzado. En el estado de raciones reducidas en que nos encontrábamos, esos alimentos nos produjeron más placer que el que hubiera podido recibir de una comida. Comimos de prisa, disfrutando de cada bocado. Los leñadores tenían el admirable código de protegerse mutuamente, y nos trataron muy bien. A ninguno de esos hombres les importó mi presencia; simplemente mi objetivo les pareció divertido.

Llevaban una vida muy confortable, aunque, hay que decirlo, a costa del bosque. Con botes refrigerados a motor, y escopetas, podían cazar cualquier cosa que se moviera y eso les permitía comer bien mientras trabajaban, e inclusive sacar carne para vender. Ese día habían cazado una mona peluda, y yo observé mientras el cuerpo de aspecto casi humano era despedazado y metido en la olla. La escena fue mucho más dramática porque los cachorros de la mona observaban, gritando incesantemente. Comí un trozo de cola, más por curiosidad que otra cosa. A diferencia de muchas comunidades indígenas que viven en el bosque, era evidente que la presencia de estos hombres no era ecológicamente sostenible.

Los explotadores forestales nos informaron que habíamos llegado al final del camino, pero desde el punto de vista de la dirección, al comienzo el trecho siguiente no parecía muy difícil. Teníamos que llegar al río Apicuari, y solo debíamos seguirlo hasta llegar al Amazonas. En teoría era fácil, hasta que vimos cuánto serpentea el río. Esta todavía era un área oscurecida por una nube en Google Earth, y calculé que, si caminábamos por la orilla misma del río, los 100 kilómetros se convertirían en 200.

Evidentemente queríamos avanzar en línea recta, pero si nos alejábamos del río no podíamos saber cuándo o dónde lo volveríamos a encontrar. Me sentía ciego, lo único que deseaba era elevarme por encima de la enramada para ver la forma del río, y así poder establecer un plan. ¿Cómo podríamos hacer un mapa preciso?

Mientras sopesábamos el frustrante problema, súbitamente tuve una idea: contrataríamos uno de los botes de los leñadores para viajar río abajo. Tendría el GPS grabando toda la ruta, y en esa forma podríamos bosquejar un mapa detallado del río. Compraríamos alimentos en la comunidad yawa de Platanal, luego volveríamos al campamento de los leñadores en el mismo bote. Dos problemas resueltos, alimentos y mapa, al bajo costo de pasar unos largos días apiñados en un bote pequeño.

Pasamos tres días y dos noches completas en la canoa, para completar el viaje de ida y vuelta, pero el plan funcionó. En Platanal compramos alimentos para diez días más, y calculamos que regresaríamos allí, a pie, en ocho días. Ahora podíamos planificar la caminata y permanecer la mayor parte del día lejos de la jungla fluvial de la orilla, y regresar al río en la noche para acampar, lavarnos y cocinar.

El tiempo de reconocimiento había sido bien aprovechado. Era rebuscado, pero estábamos nuevamente en control y me complacía que estuviéramos superando dificultades y aún así avanzando. Es más, llegamos a Platanal a pie en solo seis días, y hablamos con los indios yawa sobre nuestro viaje mientras recargábamos la *laptop* y el BGAN en el sol. Logré obtener diecisiete minutos en el Internet—tiempo suficiente para hacer un blog y responder los emails más importantes—, pero no pude escribirle a mi madre, ya que la pantalla se apagó justo antes de que pudiera presionar "enviar". La diminuta ventana hacia el mundo occidental se había cerrado nuevamente.

Cuando estábamos de vuelta en Platanal, un viejo yawa llamado Vicente nos preguntó, "¿Por qué no toman el camino a Colombia?". Puse los ojos en blanco ante esta aparente contradicción. Le expliqué que los leñadores nos habían dicho que no había camino. Respondió que sin duda había un camino, pero que se alejaba del río y se desviaba al este hacia Colombia, a un puesto fronterizo llamado Tierra Amarillo, sobre el río Loreto Yacu.

Contraté a Vicente como guía, y apertrechados de seis días de alimentos para los cinco, nos encaminamos directamente hacia el este, hacia Colombia. Sabíamos que dependeríamos de los conocimientos que Vicente tenía de los caminos, ya que eran viejos y en algunos lugares estaban completamente cerrados. En comparación con los leñadores, Vicente era manso y de hablar suave, pero conocía el camino y avanzamos 13.3 kilómetros el primer día, la mayor distancia que habíamos caminado en semanas.

Llegamos a un nuevo río y comenzamos a serpentear en curvas muy amplias que nos hicieron ver que no llegaríamos muy lejos, ya que el río era extremadamente sinuoso. Tomamos la decisión de intentar caminar del vértice de un meandro a otro en línea recta, pero era más fácil decirlo que hacerlo, ya que no podíamos ver más de 15 a 20 metros delante de nosotros, y no teníamos un mapa del río. Nos alejamos de las orillas para intentar una ruta más directa, y pronto regresamos al río, fácilmente identificable porque era el único de su tamaño en el área.

Juan iba por delante, en un terreno familiar. Sin acobardarse ante la lluvia, cortaba y se abría paso con su machete, avanzando en forma lenta, pero segura. Una hora después, vimos huellas frescas y una apertura en el bosque hecha con machetes, la primera señal de vida humana que habíamos encontrado desde que salimos de Platanal. Mis pensamientos se tornaron inmediatamente hacia los narcotraficantes; pese a que estaba empapado hasta los huesos y cubierto de suciedad, mis sentidos se agudizaron considerablemente.

Entonces Boruga comenzó a reírse. "¡Miren allá!", señaló. "Es ahí donde almorzamos". Todos rezongamos al percatarnos de que las huellas y los cortes de machete eran nuestros. Yo no había chequeado la brújula en más de una hora, limitándome a seguir ciegamente a Juan. Habíamos estado caminando en círculo. De alguna forma, cuando cruzamos del vértice donde volveríamos a encontrar el río, pensando que estábamos avanzando, habíamos dado vuelta y regresado al punto de partida. Juan, que durante una hora había estado cortando maleza como una máquina, fue el más apesadumbrado por ese ridículo error. Acampamos, y Vicente nos informó que regresaría a casa a la mañana siguiente.

Esa tarde, a eso de las seis, oí una fuerte detonación. "¿Qué fue eso?", salté de mi hamaca y miré hacia el tenebroso bosque crepuscular. ¡Bang!, otra detonación—y Cho corrió hacia los árboles. Vicente era la única persona que tenía una escopeta, y no estaba en el campamento. "Debe haber salido a cazar", pensé. Pese a sentirme intrigado, me limité a lavarme y no tuve ningún deseo de internarme en el bosque con mi ropa limpia y seca, y mis delgados zapatos Crocs.

Cuando los demás regresaron, las noticias, desde mi perspectiva, fueron malas. Vicente no solo había disparado contra un animal—había matado un maldito tapir. Todas las variedades de tapir están en la lista de animales vulnerables o en peligro, y este enorme herbívoro es un gigante tan manso que no pude evitar sentirme triste.

Vicente era un cazador yawa, y para él un tapir representaba simplemente alimento; yo comprendí su punto de vista. Mi problema era que el tapir era una cantidad excesiva de comida para que pudiéramos transportarlo, solo una fracción sería aprovechada y el resto tendría que ser abandonado en el bosque para que se lo comieran otros animales. Era una madre preñada del tamaño de una vaca pequeña, y el hecho de haber estado involucrado con una muerte así me perturbaba. Sin embargo, ahora que estaba muerta, yo estaba absolutamente seguro de que deberíamos aprovechar al máximo la carne, y transportar tanta como fuera posible. Juan, Boruga, Cho y yo nos pusimos a cortar en trozos el animal, y salamos y ahumamos sobre la fogata tanta carne como pudimos. Vicente llevaría lo que pudiera cargar a su comunidad, y nosotros también conservaríamos todo lo que nos fuera posible transportar.

El incidente reforzó mi idea de que teníamos razón en no caminar con armas de fuego. No quería que esta expedición se convirtiera en una comedia de caza victoriana.

No estábamos muy lejos de la frontera colombiana, pero no veíamos ningún camino. En cada recodo nos topábamos con una pared de bosque espeso y oscuro que se extendía por millas y millas, y tampoco estábamos siguiendo el curso de un río. Ingresé en mi GPS las coordenadas de donde podía ver el río cruzando la frontera colombiana, y obtuve en la brújula una orientación por donde podíamos caminar. Luego, simplemente nos lanzamos a través de la selva en línea recta, abriéndonos camino a medida que avanzábamos. El terreno era accidentado, pero con tantos árboles todavía no veíamos nada. Es como si hubiéramos estado conduciendo un auto bajo una lluvia torrencial sin limpiaparabrisas, incapaces de ver a través del cristal. Dependíamos de nuestra brújula, y debíamos confiar en que la orientación fuera correcta, y de que en unos días encontraríamos el puesto fronterizo. No tenía idea de lo que encontraríamos allí—militares armados, narcotraficantes, alambre de cuchillas, puestos de control de pasaportes, una tienda de regalos, un centro de información.

Entonces, justo cuando nos encontrábamos en una posición en la que dependíamos del GPS, este decidió dejar de funcionar. Le había entrado humedad y ninguno de los controles funcionaba. Optamos por seguir la orientación de la brújula hasta un punto en que todos pensábamos que estaría la comunidad—y la frontera con Colombia. Basándonos tan solo en una impresión o una corazonada, juzgamos que ese día habíamos cubierto siete kilómetros, o tal vez ocho.

A veces se necesita un poco de suerte, pero nuestra precisión fue extraordinaria. A las 4 PM, en nuestro cuarto día después de salir de Platanal, escuchamos música y poco después tropezamos con una fiesta que se estaba celebrando en Tierra Amarilla. El poblado era un área despejada del bosque, a orillas del río Loreto Yacu. Las desgastadas cabañas con techo de paja albergaban a indígenas amigables y borrachos, que nos ofrecieron masato para beber. Estábamos en Colombia.

El tramo peruano de la expedición había terminado. Habíamos demorado once meses y dos días, solo cuatro semanas menos que mi cálculo original para todo el viaje. Cho y yo estábamos agotados y necesitábamos un descanso y tiempo para curar nuestras heridas e infecciones de parásitos. Habíamos estado caminando sin un verdadero descanso durante más de dos meses bajo lluvia constante, y me sentía exhausto, sin entusiasmo, energía ni vida. Tenía heridas abiertas en las caderas, causadas por mi mochila, mis pies estaban magullados y mis músculos débiles y vacíos. Soñaba con un cuarto de hotel con una cama de verdad, sábanas limpias y blancas, y aire acondicionado. No quería ver a nadie—si hubiera estado solo, habría llorado de cansancio. Solo quería dormir.

Anotación en mi diario, 4 de marzo del 2009—Tierra Amarilla:

> *Sacúdete, Staffs—suenas como un patético frustrado. Dos días en Leticia y estarás como nuevo. Bueno, tal vez cinco . . .*

Como siempre sucede, cuando salimos de la jungla, mi mente volvió a enfocarse en nuestra desesperada situación económica. Estaba viviendo muy por encima de mis posibilidades y acumulando deudas que no podría pagar. Esta sensación de estar financieramente fuera de control me impedía dormir o disfrutar de cualquier cosa.

En el punto de la frontera donde habíamos llegado no había un puesto de control de pasaportes, por lo cual tuvimos que tomar un barco hasta Loreto Yacu, y luego otro hasta la ciudad colombiana de Leticia. Allí saldríamos oficialmente del Perú, haríamos sellar nuestros pasaportes, trataríamos de encontrar mapas de Colombia y luego regresaríamos hasta la frontera para caminar el corto tramo (tres semanas) de Colombia a Brasil.

Era este tipo de jornada, desconectada de la expedición, la que me costaba valioso tiempo y dinero. En cuanto al dinero, no podía mantener a los cuatro hombres durante este período de tiempo, y como Boruga tenía doble nacionalidad—colombiana y peruana—, tuve que despedir a Juan. El hombrón se mostró triste de tener que marcharse; pude ver que su orgullo estaba herido porque Boruga había sido escogido y no él, y el grupo continuaría sin él. Pero yo debía ser más lógico que sentimental, y Juan no tenía un pasaporte para viajar fuera del Perú. Por eso se marchó.

Terminamos pasando seis días en Leticia, y mi diario me dice que pasé el 80 por ciento de mi tiempo de vigilia frente a la computadora poniendo al día cuentas atrasadas y organizando el funcionamiento de la expedición. No teníamos los medios para hospedarnos en buenos hoteles ni para tener aire acondicionado, por eso nos quedamos en un lugar barato, donde despertaba con la cara pegada por el sudor al viejo colchón. Un antiguo compañero de escuela, Sam Dyson, me había dicho que vendría para caminar unos días con nosotros, y organicé su entrada. La mayor parte de este tiempo la pasé tratando de perseguir a los tramitadores brasileños para obtener los permisos necesarios para ingresar a la reserva indígena del lado brasileño de la frontera.

Nos pusieron en contacto con dos brasileños, Kavos y Dwight, que según nos habían dicho eran los mejores en solucionar problemas de logística para equipos de cine extranjeros. Pese a que no éramos un equipo de cine, yo había conocido a los dos hombres en Brasil, cuando dejé el país en el 2008, y ambos habían acepado ayudarme con mis visas y permisos para Brasil, aunque no por un pago insignificante. Sin esos papeles yo no hubiera podido continuar, y para abril del 2009, su actitud y completa falta de progreso estaban comenzando a irritarme realmente. En ese momento aquello me causaba mucho estrés y no podía relajarme con Cho y Boruga porque, a menos que trabajara duro para adelantar las cosas, la expedición no podría continuar sin que tuviéramos que retroceder o desviarnos durante varias semanas hacia el norte, dentro de Colombia. Los permisos de Kavos eran vitales si queríamos evitar ese gran desvío.

Todos nos habían dicho que el extremo sur de Colombia, que estábamos a punto de pasar, era una gran ruta de tráfico de drogas, y muy peligrosa. Pero la realidad era que no teníamos otra alternativa si queríamos terminar la expedición. De regreso nuevamente a la frontera de Colombia, con un guía ticuna de Nariño, ingresamos nuevamente a Colombia, tranquilamente, a pie y sin ser observados.

Los ticunas son un pueblo indígena del sur de Colombia y el oeste de Brasil. Senou, nuestro guía, era silencioso, y era evidente que no conocía la selva en absoluto. Terminé poniendo a Boruga al frente, mientras Senou lo seguía mansamente. Sin un GPS para trazar un mapa del río, todavía seguíamos caminando casi a ciegas, sin poder acercarnos mucho al río debido a las crecidas. Pronto encontramos una serie de poblados ticunas intercalados con pequeños senderos.

Lo extraordinario de las comunidades ticunas es que eran muy hospitalarias y amigables. A nuestro paso no vimos otra cosa que amplias sonrisas y gestos de saludo, un cambio muy refrescante de las miradas de aturdida confusión que habíamos encontrado en gran parte del Perú. Los senderos entre las comunidades estaban severamente inundados, y cada vez que el agua llegaba a la altura de nuestras cabezas teníamos que inflar las balsas y remar a través de la várzea (las áreas bajas que rodean el Amazonas y sus tributarios).

Habíamos logrado convencer a un habitante local del último poblado colombiano para que nos indicara a dónde se dirigía el "camino", pero todos los demás nos habían dicho que la única manera de avanzar era por río, en bote. Como siempre, explicamos que no podíamos viajar por el río porque el objetivo de la expedición era caminar. Y como siempre, se reían y nos decían que estábamos locos.

Cuatro horas después pude comprobar que tenían razón. En lugares, el "camino" estaba tal vez a diez metros por debajo del nivel del agua negrísima de la crecida. Yo estaba profundamente concentrado tratando de guiar mi balsa inflable por lugares que parecían demasiado estrechos para pasar, y estaban cubiertos de espinas afiladas como agujas. La balsa era de caucho muy delgado, específicamente para que pueda doblarse y no ocupar mucho espacio en la mochila. Todos los rincones de mi cerebro estaban enfocados en dirigir y detenerme; el temor de una perforación no se reducía a tener que nadar: era nadar tratando de salvar la mochila de 35 kilos sobre la cual yo iba sentado.

Boruga estaba remando en la otra balsa, y tanto sus remos como los míos se atascaban constantemente en las lianas que nos rodeaban por todos lados, y de las cuales caían feroces hormigas sobre nuestras cabezas y cuellos. La humedad llegaba casi al ciento por ciento, y los mosquitos zumbaban continuamente en nuestros oídos. Las condiciones no pueden ser mucho más desagradables que esas, y sin embargo yo las disfrutaba plenamente. Era ese extraño tipo de placer que es tan difícil de explicar. Supongo que la tarea era apasionante porque todo estaba enfocado en el presente; no había lugar para reflexiones ni preocupaciones por el futuro, porque cada acción tenía un efecto inmediato. No pude evitar sentirme contagiado al máximo por la emoción del reto.

Afortunadamente, estábamos en lo correcto. Podíamos seguir, y seguimos, el camino a través del bosque inundado hasta que eventualmente llegamos a un poblado ticuna a media tarde.

Progresábamos bien, pero mi ánimo era, cuando menos, errático, y mi diario de esos días contiene una sarta de maldiciones contra los guías que había contratado, y que no conocían el camino. Aún no había aprendido a no irritarme por las cosas que no tenían remedio. El problema era que los habitantes locales no estaban preparados para caminar más allá del próximo poblado, que podría estar a solo dos horas, y yo tenía que pagarles tanto como a Cho por un día completo. Avergonzado, dejé de preguntar los nombres de algunos de ellos. Era como si todos fueran el mismo hombre fastidioso constantemente reinventado en un cuerpo ligeramente diferente, pero con las mismas esenciales características de indecisión e incapacidad como guías. Sé que en ese momento no pensaba razonablemente, pero mi irritación sí tenía al menos una semilla de razón.

El dos de abril Cho, Boruga, Jaime (un joven ticuna de diecisiete años) y yo llegamos a un pequeño pueblo llamado Santa Sofía. Era el primer aniversario de la expedición; compré unas cervezas y pasamos un momento agradable, sentados en círculo en sillas de plástico y hablando trivialidades. Cho y Boruga se emborracharon lo suficiente como para decirme repetidamente que yo era un excelente líder. Fue agradable, pero me sorprendió oírlo porque en ese momento me sentía lejos de ser un buen líder.

Dos días más, y bajamos por un camino de asfalto hasta Leticia, una ciudad en Colombia, en la frontera de la ciudad de Tabatinga, en Brasil.

Habíamos demorado poco más de un año en llegar a Brasil, y pese a estar exhaustos, nos sentíamos felices de dejar atrás Colombia y Perú. En los últimos doce meses había cruzado toda la cordillera de los Andes; había encontrado la fuente más alejada del Amazonas y descendido por el cañón más profundo del mundo. Había atravesado a pie el corazón de la Zona Roja; había pasado por innumerables tribus indígenas en actitud defensiva; había sido detenido a punta de flecha y acusado de asesinato. Había conocido a Cho, y recorrido durante incontables semanas el bosque inundado, y cruzado el tristemente célebre extremo sur de Colombia—pese a que durante el último mes no habíamos visto ninguna señal de traficantes de drogas.

Sabíamos que debíamos esperar un par de semanas a que mi amigo Sam llegara de Inglaterra. Eso me parecía bien, y también a Cho; en este punto crucial sentíamos que nos habíamos ganado un descanso. Era esencial recargarnos física y mentalmente antes de volver a emprender la marcha. Boruga regresó al Perú después de gastar todos sus sueldos en noches de parranda en Leticia. Sentí pena por su esposa e hijos, que debían haber estado esperando que regresara con mucho dinero.

Pese a la épica saga que habíamos protagonizado, Cho y yo sabíamos que estábamos a punto de iniciar la parte más difícil de la expedición: tribus feroces, un nuevo idioma, peores mapas, mayores crecidas e insondables distancias entre comunidades a través de tramos de bosque donde no se sabía que alguien hubiese caminado antes. Ambos nos sentíamos algo intimidados por los 3,000 kilómetros de Brasil que aún teníamos que cruzar a pie.

SURINAME
FRENCH GUIANA
CAYENNE
ATLANTIC OCEAN
GUYANA
FINISH
09:30 9TH AUGUST 2010
COLOMBIA
RORAIMA
RIO NEGRO
AMAZON DELTA
Marudá
Marajó
Belém
(Keith joined)
Oriximina
(diagnosed with Leishmaniasis)
Almeirim
(arrested at gun point)
Itapiranga
AMAZON RIVER
Belem do Solimões
Tierra Amarillo
AMAZONAS
SOLIMÕES RIVER
Jurua "City"
Téfe
Rationing
Coari
Manaus
Meeting of the Waters
PERU
Amatura
(Sam left)
Leticia, Tabatinga Santa Rosa
(Sam joined)
BRAZIL
PARÁ
RONDÔNIA
N
S
W
E
NW
NE
SW
SE
SCALE
0
100
200
km
PATH
RIVER

PARTE 4: BRASIL

Capítulo Once

La llegada a Brasil

Las visas y permisos son tediosos, lo sé. El problema es que también eran cruciales para determinar si la expedición sería exitosa, o terminaría prematuramente en vergüenza y humillación. Kavos había tenido más de un año para obtener tres cosas: una visa válida que me permitiera entrar a Brasil y permanecer allí durante la duración de la expedición; permisos para entrar a reservas indígenas; y mapas topográficos de la selva brasileña. Yo había llegado ahora a la frontera brasileña, y parecía que Kavos no había siquiera comenzado a tramitar ninguna de las tres. Me lo habían recomendado como persona muy capaz, pero encontré que trabajar con él era una tortura. Pese a que me enfurecía que las cosas no estuvieran listas (yo había esperado que estuvieran preparadas un año antes, inclusive antes de salir de Inglaterra), me encontraba en un atolladero con este hombre, porque le había pagado mil quinientos, y debido a que había optado por acudir a él para obtener las visas, terminé ignorando al Consulado de Brasil en Londres, que ahora ya no respondía mis emails. Sin mapas, visas ni permisos, nuestro viaje habría terminado.

Cho y yo nos registramos en un hotel y esperamos. Las dos ciudades de Tabatinga (Brasil) y Leticia (Colombia) se fusionaban en una sola, la frontera estaba abierta y la gente podía ir y venir. Al otro lado del río estaba Santa Rosa (Perú), y la gente se refería al área en general como la triple frontera. Los motociclistas que venían de Colombia, donde las reglas son más estrictas, cruzaban la frontera y se quitaban los cascos con una mano en el más relajado Brasil. Las ciudades recibían turistas, en su mayoría mochileros, pero en realidad tenían muy poco que ofrecernos. Rechazamos varias oportunidades de persistentes vendedores para ir en viajes de un día a ver la jungla.

El 9 de abril, tengo que reconocerlo, Kavos finalmente cumplió. Me escribió para decirme que el once de abril se reunirían los líderes de tribus ticunas en un pueblo cercano llamado Benjamín Constant, y había organizado para mí petición de realizar una visita a las reservas ticunas, donde tendría la oportunidad de hablar con ellos. Dijo que los ticunas habían preguntado si yo filmaría el evento, y en esa forma podrían dar a conocer sus opiniones sobre la política pública relacionada con los indígenas.

Era un gran paso adelante—si los jefes tribales dijeron que yo podía pasar, eso sería asombroso. Asimismo, la reunión permitiría que todos me conocieran antes de llegar caminando a sus comunidades. En ese momento les filmaría con mucho gusto, pero no tenía ninguna conexión con estaciones transmisoras de televisión que pudieran dar a conocer su difícil situación.

Esto era exactamente lo que quería de Kavos, para eso le había pagado, y por este trámite me sentía agradecido. Me intimidaba pensar en la reunión, me habían dicho que duraría todo el día. Mi portugués era muy básico, ya que durante todo el año anterior había estado hablando español, por lo cual contraté a un guía turístico de Tabatinga para que actuara como traductor. El propio Kavos, así como Dwight, su compinche, me habían advertido que estas tribus eran feroces, "las más temibles de todo el Amazonas", había dicho Dwight. Yo estaba verdaderamente nervioso.

En este punto, estaba convencido de que FUNAI (la organización que supervisa a los indígenas en Brasil) nos había otorgado un permiso, pero ahora resultaba que Kavos no había gestionado ningún proceso oficial con FUNAI, aduciendo que era demasiado difícil.

El traductor, Cho, Úrsula (que había venido del Perú a visitarme) y yo, fuimos a reunirnos con los jefes tribales. Tomamos el primer barco de Tabatinga a Benjamín Constant, y en mi ingenuidad imaginé una comunidad tradicional ticuna donde todos estarían vestidos con el atuendo indígena.

Llegamos a una ciudad moderna y nos condujeron a una sala

comunal de concreto donde unos cien jefes ticunas, y miembros de otras comunidades estaban sentados en sillas de plástico rojo. "Como todos sabemos", dijo el jefe de jefes ticunas, "los hombres blancos tienen mentes diferentes de las nuestras, pero ya no vienen aquí a matarnos".

"Un comienzo relativamente positivo", pensé mientras observaba a la multitud. Los jefes, pese a que estaban vestidos a la usanza occidental, aún lucían collares de dientes de caimán y de jaguar alrededor de los cuellos. Uno de ellos había aumentado esta decoración con una pluma USB *pen-drive*. Detrás de mi, un amanuense ticuna estaba registrando actas de la reunión en una *laptop* ticuna.

La reunión no era tan solo para mi beneficio. Los líderes de todas las reservas aledañas habían venido para hablar de sus diferentes problemas y dificultades. Los ticunas estaban muy bien enterados de las antiguas atrocidades, y por lo tanto parecía crucial la forma cómo me debía presentar.

El jefe principal continuó, narrando historias y recordando a la gente su historia. Comprendí algo de lo que dijo, e hice un esfuerzo para mostrarme inofensivo, amable e interesado. Miré a mi derecha y vi que Cho, que había estado bebiendo la noche anterior, tenía la cabeza caída hacia un lado. Estaba profundamente dormido.

A las dos de la tarde las cosas llegaron a un punto crítico, y me dijeron que si yo podía ayudar a las comunidades, ellas me ayudarían. Yo aún temía que sus ideas con respecto a lo que podía ofrecerles estaban muy por encima de mis relativamente modestos medios. Me dirigí a la multitud en mediocre portugués, porque no parecía gustarles la idea de tener un traductor. De todas maneras, la mayoría de esto era en dialecto ticuna y el traductor no tenía la menor idea de lo que estaba sucediendo.

Después de largas discusiones con los jefes de comunidades, por fin el jefe principal me dijo, "Sin embargo, te dejaremos pasar, si pagas el costo del almuerzo de hoy para todos."

El costo ascendió a US$25 dólares, y la absoluta felicidad que me invadió me llenó los ojos de lágrimas cuando me acerqué al jefe, con una sonrisa de oreja a oreja, para estrecharle la mano.

Hasta ese momento no me había dado cuenta de lo preocupado que había estado por esos permisos. Súbitamente, todo me pareció posible de nuevo, y la reunión me inyectó una renovada confianza.

Tres días más tarde recibí un email de Kavos, donde me informaba que yo no tenía un permiso oficial de FUNAI, pero que si los jefes ticunas estaban contentos, entonces no necesitaba nada más. Yo sabía que esto estaba un poco fuera de lo que se requería oficialmente, que esas reservas exigían permisos de entrada, y también que todos los visitantes necesitaban un chequeo médico antes de ingresar, pero era lo mejor que podía hacer en ese momento, y si los jefes me permitían entrar, entonces teníamos un plan viable.

Ahora el objetivo era simple: avanzar todo lo posible hacia Brasil. El tiempo y las finanzas eran grandes preocupaciones, y yo necesitaba reducir las distracciones y caminar muchas millas.

El 6 de mayo, el presidente general de mi principal patrocinador me envió este mail:

Ed,

Espero que al recibo de la presente te encuentres bien.

Desde la última vez que hablamos, JBS Associates ha sido afectado por la recesión en los mercados globales. Muchos de nuestros clientes no pagan, o no pueden pagar por los trabajos terminados.

El resultado de eso es que no podemos pagarte este mes.

Espero poder rectificar la situación en las próximas semanas, y te mantendré informado de cualquier cambio en nuestra empresa.

Lamento tener que darte malas noticias. Seguimos comprometidos y sabemos que para nosotros, esta es una inversión a largo plazo. Espero tener mejores noticias la próxima vez que hablemos.

Si tienes alguna pregunta o quieres hablar, llámame al teléfono celular.

Cuídate. Con mis mejores deseos
Jonathan Stokes

Ese era el único ingreso mensual que teníamos en ese momento, y la notica fue catastrófica. La cantidad que habían estado pagando no había cubierto todos los costos, en consecuencia yo había llegado a las £10,000 de límite de mi tarjeta de crédito y dependía absolutamente de los £1,000 mensuales que ellos enviaban. La espera en ciudad estaba costando una pequeña fortuna, y tuvimos que salir y viajar cuanto antes a la selva, donde las cosas eran más baratas. Con suerte, el mes siguiente podrían pagarnos.

Había pasado poco más de un año desde el inicio de la expedición, y yo seguía pensando en que el viaje habría sido más divertido si me hubiera acompañado un amigo. Keith había sido fabuloso y me había sacado de un oscuro par de meses de depresión; por eso, cuando mi amigo y antiguo compañero de escuela Sam Dyson me ofreció venir a acompañarme, acepté.

Para cuando Sam llegó las visas no estaban listas, pero poco después nos otorgaron visas de turismo de tres meses que podríamos haber conseguido nosotros mismos. Eso significaba que después de tres meses en Brasil tendríamos que regresar en barco a Colombia a renovar las visas. No era lo ideal.

En los catorce años, desde que dejamos la escuela, había visto a Sam tres veces, y dos de ellas en los meses antes de partir. Él había pasado gran parte de su tiempo entrenándose en artes marciales, y de hecho, se había graduado de monje "guerrero" shaolin. Su entusiasmo por venir, nuestra vieja amistad y su compromiso con las artes marciales fueron factores que contribuyeron que viniera. Nunca antes había estado en la selva, pero creo que sus habilidades podían serle útiles para adaptarse satisfactoriamente a ella. Me había contado historias sobre cómo lo entrenaban para subir corriendo las gradas de piedra en una montaña detrás del templo shaolin in China, hasta que se caía desmayado. Ese era el tipo de fuerza mental (y física) que yo quería en un nuevo compañero.

Sam tiene exactamente la misma estatura que yo, seis pies uno. Llegó con su corte de cabello al estilo de los ochenta, plano por arriba, y la postura erecta de un guerrero, lo que le hacía verse mucho más alto que el explorador cansado y encorvado en que yo me había convertido. En cuanto llegó, conversamos incesantemente sobre los viejos tiempos y sobre lo que nos esperaba en la selva. Era muy agradable volver a tener cerca de un amigo.

El primer tramo en que Sam, Cho y yo nos embarcamos juntos

fue una travesía de ocho días desde Tabatinga hasta la ciudad de Belém do Solimões. Al entrar a Brasil, el nombre del Amazonas había cambiado a Solimões, y no volveríamos a estar cerca del río que llevaba ese nombre hasta llegar a Manaos, a unos 2,000 kilómetros río abajo. En pago por una clase de defensa personal que Sam ofreció al Servicio de Policía India, nos dieron dos guías ticunas de ese servicio, quienes pese a no conocer la selva, estaban muy contentos de caminar con nosotros. Antes de partir, el jefe, que había estado presente en la reunión en Benjamín Constant y había aceptado permitirme pasar, dijo que solo podríamos hacerlo si le comprábamos una cocina a gas para su casa. No teníamos alternativa, por supuesto, y el jefe lo sabía. Tuvimos que darle el dinero suficiente para comprar una cocina nueva.

Ya estábamos en mayo, cuando la altura de las crecidas estaría al máximo, por lo cual teníamos que dirigirnos hacia tierra firme. A diferencia del Perú, aquí prácticamente no había cerros y apenas pudimos encontrar rutas por encima de la línea del río crecido. Antonio y Sanderley, los dos guías indios, eran jóvenes y amables, y estaban felices de estar caminando al aire libre. Pese a que no conocían la ruta (por lo cual nos orientábamos con la brújula y el nuevo GPS que Sam había traído), pensé que sería prudente contratar a los guías. Nos habían advertido que la reserva era excepcionalmente peligrosa, y tal vez los indios ticunas bien podrían ayudarnos a salir de apuros.

Un sábado por la mañana desperté un poco mareado después de una típica noche de sueño interrumpido en mi hamaca. Al levantarme, vi que los dos guías estaban limpiando pescados. Sonreí al ver la cantidad que habían pescado. Teníamos dos pescados por cabeza, y estaban preparando consomé en la fogata. Luego de utilizarla, habían traído la red de pesca y la habían doblado y guardado. El campamento estaba funcionando automáticamente sin que yo tuviera que dar órdenes; eso me hizo sonreír. Los aromas de ajo y cebolla flotaban en el aire, y todos estábamos ansiosos por comer.

No conozco la razón, pero a ninguno de los locales le gustaba repartir, por lo cual yo levanté la olla con la brillante asa nueva que habíamos comprado en Tabatinga. En cámara lenta vi caer la olla en el fuego: el asa se había desprendido de la olla. Los guías no pudieron disimular su decepción—pudimos rescatar el pescado, pero el delicioso caldo se había derramado. En estas circunstancias la comida tiene mucho más importancia, y me sentí furioso por mi torpeza.

Más tarde, en la profundidad de la jungla y a buena distancia del cauce principal del río, nos acercamos a una comunidad. Antonio y Sanderley sugirieron que Sam y yo esperáramos fuera mientras ellos entraban para pedir al jefe permiso para nuestro ingreso. Los poblados más remotos vivían a la defensiva, y nos habían informado que si la llegada de un hombre blanco los tomaba por sorpresa, lo matarían sin dudarlo. Decidimos no sorprenderlos y esperamos nerviosamente en un campo de yuca, sin saber cuán fieros serían esos ticunas. ¿Estarían vestidos con ropa occidental? ¿Nos dejarían pasar?

Los hombres regresaron con la buena noticia de que la comunidad, Nosa Senora Parisida, nos había aceptado y nos permitiría entrar. La primera imagen que tuvimos del jefe fue la de un anciano que salió de una cabaña con techo de paja, tambaleándose sobre una flamante motocicleta Honda que obviamente no sabía manejar. El poblado no tenía calles, y solo medía unos 200 metros de largo, pero era evidente que la motocicleta era su símbolo de estatus como jefe. Nos recibió con gran amabilidad, y nos permitió colgar nuestras hamacas en su propia casa de madera.

Cho, Antonio y Sanderley jugaron fútbol con los habitantes locales mientras Sam y yo descansábamos en nuestras hamacas, aliviados de que todo hubiera salido bien. Comencé a preguntarme cuán peligrosa era en realidad esta reserva. ¿Sería que Kavos y Dwight habían exagerado los peligros para desanimarnos? Tal vez ellos estaban simplemente repitiendo mitos infundados. Esta gente era amistosa y hospitalaria.

Durante la mayor parte de los 80 kilómetros de travesía tuvimos que abrirnos camino por la selva usando la brújula y el GPS. Para Sam fue un viaje muy duro. No había imaginado que fuera tan físicamente agotador, y como era un hombre tan grande, se cansaba muy pronto. Pasábamos gran parte del día sumergidos hasta el pecho en pantanos, siguiendo al hombre que, al frente, nos abría paso a través del follaje evitando cruzarse con serpientes y nidos de hormigas grandes. En realidad, los pantanos eran frescos, un cambio agradable del calor agobiante del suelo sólido. Pese a que en promedio solo estábamos avanzando menos de un kilómetro por hora en los terrenos inundados, ocho días después, a mediados de mayo, llegamos a un poblado llamado Piranha y contratamos un bote para viajar a Belém do Solimões.

Sam y yo hablamos de su primer contacto con la selva, y él identificó un par de cosas que yo había pasado por alto. Fue bueno tener otro par de ojos atentos a nuestras metodologías, y un ejemplo de algo que cambiamos fue aumentar el antídoto a 48 horas de duración, pues así podríamos permanecer en un lugar y administrarlo nosotros mismos. Eso era debido a que sabíamos que pasaríamos varios días lejos de toda ayuda médica, por lo cual, si uno de nosotros sufría la mordida de una serpiente, a menos que tuviéramos tener suficiente antídoto para tratarnos hasta que las toxinas perdieran fuerza, no había razón para transportar ninguno.

Para mí era importante filmar para tener un récord de la travesía, pero nuestras dos cámaras de video decidieron descomponerse. No tuvimos otra alternativa que regresar a la frontera para recibir otras nuevas. La humedad en la selva es tal que el tiempo promedio de vida de una cámara HD de video que se utilice todos los días es de unos tres meses. Nosotros las usamos diez meses durante toda la expedición. Sin tomar en cuenta la inconveniente realidad de que las aduanas serían una pesadilla, pedí que me enviaran dos cámaras más por DHL. Preferí que fueran enviadas a Colombia, ya que la frontera era abierta y no teníamos un lugar seguro para recibirlas en Brasil. En cualquier país normal solo hubiera tenido que firmar un recibo por las cámaras, pero aquí tuve que contratar un abogado colombiano para redactar un poder, luego a un notario público para autentificar copias de mi pasaporte, y un traductor para escribir cartas de súplica a las aduanas, explicando lo que estábamos haciendo. El proceso fue horrible y exasperante, y demoró más de una semana. Utilizamos ese tiempo para elaborar algunas ideas nuevas, y gracias principalmente a los consejos de Sam, decidí abrir una cuenta con un nuevo sitio de redes sociales del que nunca había oído hablar: Twitter. Sería una tortura sacar el teléfono satelital a diario, encontrar un árbol caído (y una apertura en el bosque para conseguir recepción), pero aquello era perfectamente apropiado para difundir la expedición en vivo, ya que ahora podríamos enviar "*tweets*" desde la jungla todos los días.

Sam sugirió también hacer un blog semanal, y establecer un día y hora para que los interesados supieran cuándo buscar nuevas noticias. Cada blog tendría un video editado por mí, algo oportuno y relevante para la información de la semana. No dudo que esto haya aumentado notablemente el número de seguidores en línea, lo cual tendría una enorme repercusión en meses futuros cuando necesitáramos acudir a ellos.

Cuando regresamos a Belém do Solimões con nuestras nuevas cámaras, ya era comienzos de junio. El destartalado pueblo no lucía mucho como una comunidad indígena, con sus casas de tablones de madera y tejados de zinc, pero sus habitantes eran ciento por ciento ticunas.

El jefe se llamaba Vilmar Luis Geraldo, y era evidente que no estaba contento con su gente.

Belém tenía 5,320 habitantes que vivían en 772 casas de paja con tejados de zinc. Las dos escuelas de la comunidad tenían 545 y 1,320 alumnos, y ambas estaban superpobladas. Rara vez las aulas albergaban menos de cuarenta estudiantes. Al igual que muchas comunidades ticunas, Belém tenía muchos problemas de violencia. En años recientes, setenta y dos muertes habían estado relacionadas con violencia doméstica, alcohol y drogas. El abuso de sustancias químicas se había recrudecido tanto que Vilmar me contó que los jóvenes estaban inclusive aspirando gasolina.

El alcohol está prohibido en las reservas indígenas por una muy buena razón. Es un hecho bien documentado y aceptado que los indígenas tienen muy baja tolerancia al alcohol. Pero el problema es que no solo se emborrachan, vomitan o se quedan dormidos—como dice Vilmar, "se vuelven locos". Cuando la gente de estas comunidades no está bien controlada y puede beber libremente, puede volverse agresiva, y la agresión puede aumentar y en poco tiempo conducir a ataques con cuchillos o armas de fuego.

Vilmar hablaba de todo esto con una severa expresión de tristeza en el rostro. Era un hombre religioso, y evidentemente quería salir de esa espiral de decadencia social. Él pensaba que era un problema de dos caras.

Primero, no había suficiente dinero para la educación. No todos podían recibir una preparación adecuada, y virtualmente nadie podía ir a la universidad. Vilmar quería que el gobierno construyera una universidad en Belém; me explicó que nadie tenía los fondos suficientes para viajar a Tabatinga y pagar por hospedaje para continuar su educación allá.

Segundo, no había puestos de trabajo. Eso era porque la comunidad estaba en medio de una reserva india, y hasta donde yo sé, en la reserva no se podían crear compañías no indígenas. Esa era una ley establecida para dar a los habitantes locales su propia tierra y autonomía, pero ahora eso significaba que inclusive si recibían una educación, no había ni un solo puesto de trabajo disponible para ellos en Belém.

La gente ganaba el poco dinero que tenía vendiendo sus productos—yuca, arroz y bananas principalmente—, pero Vilmar me explicó que un año de trabajo arduo rendía unos $R560 (menos de £200) per cápita. Para agravar aún más este problema, inundaciones extremas habían destruido muchos de los sembradíos del año. Por esa razón, los ingresos monetarios habían desaparecido completamente para muchos de ellos.

Toda el agua del poblado provenía directamente del Amazonas. Estábamos a solo unos 120 kilómetros río abajo de dos grandes ciudades cuyas aguas negras desembocaban directamente en el río. El agua era inmunda.

En Belém no había hospital ni médico, y en la clínica, administrada por una solitaria enfermera, había una lamentable escasez de insumos médicos.

La situación no era buena. No era difícil ver por qué tantos ticunas veían sus futuros con pesimismo y acudían al alcohol o a las drogas para alegrarse. Mientras estuvimos allí, el presentante local de FUNAI tuvo que viajar para ver a cuatro hombres que estaban practicando lo que se describió como magia negra. En una comunidad cristiana ese comportamiento era considerado desesperado, y era necesario detenerlo. La historia del reciente sacrificio de un niño en una reciente ceremonia era horripilante.

El Servicio de Policía Indio hacía un buen trabajo para controlar la violencia, pero todos los policías eran voluntarios y era obvio que no podían cultivar tierras mientras estaban trabajando para la policía.

Según Vilmar, Belém do Solimões estaba cayendo en una espiral descendente de la que se había vuelto imposible salir. Una educación inadecuada, la falta de trabajo y la extrema pobreza estaban agravados por las regulaciones de las reservas. Las personas con las que interactuamos eran generosas y hospitalarias, y los niños eran sonrientes y alegres. Estas gentes sobrevivían, pero era evidente que sentían que eran tratados con negligencia.

Yo no tenía un conocimiento previo de la cantidad de patrocinios que los pueblos indígenas recibían del gobierno de Brasil, ni si las quejas de la gente eran justificadas o exageradas. Pero lo que parecía ser una verdad innegable y evidente era que había algo incompatible entre una reserva, cuyo objetivo era proteger una forma de vida indígena de subsistencia básica, y estas personas que vivían en ciudades de tamaño mediano donde el dinero era necesario para sobrevivir. Si la gente se dispersara y regresara a su forma de vida ancestral, no necesitarían dinero, porque vivirían al día, como había observado tantas veces en el Perú. Pero aquí en Brasil, los ticunas querían electricidad, televisión, alimentos preparados y cámaras digitales de 10 megapíxeles, por lo cual tenían que comerciar con el resto de Brasil para ganar dinero. Las estadísticas delictivas de Vilmar mostraban una desagradable evidencia de que las cosas no estaban funcionando bien bajo el actual sistema.

La pobreza y el desaliento me hicieron pensar en el Perú. Más tarde me enteré de que esto no era lo típico de Brasil, un país que recientemente había invertido grandes sumas en educación en toda la zona del Amazonas. Bajo el gobierno del Presidente Lula, ahora los padres de familia recibían donaciones si sus hijos iban a la escuela, y como resultado, la población joven de Brasil era educada y abierta, hasta en los asentamientos más remotos. Pero en relación con el bosque tropical, todavía existían serios problemas que Lula no parecía ser capaz de confrontar.

Según afirmaba un artículo en Mongabay.com que había leído recientemente, sabía que habían comenzado a verse cambios en la forma en que las compañías y el Banco Mundial estaban tratando con la industria ganadera en Brasil. Las actividades ganaderas son responsables del 79.9 por ciento de la deforestación, y el Banco Mundial retiró un préstamo de $90 millones al gigante ganadero brasileño Bertin. Me asombró que en primer lugar el préstamo hubiera sido concedido, pero el retiro era un paso positivo para detener el apoyo mundial a esta industria causante de tanta devastación.

Al mismo tiempo, las tres mayores cadenas de supermercados en Brasil—Carrefour, Wal-Mart y Pão de Açúcar—dijeron que suspenderían todo el comercio en productos ganaderos de granjas involucradas en la deforestación en un área crucial del Amazonas.

El presidente Lula todavía estaba aprobando leyes que privatizaban enormes áreas del Amazonas—el gobierno brasileño no parecía sentir la necesidad de esconder su estrecha relación con la agroindustria. Barack Obama describiría a Lula como "el político más popular de la Tierra", pero con relación al medio ambiente, Lula me pareció débil. Hablaba de cambios climáticos, y se mostraba ofendido cuando otros países trataban de meter las narices en asuntos brasileños, sin embargo en junio del 2009 aprobó una legislación cuya intención original había sido legalizar la tenencia de tierras de pequeños colonos, pero que fue cambiada para incluir disposiciones que beneficiaban a los grandes invasores de tierras y a intereses comerciales. La ley privatizaría la apropiación de hasta sesenta y siete millones de hectáreas del bosque tropical del Amazonas, tierras que habían sido ocupadas ilegalmente. Esta era un área mayor que Noruega y Alemania combinadas, y la legislación iba en contra de las declaraciones de Lula sobre la conservación.

Nos despedimos de Vilmar y nos dirigimos nuevamente a Piranha, donde habíamos interrumpido nuestra caminata. A medida que el angosto bote a motor salía del amplio Solimões e ingresaba al tributario más pequeño, Calderón, la súbita inmersión en la verde y exuberante selva me produjo la misma sensación de cosquilleo en el estómago que si hubiera visto después de mucho tiempo a una chica que me gustaba. El enmarañado muro de foresta colgaba sobre la orilla del río, un espeso margen de lianas y bromelias. Me vino una sonrisa a los labios, y Cho y yo nos miramos sintiendo que habíamos regresado a nuestro medio. Una vez más, estaba enamorado de la selva.

Desde el poblado de Piranha retomamos nuestra caminata. Las primeras horas, después de un descanso significativo, siempre eran incómodas y estas fueron muy difíciles. Nuestros cuerpos y mentes se habían vuelto perezosos y protestaban por el esfuerzo que les estábamos imponiendo.

Durante tal vez el 40 por ciento del día de caminata, avanzábamos por un bosque inundado. Tratábamos de alejarnos del río y saltar de un pedazo de suelo elevado hasta otro, pero ya no teníamos mapas con curvas de nivel, y teníamos que ir adivinando o depender de lo que nos aconsejaran los habitantes locales. El progreso era lento, en esta etapa era de un promedio de cinco kilómetros diarios, pero Cho y yo habíamos enfrentado peores dificultades y nos sentíamos suficientemente confortables.

Sam, como Luke antes de él, había comprado botas muy pequeñas para sus pies, y como resultado tenía los dedos demasiado apretados y sus uñas se habían infectado por estar constantemente mojadas. Eso hizo que su experiencia resultara mucho más dolorosa, y se encontraba en un entorno que para él resultaba desagradable y agotador.

Los pies de Sam estaban muy mal y le sugerí tomar un descanso de la expedición y regresar a Tabatinga, una sugerencia que aceptó de muy buen grado. Quedarse tranquilo durante unos días tomando un antibiótico le haría mucho bien—estaba cubierto de cientos de picaduras, cortes y magulladuras, y sus tobillos estaban hinchados como los de una vieja.

Me parecía interesante observar que en ese momento ni Cho ni yo teníamos una sola mancha en el cuerpo, señal de que estábamos adaptando nuestro estilo de caminata para no caer ni sufrir arañazos, y hacía tiempo que habíamos dejado de reaccionar a las picaduras de insectos. Mi vínculo con Cho era más fuerte que nunca, y continuamos caminando solos con una sensación de serena y tranquila eficiencia.

Al dejar Tabatinga todos estábamos gordos. Habíamos estado comiendo demasiado, como sucede cuando se ha pasado hambre antes. Pero ahora enfrentábamos un serio déficit de calorías. Uno de los juguetes de Sam había sido un monitor de ritmo cardíaco, que le indicaba que había estado quemando 6,000 calorías durante un día de caminata. Como eso no incluía las noches ni las mañanas, podíamos deducir sin exagerar que estábamos quemando unas 7,000 calorías diarias, ya que ambos teníamos aproximadamente el mismo peso. Cho, que era más liviano, estaría quemando un poco menos, pero nuestro consumo de 3,000 calorías diarias ciertamente estaba muy por debajo de nuestras necesidades.

Cho yo salimos de Vendeval, desde donde Sam se había embarcado en un bote, acompañados por Enrique y Paulo, nuestros dos nuevos guías. Ambos tenían miradas inteligentes que me infundieron confianza desde el principio, y resultaron ser excelentes compañeros. Al igual que muchos miembros transitorios de nuestro equipo, conocían la selva porque eran cazadores y acostumbraban internarse en el bosque con sus escopetas, buscando tapires, roedores grandes como el agoutí, o el kinkajou, que se parece al zorrino.

Sam se reunió con nosotros el 16 de junio en un poblado llamado Santa Rita. Sin darnos cuenta habíamos pasado al otro lado de la primera reserva indígena. Me molestó haber tenido tanto miedo de entrar a la reserva basándome tan solo en las historias de terror que nos habían contado. Eso significaba que en este punto, Cho y yo sentiríamos cada vez menos temor de las reservas.

Habíamos desperdiciado demasiadas energías preocupándonos y dejamos de escuchar lo que la gente nos decía sobre los peligros que nos esperaban.

Decir que la ruta que teníamos que recorrer parecía poco prometedora, sería subestimarla. Esta región de Brasil tiene la mayor extensión de várzea en el mundo. Era junio, y las aguas estaban en su máximo nivel en esta parte del río; los meses en que el agua se encuentra a mayor nivel alteran considerablemente el fluir de los ríos hacia Brasil. Estábamos enfrentándonos con inundaciones y con la tarea, aparentemente imposible, de caminar a lo largo del río y tratar de avanzar. Las crecidas presentaban dos problemas principales: no había dónde acampar, colgar las hamacas y encender una fogata, y también la velocidad de nuestro avance se reduciría drásticamente. La menor velocidad significaba que cada tramo del camino demoraría más, y por lo tanto necesitaríamos más provisiones y nuestras mochilas pesarían más.

Lo bueno es que yo sabía dónde estaban la mayoría de las inundaciones. Las imágenes de NASA y Google Earth indicaban claramente que si queríamos permanecer cerca del Amazonas, en este punto debíamos cruzar hacia la ribera sur. Ingresé estas coordinadas en Google Earth (—3.564115°,—69.366513°) para tratar de planear una ruta en la ribera norte. Los cortes curvos que se pueden ver están interrumpidos por el agua, y muestran claramente la extensión de la várzea. La ribera norte es casi impensable, ya que hubiera requerido atravesar más de 20 kilómetros de bosque, pasando por el río a esa distancia y bordeando un meandro.

Todos acordamos que debíamos cruzar el cauce principal del río, y como Cho y yo no habíamos hecho esto desde meses atrás, nos preocupaba el largo trecho que debíamos remar. En ese momento teníamos tres balsas inflables, pero el riesgo era que podríamos separarnos y llegar al otro lado a puntos demasiado alejados como para poder vernos y reunirnos. Las olas eran enormes, tan grandes como las del mar, el río estaba lleno de caimanes, nuestras balsas solo tenían una cámara de aire, y eran de policloruro de vinilo muy liviano. La perspectiva de cruzar y tener problemas en el centro del río era sobrecogedora. La solución era contratar un barco de madera en Santa Rita, y remar como si fuera una canoa canadiense, todos a bordo del mismo bote, hasta el otro lado. Eso funcionó perfectamente y solo demoramos quince minutos para recorrer el kilómetro y medio.

La comunidad ticuna al otro lado del río se sorprendió mucho de vernos, pero la gente no era agresiva. Algunas de las mujeres se mostraron visiblemente tímidas; el poblado estaba detrás de las inundaciones en el terreno elevado, y por lo tanto tenían menos contacto con el tráfico del río principal.

La principal vía de transporte de la comunidad era un río pequeño, de 10 metros de ancho, que llegaba hasta el poblado de São Paulo de Olivença, a 40 kilómetros al noreste. Nuestro plan sería sencillo: permaneceríamos en la zona elevada al este del río hasta llegar a São Paulo, que estaba en el mismo cauce que Solimões. Desde allí, hasta donde podíamos ver, el sur de Solimões parecía caminable, pese a que en el camino teníamos que cruzar algunos tributarios que podían estar adyacentes al bosque inundado. El problema con la orientación era que, pese a que los brasileños tenían excelentes mapas topográficos a escala 1:100,000 del país, no querían dárnoslos. Habíamos hablado con los militares, habíamos hablado con compañías privadas en Estados Unidos, pero lo único que obtuvimos fueron mapas de navegación por el río. Estos eran de 1:100.000, por eso la escala era navegable, pero no tenían marcas de elevación. Lo único que nosotros queríamos era permanecer en zonas elevadas para evitar las inundaciones, pero lo único que no teníamos en nuestros mapas ni imágenes eran curvas de nivel. Eso limitaba nuestra capacidad para ver las zonas elevadas en los mapas.

Desde el poblado ticuna llegamos a São Paulo en ocho días. El octavo día escuchamos música, que según el cálculo de Cho estaba a seis kilómetros de distancia. Después de un kilómetro llegamos a un bar campestre donde servían cerveza, y donde en una gigantesca parrilla hecha con un cilindro de aceite estaban asando piernas de pollo para los clientes. Bebimos cerveza y comimos enormes porciones de pollo, y luego Sam y yo fuimos a nadar con algunos niños del área a la alberca natural detrás del bar.

Desde el poblado, los 100 kilómetros al este, hacia Amatura, lucían relativamente fáciles. La mayor parte del terreno era elevado, y caminamos a lo largo siguiendo a menudo viejos caminos de ganado o senderos de cazadores, pasando por granjas y ranchos ganaderos.

Mi método de ubicación con Cho era simple. Nos turnábamos cada media hora, y cualquier decisión que uno de nosotros tomara en nuestra media hora al frente, el otro debía acatarla al pie de la letra. Siempre existían varias opciones y la verdad es que no importaba cuál elegíamos. Por eso teníamos un acuerdo de palabra: para ahorrar energía, la decisión del guía era final.

Creo que Sam no podía evitarlo, pero no dejaba de cuestionar nuestras decisiones de dirección. "¿Hay una razón para pasar por aquí?", me preguntaba. Yo me limitaba a justificar mi decisión, y si él no estaba de acuerdo, me lo hacía saber. Lo que pasa es que en este punto, Cho y yo ya estábamos en piloto automático y nunca verbalizábamos nuestras decisiones; por eso, cuestionarlas era equivalente a recibir un insulto. Peor aún, cuando Cho era el que llevaba la dirección (y nunca nos perdimos), Sam insistía en que yo le tradujera a Cho sus preocupaciones con respecto a su guía. Esto era doblemente inconveniente, ya que venía a través de mí, y me molestaba tener que traducir provocaciones innecesarias y fastidiar a Cho con dudas constantes acerca de sus decisiones.

En este momento tenía dos preocupaciones: una (como de costumbre) era el dinero (o la falta de dinero), y la otra era el tiempo que estaba demorando la expedición. Nuestras visas de tres meses para Brasil estaban a punto de expirar y no nos quedaba otra alternativa que regresar a Leticia, en Colombia, para renovarlas. Me irritaba esa pérdida de tiempo y dinero, y el hecho de haber dejado ese trámite en manos de un hombre (Kavos) a quien no parecía importarle.

Lo positivo de este descanso obligatorio era que todos estábamos exhaustos. Los ánimos estaban caldeados, e inclusive la legendaria paciencia de Cho se estaba agotando. Un día, caminó 150 metros detrás de Sam y de mí, rehusando hablar. Estaba que ya no podía más, y no podía disfrutar de la dinámica del grupo.

De regreso a Tabatinga, en el lado brasileño, cuando volvimos a entrar a Brasil con nuevas visas de tres meses, la Policía Federal nos dijo que la única forma en que podríamos obtener una tercera visa de tres meses sería regresar a Inglaterra. No podíamos volver a obtener una en Colombia. Le dije esto a Kavos, quien me ofreció buscar alguna solución en Manaos, cuando necesitáramos otra renovación. No era una oferta muy tranquilizante, y todavía significaba que en otros tres meses debíamos volver a interrumpir la expedición y esta vez viajar a Manaos.

Entonces recibí un email de Kavos que inició una trifulca que nunca se apaciguó. Me escribió sugiriendo un calendario de filmación para mi permanencia en Manaos. Según eso, yo debía filmar el teatro de la ópera y otras cosas que para mí no tenían importancia, pero como yo necesitaba dinero y visas, le respondí lo siguiente:

OK, Kavos,

Creo que no has comprendido el objetivo de la expedición. No tengo calendarios ni equipos de filmación. Soy un explorador que esencialmente está filmando para un documental las dificultades de caminar durante dos años. No tengo ninguna necesidad de filmar en Manaos. ¡No soy Bruce Parry!

Aún no tengo contratos con organismos de radiodifusión, y por lo tanto no tengo dinero.

Lo que me preocupa son las visas, y esa es la ÚNICA cosa para la que necesito tu ayuda.

El corto plazo de tres meses no me sirve, ya que cuando necesitemos renovarlas estaremos en medio de la selva. Además, cuando entré a Brasil, el hombre dijo que después de renovar una vez no podría volver a hacerlo, ya que solo puedo permanecer en Brasil seis meses del año. Necesito realmente una visa extendida para permanecer en el país durante todo el tiempo de la expedición. Espero llegar a Manaos para Navidad, y a Belém do Para en julio del 2010. No puedo permitir que la expedición se trunque por falta de visas. Te he pagado

$1,500 por este trabajo—y necesito que lo soluciones de una vez por todas.

He atravesado las áreas de FUNAI en forma algo clandestina, y nunca tuve una autorización oficial de FUNAI. Pero logramos hacerlo sobornando a la gente y comprando cocinas para los jefes. Eso no es aceptable, Kavos. Habíamos esperado que al contratar a un profesional como tú el viaje sería completamente legítimo.

Lo que necesito de ti es que obtengas las visas de una vez por todas. No tengo que atravesar más área de FUNAI, y eso ya no es un problema. Tan solo las visas para Gadiel (Cho) y para mí.

Gracias,

Ed

El 4 de julio recibí esta respuesta de Kavos:

Ed,

El mail no era para ti. Estoy trabajando para otra producción, y la persona también se llama Ed.

Por favor deja de tratarme como a un perro y un tipo contrario a la ocupación. Voy a poner a mi abogado a trabajar contra ti.

Kavos

La amenaza de un proceso legal me hizo perder toda esperanza en Kavos. La expedición estaba estancada debido a sus idas y venidas para renovar las visas, y no estaba ayudando como yo había esperado. Las grandes extensiones de selva que nos esperaban antes de llegar a Manaos eran sobrecogedoras, y yo ya estaba harto de esta negatividad.

De vuelta en la frontera con acceso a aeropuertos, Sam recibió la noticia de que la gente a cargo de la cual había dejado su escuela de artes marciales la estaba administrando mal. Había pasado varios años organizándola, y ahora se veía obligado a volver a Inglaterra para solucionar el problema. Por otro lado, ambos habíamos reconocido que un grupo de tres exploradores era excesivo, y que a partir de ahora, Cho y yo podríamos progresar mejor solos. Mi español había mejorado lo suficiente para poder conversar con

Cho sobre cualquier tema, lo cual significaba que ya no tenía tanta necesidad de tener un amigo de fuera. Pese a que Sam y yo hablamos de la posibilidad de que volviera en algún momento, creo que yo sabía que eso no iba a suceder.

No quiero quitarle méritos a Sam—había venido con nuevas ideas y energía en un momento en el que yo todavía estaba luchando por ordenar las cosas. Había contribuido con la expedición, que gracias a su presencia había podido seguir adelante.

De alguna forma Cho y yo teníamos un sistema que funcionaba, pero era delicado y un nuevo miembro podía perturbarlo fácilmente. A partir de ese momento no volví a buscar otro compañero: Cho comprendía absolutamente mi causa. No celebramos la partida de Sam, pero estábamos contentos con la dinámica más simple que habíamos creado para ambos por nuestra propia cuenta.

Capítulo Doce

Hambruna

En el Perú, los habitantes amazónicos que no habían tenido acceso a la educación o al mundo exterior pensaban que yo era un "pela cara", y que éramos traficantes de órganos humanos. Cuando pasamos por sus comunidades indicaban esa creencia pasando el dedo índice alrededor de sus sobresaltados rostros. En Brasil aparentemente existía otro mito relacionado con los gringos: temían que yo fuera un "corta cabeza", y los nativos ticunas habían comenzado a hacer un gesto que sugería eso, pasándose el dedo índice de un lado a otro de la garganta.

Las historias variaban, pero en muchas la gente hablaba de luces muy brillantes en el cielo y de incontables muertes causadas por degollamientos. Había desconfianza y un temor profundamente arraigado hacia el hombre blanco, que hacía que la caminata volviera a ser inquietante.

Por primera vez en la expedición estuve a punto de perder la calma cuando una mujer indígena comenzó a gritarnos, diciendo que no debíamos estar allí y que yo era un corta cabeza. Creo que fue la terrible anticipación de otro período entre gente aterrorizada, cuando necesitaríamos demostrar que no éramos peligrosos—junto con la falta de paciencia ante tanta ignorancia porque ya habíamos vivido tanto de lo mismo en el Perú—lo que casi me sacó de mis casillas. Los meses de paranoia en el Perú eran un recuerdo ingrato que quería olvidar.

Nuestro enfoque optimista se quebró durante un día o tal vez más. Es difícil explicar lo felices que Cho y yo habíamos estado de dejar atrás ese temor tan ignorante en el Perú. El recibimiento cálido y amistoso que habíamos tenido en Colombia fue realmente maravilloso. Pero ver que volvían los problemas fue como si ambos hubiéramos recibido un golpe en el estómago. Podíamos enfrentar esos temores—que sin duda eran el resultado de la forma cómo los pueblos indígenas habían sido tratados por los antiguos colonizadores—, pero era triste ver que ese terror todavía persistía en la vida de esas gentes.

A comienzos de agosto del 2009, Cho y yo llegamos a Amatura a pie, y lo admirable fue ver cuánto había bajado el nivel del agua. El pueblo se levantaba entre enormes marismas, y había muchos botes varados encima de la línea de flotación. Cho y yo sonreímos ante la evidencia de que nuestra primera temporada de inundaciones en el Amazonas había quedado atrás—además de que había sido una excepcional temporada de inundaciones, la peor en años. Ahora el suelo estaría más duro, los ríos más bajos, y nosotros teníamos que aprovechar esas condiciones ventajosas mientras las tuviéramos. Solo necesitábamos avanzar lo más posible antes de que las aguas comenzaran a crecer nuevamente, en noviembre y diciembre.

Cho y yo fuimos a beber tranquilamente una cerveza, abrir el mapa sobre la mesa y considerar con calma el camino a seguir. Había un enorme y arrollador meandro en el río Solimões, que se curvaba desde el norte de Amatura hasta Fonte Boa como una gigantesca montaña rusa, y luego volvía a curvarse hacia el sur hasta la ciudad de Tefé. El problema era que esta ruta atravesaba muchas áreas pobladas, y ahora no teníamos ni un centavo. No podíamos pagar por comida, alojamiento ni guías locales. Como Cho y yo estábamos nuevamente solos y sentíamos una renovada confianza en nuestras mutuas habilidades, tomamos una decisión valiente que me había estado dando vueltas por la cabeza desde hacía un tiempo. Mi idea era cruzar a través del meandro hasta Amatura o Tefé. Serían unos 350 kilómetros a vuelo de pájaro, y calculé que podríamos completar el tramo en dos meses. Serían dos meses enteros hasta ver nuevamente el cauce principal del río. Eso significaba muchas cosas: evitaríamos pasar por los poblados y ciudades que flanqueaban el río por el norte, y estaríamos prácticamente solos en la selva durante los siguientes dos meses, lo cual nos resultaría—y esto era importante—muy barato.

Pero en realidad era mucho más que eso: iniciaríamos un nivel totalmente diferente de expedición. En lugar de tan solo pasar de un poblado a otro con la seguridad de tener a muy poca distancia el río, como ruta de evacuación, estaríamos completamente aislados en medio del bosque tropical y tendríamos que enfrentar solos cualquier dificultad. Allí no había botes ni helicópteros de rescate ni servicios médicos. En la jungla no hay números de emergencia a los que llamar. Teníamos el seguro según el cual, con un previo aviso de dieciséis horas, cuatro médicos ex militares en Hereford acudirían a cualquier lugar desde donde nosotros les enviáramos un mensaje de socorro, pero el seguro estaba a punto de caducar (debido al tiempo que habíamos demorado), y no teníamos dinero para renovarlo.

Si encontrábamos dificultades, tendríamos que enfrentarlas solos. No había otra alternativa. El plan era simple: una evacuación consistiría en caminar o cargar a la víctima hasta el río más cercano donde pudiéramos navegar en nuestras pequeñas balsas inflables, remando río abajo, remolcando la balsa si fuera necesario, hasta llegar a una comunidad donde hubiera un bote y un motor. Entonces pagaríamos lo que fuera necesario para viajar al hospital más cercano, posiblemente tomando un bote más rápido a medida que avanzáramos. Una vez en el hospital, los brasileños nos atenderían gratuitamente. Ya habíamos chequeado todo esto. Mientras pudiéramos llegar hasta el hospital no tendríamos problemas.

Sin embargo el peligro estaba en la lejanía. A veces nos encontrábamos a cinco días de caminata del anterior río navegable, y a cinco días del próximo. Si uno de nosotros enfermaba gravemente, o resultaba herido, entonces esos cinco días se alargarían considerablemente. Si uno de nosotros no podía caminar, sería imposible. Hablamos deliberadamente de eso. Si necesitábamos atención médica de urgencia en un lugar remoto, moriríamos. ¿Estábamos preparados para enfrentar un riesgo que parecía inaceptable? "Por supuesto", dijo Cho sin dudarlo. "Yo también", dije sonriendo.

La idea era transportar grandes cantidades de alimentos, pero racionarlos estrictamente. Si nos limitábamos a una cantidad específica de farina por día, podríamos aumentar las distancias que caminaríamos. Dejaríamos de transportar latas de atún, embutidos o sardinas para ahorrar aún más peso. Si queríamos proteína animal, simplemente tendríamos que pescar.

Seguíamos oyendo historias de tribus fieras que habitaban más lejos del río, y no sabíamos qué esperar en caso de llegar a comunidades. ¿Serían civilizadas, como las tribus a orillas del río? ¿Nos dejarían pasar? Para este punto Cho y yo teníamos mucha confianza en la gente con la cual se había tenido menos contacto. Habíamos escuchado tantas historias exageradas que estábamos seguros de poder confrontarlas; teníamos que hacerlo.

Estábamos entrando a un territorio donde los encuentros con las grandes bestias amazónicas eran mucho más posibles: la boa constrictora o serpiente de arbusto, la víbora más grande del mundo; el caimán negro, el mayor reptil carnívoro en Sudamérica; manadas de cientos de fieros y defensivos pecaríes con peligrosos colmillos; escurridizos pumas y jaguares verdaderamente majestuosos.

Sentí una descarga de entusiasmo al imaginar lo que estábamos a punto de intentar. Tendríamos que aprovechar todas las experiencias y conocimientos que habíamos adquirido hasta el momento, y pronto veríamos si éramos tan competentes en la selva como creíamos serlo.

Pedimos permisos de la oficina local de FUNAI para ingresar a la reserva ticuna de la zona. Luego contratamos una canoa y viajamos hacia la reserva, al poblado Bon Pastur, para buscar un guía. Nuestro regalo para el jefe era nuestra vieja pila seca para motocicleta. Ese podría parecer un regalo extraño, pero sabíamos que sería útil para activar luces eléctricas en la noche cuando el generador estuviera apagado, y ningún regalo parecía ser considerado como algo ofrecido de forma condescendiente. A menudo había visto a Cho ofrecer media botella de Inca Kola tibia como regalo para jefes tribales en el Perú. Dos hombres ticunas, Wilson y Valdir, aceptaron caminar con nosotros hasta Tefé.

Wilson era más gordito y occidentalizado, con una sonrisa afable y actitud amistosa. Valdir lucía exactamente como el hombre salvaje, indígena del Amazonas. Era serio, con una piel mucho más oscura y un cuerpo musculoso que no tenía un gramo de grasa. Rara vez hablaba con nosotros, pero me complacía tener a un individuo de aspecto tan resistente caminando con nosotros. Los dos guías acordaron reunirse con nosotros al día siguiente en Amatura, y Cho y yo regresamos al poblado para prepararnos.

La pila seca era la que había utilizado para recargar la *laptop*. El sistema era ineficiente y demasiado pesado, por eso nos deshicimos de la pila y guardamos los rollos solares y el inversor en nuestra bolsa de repuestos, que dejamos en Tabatinga. Eso significaba que para recargar cualquier cosa ahora dependíamos de los generadores de las comunidades, y entre una y otra tendríamos que hacer que las baterías duraran mediante un uso muy prudente de todo el equipo electrónico.

En una expedición a través de la selva, cuando uno está caminando todos los días, yo recomendaría no depender del sistema de carga solar. Teníamos cuatro rollos solares de seis pies parecidos a láminas de plata, que extendíamos en los escasos claros del bosque. Eran raros los rayos de sol directos, de suerte que teníamos que perseguirlos a medida que progresaba el día y las sombras avanzaban. El resultado era que recargábamos el equipo con extrema lentitud—y esto, si teníamos la suerte de recargarlas en absoluto. Retrospectivamente, hubiera sido mejor optar por una computadora que gastara menos energía, y pesara menos que mi Macbook de dos kilos. Con los avances de la tecnología desde mi partida, la expedición ahora podía enviar blogs, incluyendo videos editados, con artefactos manuales que funcionaban directamente con 12 v—pero nosotros habíamos planificado todo antes de la existencia de los iPads.

Cho y yo hablamos del costo de los dos guías ticunas. Si caminaban con nosotros hasta Tefé, tendríamos que pagar su viaje de regreso por barco. No teníamos el dinero, así que les pedimos acompañarnos durante solo los primeros diez días hasta el poblado de Porto Seguro. No era lo ideal, pero de todos modos nos atraía la idea de tratar de recorrer la sección más remota de la expedición sin guías locales. Estábamos comenzando a establecer una relación de trabajo donde nos complementábamos mutuamente, y cualquier adición hubiera podido afectarla.

Cho compró suministros para nosotros, pero esta vez solo después de hacer una lista muy detallada que ambos analizamos meticulosamente. Calculamos todo para reducir el peso y mantenernos caminando por más tiempo. No podíamos permitirnos ningún alimento de lujo (chocolate, avena, maní etc.) y tampoco podíamos costear viajes en barco para hacer reconocimientos de terreno, inclusive si encontrábamos tributarios.

No lamentábamos nuestra realidad; nuestra situación económica simplemente significaba que viviríamos una aventura inolvidable. Evidentemente yo tenía miedo de que al no pagar la hipoteca me confiscaran mi casa, pero en lo que se refería a la expedición, lograríamos llevarla a cabo. En un futuro previsible tendríamos que establecernos permanentemente en nuestras hamacas, y depender mucho más de la pesca y la recolección para conservar nuestra salud. Si en los dos meses llegábamos a un poblado suficientemente grande como para tener alojamientos básicos, tendríamos que seguir adelante; no podíamos permitirnos el lujo de hospedarnos en ellos.

Antes de partir tuve que hacer algo para rectificar la situación económica. Pese a que teníamos lo suficiente para cubrir los dos meses siguientes, tuve que reconocer que era probable que JBS Associates no volviera a pagarnos, pues aparte de los efectos que habían sufrido por la recesión ya habían sido más que generosos al habernos dado £35,000 en total. Yo necesitaba encontrar otros patrocinadores o donantes para ayudar a la expedición, de lo contrario probablemente al llegar a Tefé tendríamos que admitir nuestra derrota y volver a casa debido a falta de fondos.

Publiqué una petición en línea, solicitando a las personas que preguntaran a sus compañías si estarían dispuestas a patrocinarnos. Puse un botón de donaciones PayPal en el sitio web y pregunté a los lectores si podrían contribuir con una donación para mantener viva la expedición. Mi amigo de toda la vida, George, y mi madre, Ba, trabajaron arduamente por su lado, hablando con la gente y escribiendo cartas para tratar de conseguir los fondos tan necesarios. Todos los amigos de la familia ayudaron con las peticiones e hicieron solicitudes para obtener todos los patrocinadores y donaciones posibles.

Salí de Amatura con Cho y los ticunas el 7 de agosto, pensando haber hecho todo lo posible para solucionar nuestras dificultades económicas. Tenía la esperanza de que las cosas funcionaran, y reconocía que era necesario enfocar mi atención en los 350 kilómetros de selva que teníamos que caminar hasta volver a ver el río principal.

Wilson y Valdir, los ticunas nativos de Bon Pastur, establecieron un ritmo y progresamos bien, pese a que pude percatarme de que no estaban muy contentos.

Nuestro primer objetivo, Porto Seguro, estaba a unos 80 kilómetros de Amatura, pero no estaba indicado en nuestro mapa aeronáutico de 1:1 millones. Lo encontramos en otro mapa en la oficina de FUNAI en Amatura, y lo indicamos con lápiz en nuestro propio mapa blanco, sin características especiales. Luego lo encontramos en otro lugar, en un mapa en una escuela, y también anotamos eso en nuestro mapa. Los dos puntos anotados en lápiz que indicaban la ubicación de Porto Seguro estaban a 30 kilómetros de distancia uno del otro, el equivalente de tres o cuatro días de caminata por la selva, y solo nos quedaba esperar que uno de ellos fuera el correcto.

Estábamos caminando a través del Amazonas sin tener idea de dónde se encontraría el próximo río. Deliberadamente habíamos guardado agua, como una reserva, en las bolsas de nuestras cámaras, y estábamos buscando una comunidad que podría estar en cualquier lugar de un área del tamaño del centro de Londres.

Nuestra mayor preocupación era un email de mi antiguo sargento mayor, Mark Hale, que en ese momento era comisionado, donde me informaba que mi antiguo regimiento (actualmente el

Segundo Batallón *The Rifles*) estaba apenas en la mitad de su recorrido por Afganistán, y trece hombres habían muerto y noventa estaban heridos. Aún les faltaban tres meses para completar su recorrido. Era una pérdida enorme para que cualquier unidad pudiera absorberla y continuar luchando. Me di cuenta de que en comparación, mi viaje era un juego de niños.

El 20 de agosto, después de caminar unos nueve kilómetros diarios, llegamos a un antiguo campo agrícola. Sentimos una sacudida de asombro al comprobar que nuestros ojos podían enfocarse en distancias, y nuestras pupilas se contrajeron ante el brillo cegador del sol. No habíamos visto señales de vida humana en los últimos siete días—ni caminos, ni maleza cortada, nada. Por eso, cuando vimos un gran acumulación de caña de azúcar nos sentamos en la tierra recalentada, y en mi afán por masticar los dulces tallos me desprendí un diente postizo. Pensé en lo lejos que estaba de un dentista; el dulce líquido me chorreaba por entre las barbas del mentón.

Mientras reponíamos las reservas de glicógeno en nuestros músculos, oímos la vibración de un pequeño bote a motor y supimos que estábamos cerca de seres humanos. Limpiándonos las bocas, buscamos la salida de este terreno deforestado y pronto encontramos un amplio camino que conducía al este. El camino se iba haciendo más ancho a medida que avanzábamos con los guías ticunas al frente, para que ellos fueran los primeros en ver a cualquier persona que pudiéramos encontrar. Cruzamos un pequeño puente y a la distancia pude distinguir una casa de cañas. Llegamos directamente a una comunidad, sonriendo y saludando con "¡Boa tarde!" a los sorprendidos habitantes. La sorpresa no duró mucho, y la bienvenida que recibimos fue hospitalaria y amable. Estas gentes no eran ticunas, sino caboclos—brasileños mestizos—que llevaban una vida muy simple lejos del río Solimões, en un poblado pesquero en lo más recóndito del bosque, cerca de un pequeño río. Nos informaron que estábamos en Porto Seguro.

Determiné nuestra posición en el mapa; habíamos llegado a ciegas, por pura suerte. Nos habíamos encaminado hacia el este, unas veces utilizando la brújula y otras guiándonos por el sol, y después de ocho días habíamos llegado directamente al lugar preciso. Lo cómico es que las dos marcas de lápiz en mi mapa aún estaban a 20 y 26 kilómetros de distancia, en direcciones opuestas. Aún de saber hacia dónde nos dirigíamos, las probabilidades de llegar hubieran sido inciertas—pero entrar directamente por el camino principal sin tener idea de que la comunidad estaría allí, fue realmente asombroso. Como en muchas otras ocasiones, sentí que algo nos estaba protegiendo, y pese a que no soy religioso, no pude dejar de reflexionar en nuestra increíble buena suerte.

Sin embargo, Valdir y Wilson no habían disfrutado del viaje. Estaban exhaustos, el peso les parecía excesivo y querían marcharse. De todos modos eso nos convenía, porque no podíamos mantenerlos más tiempo, por lo cual contratamos un bote en el pueblo para que los llevara de vuelta. No sé por qué Cho y yo luego buscamos otros guías en el poblado—tal vez por costumbre—, pero nadie aceptó caminar con nosotros. Eran pescadores, y nunca se adentraban en el bosque. Eso me sorprendió, porque vivían en el lugar más remoto que Cho y yo habíamos visitado hasta el momento; sin embargo ellos nunca iban al bosque. En todo caso eso nos convenía, y aceptamos el hecho de que a partir de aquí sería más simple caminar solos.

En Porto Seguro nos trataron bien, nos mostraron su escuela, nos dieron alimentos y nos informaron lo poco que sabían sobre lo que encontraríamos más adelante. Después de ocho días de caminata estábamos cansados, y decidimos descansar el siguiente día. Descansé en mi hamaca y cosí la basta de mis *shorts* mientras Cho aceptó una invitación para ir a pescar.

Los habitantes de Porto Seguro nos despidieron con bromas de que seríamos devorados por jaguares. Nuestro destino siguiente era Riozinho, un tributario más pequeño donde esperábamos llegar en seis días. Sabíamos de la existencia de poblados en las riberas, pero no teníamos idea de dónde estarían.

Al salir de Porto Seguro, el suelo del bosque estaba saturado de lodo, ya que recientemente había estado sumergido bajo el agua.

Imaginen un lugar lleno de raíces retorcidas, espinas afiladas y lodo, donde el peso hace que uno se hunda, y cada paso debe ser calculado con cuidado. Luego imaginen no tener idea de cuándo terminará. ¿Cuatro horas? ¿Cuatro días?

El segundo día en este tramo tuve lo que podría describirse como un ataque de pánico. Me invadió una intensa sensación de claustrofobia; no solo no podía escapar de las oscuras paredes de vegetación que nos circundaban por todas partes, tampoco tenía idea de cuándo cambiaría el terreno. Era el bosque más tupido y desagradable que habíamos atravesado hasta el momento. Encontrábamos pequeñas áreas de tierra elevada, islas realmente, donde podíamos acampar de noche, pero pescar era imposible porque no había ríos, tan solo lodo, espinas, mosquitos y tábanos.

Demoramos cinco días en salir del área que el río había inundado durante la estación de lluvias. No eran cinco días hasta el río o la comunidad más cercana; eran simplemente cinco días para salir de la jungla fluvial que rodeaba a Porto Seguro.

Cho y yo nos llevábamos mejor que nunca. Yo le daba lecciones de inglés básico, y podíamos conversar en español durante más tiempo y con mayor precisión que antes. Después de haber hablado con Cho solamente en español durante once meses, su primera lección oficial me hizo sonreír. "Ed, cuando hay más de uno de cualquier cosa, añade una 's'". Habíamos visto mucha gente ir y venir—guías, fotógrafos, periodistas, amigos—, pero la única presencia constante y confiable era la que teníamos mutuamente—y eso era algo que estábamos comenzando a apreciar.

Ambos fingíamos despreocupación, pero nos chocaba el peso que ahora, siendo un equipo de solo dos personas, teníamos que transportar. En este punto, mi mochila pesaba unos 38 kilos, y la de Cho solo un poco menos, 35 kilos; cuando se trabaja arduamente para abrirse paso con un machete en un tupido bosque, esos eran pesos considerables que debíamos cargar. Cho pesaba solo 60 kilos, de manera que estaba cargando mucho más del 50 por ciento del peso de su cuerpo, pero necesitábamos asegurarnos de tener suficientes alimentos hasta encontrar otro poblado.

Finalmente, el peso fue excesivo para Cho, que sufrió un severo esguince en el tobillo: un inconveniente en cualquier otra circunstancia, pero en la nuestra era potencialmente fatal. Le reduje una parte del peso, y valientemente sugirió seguir adelante; pero el impacto de ver hasta qué punto podría afectarnos una lesión en este momento nos hizo proceder con mucho más cuidado al caminar y al saltar al suelo desde lo alto de grandes árboles caídos. Si uno de nosotros no pudiera caminar, ambos estaríamos en serias dificultades. Nunca habíamos estado en un lugar tan remoto.

El 27 de agosto pasamos por el siguiente río, el Riozinho, y una vez más tuvimos la increíble suerte de llegar directamente a un pueblo. Pese a que no tenía una tienda, los azorados pobladores nos vendieron ocho kilos de farina, dos de sal y tres cabezas de ajo. El costo total fue de 17 reais (menos de £4), y esperábamos que esas provisiones nos duraran ocho días. Era todo lo que necesitábamos para seguir adelante: carbohidratos y sal. Mientras pudiéramos encontrar ríos grandes para pescar, estábamos bien. En Riozinho nos detuvimos solo veinte minutos; ninguno de nosotros quería permanecer más tiempo. Más que nunca, ahora sentíamos que éramos parte de la selva, y cada vez eludíamos más el contacto con gente.

Un día más allá del Riozinho encontramos un lago de meandros y decidimos tomar un día de tregua. Podríamos pescar, Cho descansaría su tobillo y a ambos nos beneficiaría no caminar un día.

El lago era impresionante, una forma ovalada completamente aislada y cercada por todos lados por lianas y enredaderas que colgaban sobre las aguas marrones. Nuestro campamento estaba bien seguro en un terreno más elevado, y debido a que el nivel estaba bajando, había una gran concentración de peces en el lago. Cho tomó una de las balsas, y con un cordel y un anzuelo atrapó sin esfuerzo un pez tras otro. Yo saqué el otro bote e instalé la red cerca de la orilla, en las áreas sombreadas y poco profundas. Estas redes son tan eficientes que en Inglaterra son ilegales; los peces entran por los agujeros y se quedan atrapados, así de sencillo. Inclusive antes de dejar la red recogí varias pirañas; era evidente que el lago era suficientemente abundante como para darnos más peces de los que podíamos comer en un día. Construí una rejilla para secado sobre la fogata; nada complicado, tan solo cuatro varillas verticales en forma de "Y", un par de varas atravesadas y muchos palos verdes delgados que sirvieran de parrilla. Esta tenía cerca de un metro de altura, de forma que el pescado quedara más ahumado que cocinado. En realidad estaba experimentando— había visto antes ese proceso en diferentes lugares, pero nunca tuve que depender de él para nuestra única fuente de proteína. Luego pasé el resto de la tarde enfrascado en el sistemático proceso de retirar peces de la red, tomar también los que Cho había pescado, quitarles las escamas, eviscerarlos, salarlos y ahumarlos. Las manos me ardían en los lugares con rasguños que habían estado en contacto con la sal, y tenía los *shorts* cubiertos de escamas y sangre de pescado.

Al caer el día, cuando el sol se ocultó en un extremo del lago proyectando un cálido brillo anaranjado sobre mi cuerpo, yo estaba de pie, en *shorts* y zapatos de goma, preparando los pescados. Al cabo de un momento Cho abandonó la actividad, porque teníamos tantos pescados que no estábamos seguros de poder transportar ni uno más. Cuando todos estuvieron sobre la parrilla de palillos verdes, los cubrimos con hojas frescas para permitir que el calor y el humo circularan alrededor mientras se curaban.

Cocinamos sobre el fuego debajo de la parrilla, y disfrutamos de un sustancioso caldo de pescado con farina. Había sido un día importante para nosotros, habíamos descansado y aumentado nuestras provisiones de proteína, pero probablemente lo más importante era que hasta el momento estábamos sobreviviendo muy bien sin guías indígenas. Antes de acostarnos fuimos a chequear las pirañas ahumadas, y las degustamos. Estaban simplemente fantásticas, realmente saladas y secas como cecina de res. Serían meriendas excelentes durante los siguientes días.

En la mañana retiramos cuidadosamente las hojas que ahora estaban secas y crocantes, debajo de las cuales se encontraban treinta de los más apetitosos pescados curados que he visto en mi vida. Eso nos hubiera levantado mucho la moral, de no ser por un accidente. Mi bote, que durante la noche había dejado amarrado pero inflado, mostraba un desgarrón de más de 20 centímetros.

Nunca descubrí al culpable, pero sospecho que fue un caimán. Teníamos que caminar de ocho a diez días hasta el siguiente río donde creíamos poder encontrar poblados, y mi bote estaba completamente inservible. Estas balsas no solo servían para cruzar ríos; siendo solo nosotros dos, podíamos transportarnos uno al otro utilizando tan solo una de ellas. En un sentido más dramático y directo, constituían nuestro medio de transporte para una evacuación de emergencia y ahora, sin seguro médico y un solo bote, estábamos caminando en una cuerda floja.

Después de una semana de caminata, bien alimentados con pescado curado y abundante farina, nuestra suerte comenzó a cambiar. Llegamos al río que había sido nuestro siguiente objetivo, el Minerazinho, el 3 de septiembre. Sin embargo, esta vez no encontramos un poblado, y tuvimos que continuar buscando.

Parchamos el bote utilizando trece parches para neumático de bicicleta de nuestro equipo para reparaciones, cuidando de que quedaran ligeramente superpuestos. Aguantaron lo suficiente para permitirme remar suavemente, pero cada diez minutos tenía que inflarla un poco más soplando con la boca. En un momento dado, mientras remábamos río abajo, escuché lo que me sonó como un ladrido, y vi dos nutrias gigantes descansando sobre un tronco. De inmediato se sumergieron en el agua, pero pude ver otras tres. Conté seis en total; habíamos separado al grupo, algunas estaban delante de nosotros y otras río abajo, y se llamaban con sonidos impacientes, elevándose por encima del agua cada vez que ladraban. El hecho de que no huyeran de nosotros me hizo dudar que hubiera algún poblado en esta área. Las nutrias se mostraban completamente impertérritas ante nuestra presencia.

Después de dos días remando, solo habíamos avanzado 9.32 kilómetros de distancia a vuelo de pájaro, y mi balsa mostraba nuevamente una seria filtración de agua. No teníamos idea de que hubiera alguna comunidad río abajo, y estábamos a 150 kilómetros de la desembocadura de este río, donde se juntaba con el Solimões. Remando a esta velocidad, eso podría demorarnos un mes.

Teníamos una sola opción. Tuvimos que desinflar las balsas,

caminar hasta donde habíamos llegado a pie dos días antes, y seguir adelante sin reabastecernos. La búsqueda en bote ya había añadido dos días a nuestro viaje, y cuando examiné nuestra provisión de farina vi que solo nos quedaban cuatro tazas: 1,800 gramos. Miré el mapa y encontré un poblado marcado: era Maruá, a 65 kilómetros al este. Calculé que llegaríamos a Maruá en ocho días, y dividimos la farina en ocho porciones para que nos durara durante todo el trayecto. Eso nos daba 225 gramos diarios para los dos—unas 450 calorías diarias por hombre—, apenas un poco más que un panecillo diario, durante ocho días.

Tuvimos otro día de organización y tratamos de atrapar todos los peces que pudiéramos, pero a diferencia del lago en forma de U, en el río no fue muy fácil pescar. Habíamos perdido los alambres necesarios para impedir que las pirañas arrancara los anzuelos de los sedales. Pero Cho, que nunca se daba por vencido, forjó en el fuego una cadena con agujas para coser usando mi Leatherman, y ahora podía volver a pescar pirañas con un sedal y un anzuelo. Almorzamos juncos de río y en la tarde Cho sufrió una seria mordedura de piraña, que le arrancó un buen trozo de piel del dedo índice. Se había descuidado, y en lugar de asir cuidadosamente el pez por detrás de la cabeza, accidentalmente permitió que su dedo quedara cerca de la boca de la piraña. Es un error que no se comete dos veces, los afilados dientes de la piraña le cercenaron la punta del dedo. A Cho no le molestó la mordedura; estábamos mucho más preocupados por nuestros estómagos. Inclusive antes de partir ya habíamos estado con las energías muy bajas, y simplemente no teníamos suficiente comida para continuar operando de la misma manera.

Cuando dejamos el Minerazinho teníamos tal vez doce pirañas curadas y las raciones de farina que nos quedaban, que solo durarían siete días. Estábamos constantemente atentos a encontrar frutas y nueces en el suelo del bosque. Ocasionalmente hallábamos las altamente nutritivas nueces del Brasil, pasábamos diez minutos comiéndolas, el resto lo guardábamos en los bolsillos para la cena y seguíamos adelante. En los mejores días de recolección yo diría que aumentábamos nuestro consumo de calorías a

2,000 diarias gracias a las frutas y nueces de la estación, pero sabíamos que estábamos quemando más de 5,000 calorías diarias. La mayor parte de los días comíamos la ración de un cuarto de taza de farina, y nada más.

Ambos estábamos perdiendo peso y ni Cho ni yo podíamos pensar por mucho tiempo en otra cosa que no fuera comida. Yo no lograba dormir en las noches, yacía en mi hamaca soñando con postres French Fancies de Mr. Kipling, y tortillas de maíz. Nos levantábamos en las mañanas y nos reíamos al ver nuestros cuerpos marchitos. Cuando llegaba el momento de consumir la pequeña ración de farina, la tratábamos con reverencia; nuestra comida se había convertido casi en una ceremonia, era la parte más importante del día. La textura de la farina es similar a la proteína de soya; es una sustancia amarilla y granulosa. Para nosotros, cada uno de esos pequeños gránulos era como una pepita de oro. Saboreábamos lentamente cada cucharada, con un poco de sal.

Al quinto día de este racionamiento extremo, a eso de las dos de la tarde, llegamos a un hermoso arroyuelo y vimos la oportunidad de tratar de pescar, pese a que no era el final de un día de caminata. Puse la red a través de la corriente de unos tres metros de ancho, y en segundos había atrapado seis peces de buen tamaño. No podíamos desaprovechar este río soñado, y decidimos detenernos por el resto del día, y acampar. Cho utilizó caña y sedal, y yo simplemente recuperé los peces atrapados en la red. Ambos volvimos con una buena cantidad de peces que fueron inmediatamente a la olla. Solo quedamos satisfechos luego de consumir tres ollas de caldo de pescado. La sensación fue fenomenal; la grasa del pescado flotaba en la superficie del caldo, y cuando la comida llegó a nuestros estómagos, estos comenzaron a gruñir como si estuvieran resucitando. Las grasas fueron absorbidas de inmediato, y nuestros cerebros comenzaron a funcionar de nuevo. La comida nos puso eufóricos. Habíamos estado tan hambrientos que ni siquiera pensamos en ahumar parte de esos pescados; lo único que queríamos era recargarnos al máximo. Hecho esto, guardamos un poco de pescado para la mañana, y dormimos profundamente con los estómagos llenos.

El octavo y último día de racionamiento, comimos toda nuestra farina en el desayuno, sabiendo que ese día tendríamos que caminar doce largos kilómetros para llegar a Maruá. Nuevamente la jungla se había vuelto pantanosa y retorcida, porque era el bosque inundado del río Juruá. Eso significaba que el trayecto sería lento, pero debido a que ahora ya no teníamos ningún alimento en nuestras mochilas, y a que la meta ya se encontraba relativamente cerca, nos lanzamos por entre los atrofiados árboles a una velocidad fenomenal.

A las siete de la noche habíamos pasado directamente a través de las coordenadas que el mapa nos había dado, y estábamos todo un kilómetro más adelantados. El ánimo se nos fue al suelo cuando nos dimos cuenta de que no había un poblado, luego de haber hecho durante todo el día un tremendo esfuerzo para llegar hasta allí antes del anochecer. Ahora la oscuridad era completa y hacía horas que no habíamos visto agua; decidimos simplemente colgar nuestras hamacas y dormir. Sin siquiera limpiar el espacio debajo de la maleza, encontramos árboles y de prisa colgamos nuestras hamacas. Nos acostamos sin lavarnos y sin comer. La pegajosa capa de sudor y suciedad en nuestra piel contribuyó a que la noche fuera desagradable, además de desalentadora. Bebimos pequeños sorbos de nuestras cantimploras casi vacías y tratamos de dormir.

El sueño ayudó a mejorar nuestro ánimo, y en la mañana, para acompañar a la última piraña deshidratada que nos quedaba, encontramos en las cercanías algunos aguajes. El aguaje es una nuez de pulpa anaranjada y suave, con ligero olor a vómito. Bebimos los sedimentos de nuestra agua, que era marrón porque no venía de un río sino de un charco, y no tuvimos otra alternativa que continuar. Lo único que nos quedaba de provisiones comestibles era medio kilo de sal.

Para nosotros, exhaustos, sucios y hambrientos, esa mañana representaba todo lo que yo, en mi fuero interno, había deseado de la expedición. Estábamos a 150 kilómetros del cauce principal del Solimões (Amazonas), a unos 25 kilómetros de distancia del siguiente gran tributario, el Juruá. Durante los últimos ocho días habíamos tenido un déficit de más de 3,000 calorías diarias y no nos quedaba otra alternativa que echar a un lado esa realidad y continuar normalmente. Nada de lo que pudiera decir importaría, no había culpables, no había un análisis. Simplemente teníamos que seguir adelante y en lo más profundo, teníamos la esperanza de que todo saldría bien.

No había ríos, por lo cual solo comimos palmitos todo el día. Nuestra primera prueba para obtener carbohidratos de la selva estaba funcionando, pero era necesario consumir muchos de estos vegetales para satisfacer el hambre. De hecho, los palmitos fueron nuestra salvación. Normalmente no los hubiéramos cortado, porque para obtener el suave corazón de palma del centro en la cúpula del árbol, era inevitable matar todo el árbol. En nuestro estado de debilidad, cortar cada palma con nuestros machetes requería un esfuerzo muy grande, pero la carne blanca en el interior fue el más delicioso vegetal que he comido en mi vida. Esas parcelas de palmitos eran esporádicas, sin embargo, por lo cual teníamos los ojos constantemente enfocados en las alturas de los árboles, buscando los característicos tallos rojos.

Ahora Cho lucía como un boxeador de peso mosca, y por mi parte, nunca había perdido tanto peso. Mi peso normal era de 92 kilos. Antes de iniciar este tramo de la expedición había bajado a 88 kilos, y para cuando volvimos a llegar a las orillas del Solimões, estaba en 81 kilos. Durante la caminata tropezábamos con frecuencia y teníamos grandes altibajos de nivel de azúcar en la sangre, mientras nos empalábamos en la espinosa vegetación en nuestro estado de semi-inconsciencia.

El día siguiente todo salió bien. Cho encontró una enorme tortuga que pesaría unos diez kilos. Era la mañana, por lo que no podíamos perder tiempo deteniéndonos para cocinar el animal. Tendríamos que llevarlo con nosotros. Hicimos turnos para cargar, encima de nuestras mochilas, la tortuga viva que pesaba como si fuera de plomo.

Eventualmente llegamos a un río grande, el primero que veíamos en una semana, y me preparé a despedazar la tortuga. Había observado cuando Boruga y los hombres asheninkas lo hicieron, y sabía cómo proceder; pero nunca imaginé que sería una tarea tan horrible. Para una persona que no está acostumbrada a matar animales, la tortuga no es un buen comienzo. Es necesario darle vuelta, cortar el caparazón entre los espacios para las patas hasta que la base quede suelta, y luego tirar de ella como la tapa de una lata de frijoles. Excepto que esa base está fuertemente pegada a la tortuga, que aún permanece adentro, y es necesario cortarla con el machete. La parte inferior del caparazón tiene que salir antes de poder matar al animal, por lo que tiré de la cabeza del indefenso animal y la corté para matar a la criatura lo más rápidamente posible. Sin embargo, el cuerpo siguió moviéndose convulsivamente todo el tiempo que pasé cortando el resto de la carne y retirando los intestinos. Lavé todo y utilicé el caparazón como recipiente, y corté toda la tortuga en lonjas delgadas que luego salé. Cho construyó una rejilla para secarlas y tuvimos una enorme cantidad de carne curada ahumándose al fuego. Nuestra moral se estaba reponiendo, y estábamos felices ante la perspectiva de una buena comida.

Me doy cuenta de que algunas personas podrían escandalizarse ante la idea de matar tortugas, pero creo que lo ocurrido debe ser puesto en el contexto de dónde nos encontrábamos, y el largo tiempo que habíamos estado viajando con provisiones tan exiguas. Los humanos, en nuestro estado natural, somos omnívoros, y la selva es un lugar donde podríamos sobrevivir si aprovecháramos lo que la naturaleza nos brinda. Pese a que el proceso físico de matar al animal fue un suplicio, no voy a pretender que me causó tristeza—era una forma natural de vivir, y la tortuga formaba parte de nuestra cadena alimenticia. Yo había comenzado a ver a los animales del bosque de la misma manera que los nativos: más que especies exóticas que necesitaban ser protegidas, yo veía comida.

En la mañana cruzamos el río simplemente caminando a través de él. Tenía tal vez 40 metros de ancho, pero era poco profundo y la pequeña parte que tuvimos que cruzar fue fácil. Salimos por la sección más alejada y de inmediato pudimos ver que había habido gente en el área. Pequeños senderos nos condujeron hasta lo que parecía un camino de tierra para transporte de madera, y lo seguimos con la esperanza de que nos llevara hasta encontrarnos con seres humanos. Durante la mañana solo habíamos comido carne de tortuga, y en los últimos tres días no habíamos ingerido ningún carbohidrato, aparte de algunos palmitos marchitos.

Alrededor de la una de la tarde vimos en lo alto de una colina una cabaña de madera con tejado de zinc, y nos dirigimos directamente hasta ella. Al acercarnos, una mujer salió a la puerta y le expliqué lo que estábamos haciendo. No tengo idea del aspecto que presentábamos después de caminar durante treinta y siete días seguidos por la selva, desde Amatura. La mujer llamó a su esposo, que había estado preparando farina, y él vino a hablar con nosotros. Se quedaron asombrados cuando les contamos de dónde habíamos venido; dijeron que, hasta donde ellos sabían, nadie antes había hecho ese viaje. Estaban a punto de almorzar y nos invitaron a comer con ellos.

Dejamos nuestras mochilas afuera, en el calor ardiente y seco de la colina, y subimos por una escalera para entrar al interior más fresco de la cabaña, que estaba apoyada en pilotes de madera. Adentro no había muebles, tan solo una enorme cazuela con caldo de pescado en medio del suelo, un recipiente de plástico con farina fresca que aún estaba tibia, acabada de preparar, y una pila de platos de vidrio. La mujer sirvió un plato de sopa para cada uno, y nos sentamos en el suelo entre los niños de la familia. Nos observaron devorar el primer plato, luego el segundo y después un tercero. Sé que habíamos comido cecina de tortuga esa misma mañana, pero el racionamiento acumulado de carbohidratos y el déficit general de calorías hacía que nuestros cuerpos todavía sintieran los efectos de la inanición, y comimos farina hasta saturarnos. Al recordarlo, dudo que la farina fuera diferente a la farina en otros lugares de Brasil, pero en ese momento ni Cho ni yo podíamos dejar de comerla. Tenía la más deliciosa textura tibia, y combinada con el caldo fue la mejor comida que había probado en mi vida. Es una verdad innegable que la mejor manera de apreciar los alimentos es tener mucha hambre antes de comer. No olvidaré esa comida mientras viva.

Nos despedimos de la familia a eso de las tres de la tarde, luego de pedirles que nos indicaran en qué dirección estaba Juruá. Teníamos que cubrir 30 kilómetros, y esperábamos completarlos en cuatro días. Le compramos farina a la familia, suficiente para durarnos ese tiempo, y también compramos café, leche en polvo y azúcar, lujos que no habíamos disfrutado en semanas.

Durante los días siguientes vimos la peor selva de toda la expedición: un bosque tropical bajo, enmarañado, una bóveda de menos de seis metros de altura con ramas retorcidas y negras que bloqueaban nuestro paso. A cada paso por el suelo empapado, nos hundíamos hasta los muslos; cada rama en la que nos apoyábamos estaba cubierta de espinas o de hormigas. Estábamos en el pico de la estación seca, y yo no quería ni imaginar cómo sería el bosque durante otras estaciones; sospecho que completamente infranqueable. Confirmé mi decisión de cortar camino atravesando el meandro de Amatura a Tefé.

Nuestro progreso era dolorosamente lento. Una mañana no logramos avanzar más de 400 metros. Después de la falsa esperanza de una casa en la cima de una colina, yo había pensado que ya habíamos llegado y estábamos secos y protegidos, y que prácticamente habíamos alcanzado la ciudad de Juruá. No podía haber estado más equivocado.

Esa distancia nos tomó seis de los días más arduos que puedo recordar. Odié cada paso. No disfrutaba de la emoción de la aventura, ni tampoco mi estado de ánimo era de pura supervivencia. Estaba realmente harto, me dejé llevar por mi desdicha y estuve de muy mal humor todo el tiempo.

Eventualmente, después de oír botes a motor durante dos días, pudimos ver un poco de luz en nuestro camino. El río Juruá era amplio en comparación con cualquier otro que habíamos visto desde que dejamos el Solimões, y cortaba un impresionante desfiladero a través del bosque, arrancando brutalmente árboles y palmeras en su constante cambio de curso.

Pese a que no teníamos dinero, pregunté cuál era el mejor hotel en la ciudad de Juruá. Según los estándares occidentales no era lujoso, pero el hecho de que Cho y yo tuviéramos camas dobles y aire acondicionado, nos hacía sentir como si estuviéramos en un palacio después de más de cuarenta días caminando a través de lo que debe ser el bosque tropical más denso y difícil del mundo.

El río Juruá marcó el medio camino a Tefé. La “Ciudad” de Juruá es un poblado selvático, húmedo y caluroso, con tiendas de madera construidas en un extraño montículo de suelo elevado con vista a la baja y verde extensión de la Cuenca del Amazonas. Si un hombre con un sombrero Stetson y un revolvér de seis cámaras enfundado más debajo de la cintura, hubiera entrado al pueblo, sobre un caballo llamado Silver, se hubiera sentido como en su casa. Siempre que hubiera hablado un poco de portugués.

El contraste entre salir del hambre extrema de nuestra expedición y llegar a los excesos de la civilización es asombroso. Vi a una muchacha local que no tenía sobrepeso, pero el resto de los pobladores lucían como la personificación misma de la pereza y la glotonería.

Nosotros caímos en ambas tentaciones. Mi regulador interior, el que debería haberme impedido comer en exceso, estaba descompuesto. Yo estaba en una montaña rusa que me arrastraba de ida y vuelta entre el hambre y un exceso de consumo que me enfermaba. Nuestros cuerpos querían volver a almacenar un poco de grasa, y nos dedicamos a devorar pasteles de crema y emparedados de huevo como si acabáramos de salir de un campo de concentración.

Capítulo Trece

"Cuando hay . . . hay. Cuando no hay . . . no hay"

Hice un pequeño agujero en el mosquitero en mi cuarto en Juruá, y pasé a través el cable de LAN. Al exterior, coloqué el BGAN de plástico en una pared cercana y lo apunté en dirección del invisible satélite geoestacionario de Inmarsat en el cielo, hacia el oeste. Una vez conectado tuve la más rápida conexión con Internet en todo el Amazonas, en un poblado que nunca había oído hablar de Google. Decidí que estando en una ciudad podía permitirme el lujo de unos valiosos megabytes de banda ancha para ver noticias, y me conecté con el sitio web de la BBC. Gracias a eso, pude ver las noticias del último mes.

"Soldados murieron ayudando a un colega", decía un titular. Me quedé frío. No podía ser. Mark Hale, mi primer sargento mayor en el ejército, el que me había escrito para informarme de las bajas que había sufrido el regimiento en Afganistán, había muerto. Solo cuatro días después de enviarme su email, el 9 de agosto, había muerto en una explosión mientras trataba de salvar a un compañero herido, cerca de Sangin.

Pese a que no las había conocido, yo sabía que tenía una esposa, Brenda, y dos hijas. Me quedé sentado en mi cama tratando de absorber la triste realidad. Como suele suceder, no habíamos mantenido contacto, pero yo había hecho una contribución en línea para un evento de caridad que él había realizado recientemente, y desde entonces habíamos intercambiado un par de emails.

Me había sentido contento de estar nuevamente en contacto con Mark. Él había sido un ejemplo de integridad masculina, un hombre respetado por todos, y había tenido una gran influencia en mí cuando era un joven oficial, poco después de la muerte de mi padre. Era un hombre sano y fuerte, jugaba *rugby*, había obtenido una maestría en sicología durante su permanencia en el ejército y eventualmente fue ascendido a capitán. Muchas veces, cuando estaba atravesando momentos difíciles en la selva, pensé en Mark y en cómo afrontaría las situaciones con aplomo, humor y sabiduría. No podía creer que estuviera muerto; pero cuando me convencí de que así era, me sentí honrado de haber tenido ese pequeño contacto con él antes de que muriera.

La muerte tiene la asombrosa cualidad de poner en perspectiva las cosas que son importantes y las que no lo son. Súbitamente, el hecho de tener pocas provisiones y el cuerpo arañado por arbustos espinosos, me pareció la cosa más trivial del mundo. Me quedé contemplando su foto en la pantalla y aspiré profundamente, guardé el aire y lo dejé salir muy lentamente. El recuerdo de Mark me infundiría fuerzas; yo tenía que asegurarme de que el ejemplar impacto que había tenido en mi vida duraría más allá de su muerte.

El 24 de septiembre, Cho y yo tuvimos dificultad inclusive para cargar nuestras mochilas y salir de la ciudad de Juruá. Cada uno portaba nueve kilos de alimentos—lo suficiente para durarnos dos semanas—y mi mochila llegaba al absurdo peso de 40 kilos, la de Cho era ligeramente más liviana, 36 kilos. No habíamos cargado tanto peso desde que Luke y yo salimos de Camaná en abril del 2008, pero en nuestro mapa no aparecía ninguna población en el camino que íbamos a recorrer, y no tendríamos dónde reabastecernos.

La selva inmediata era terrible. Donde anteriormente había terrenos agrícolas, ahora crecían enmarañados arbustos llenos de espinas, y en solo tres horas estábamos arañados, frustrados y no habíamos avanzado más que tres kilómetros. Eran las tres y media de la tarde.

Simultáneamente encontramos agua un amplio sendero que

conducía de regreso a Juruá. En teoría, deberíamos haber acampado, pero los mosquitos eran agresivos y estábamos descorazonados con el patético comienzo que habíamos tenido.

Entonces se me ocurrió una idea atrevida. "Cho, ¿por qué no escondemos aquí nuestras mochilas y regresamos a Juruá para pasar una última noche en una cama?", pregunté. Yo quería dormir bien, pero ciertamente no tenía ganas de transportar este enorme peso de vuelta hasta la ciudad. El plan fue aceptado, enterramos nuestras mochilas debajo de un montón de follaje y utilizamos el ancho sendero para regresar nuevamente a la ciudad, cosa que solo nos demoró cuarenta minutos. Lo único que llevamos con nosotros fueron nuestras cantimploras y mi billetera.

Unas horas más tarde, de vuelta en la misma habitación del hotel, Cho llamó a mi puerta: "Ed, la policía está aquí y quieren hablar contigo". Salí y me encontré con dos policías sentados en un brillante auto patrullero nuevo. Sonreí y pregunté a los oficiales cuál era el problema.

—Nos han informado que usted y su amigo han estado actuando en forma sospechosa en las afueras de la ciudad, y necesitamos ver sus pasaportes—dijo en portugués el jefe de la policía.

—Por supuesto, no hay problema—respondí—. El único inconveniente es que hemos escondido nuestros pasaportes entre los arbustos, a tres kilómetros de la ciudad.

Como era de esperarse, mi respuesta no calmó sus sospechas de conducta indebida, y nos arrestaron como sospechosos de tráfico de drogas.

El jefe de la policía no era un hombre agradable y parecía estar muy satisfecho de poder encerrarnos. No había espacio en la única celda para hombres, que ya estaba ocupada por cinco detenidos que estaban uno encima de otro en hamacas. Nos dijeron que debíamos dormir en el corredor, sobre el suelo de concreto, entre la celda para hombres y la de mujeres.

No había camas, mucho menos colchones o frazadas, y quedamos encerrados detrás de una puerta de hierro. A través de la rendija para el correo podíamos ver a los policías sentados alrededor de una mesa jugando cartas y riendo. Nos sentíamos como si estuviéramos actuando en una película del oeste.

A la mañana siguiente cuatro policías armados nos acompañaron hasta el lugar donde habíamos enterrado nuestras mochilas, y nos ordenaron cargarlas hasta la estación de policía en la ciudad. Al llegar a la estación, lo primero que hicimos fue mostrar nuestros pasaportes, y luego tuvimos que vaciar todo el contenido de las mochilas y dar una explicación de cada artículo. Era curioso ver que esos policías desconfiaban de nosotros tanto como un año antes habían desconfiado los de la tribu asheninka en el Perú, y nos obligaban a dar las mismas explicaciones. Sin embargo, en esta ocasión creo que la policía estaba ofendida porque a nuestro arribo a la ciudad no habíamos ido a la estación para presentarnos e informarles de nuestros planes. Me pareció que estaban haciendo alarde de su poder.

A media tarde los procedimientos habían finalizado y regresamos al hotel una vez más. Cho y yo fuimos a comer algo porque estábamos muertos de hambre, y conocimos a una familia—esposo estadounidense, esposa brasileña—que trabajaba para IBAMA, la agencia que supervisa los parques nacionales de Brasil. Cuando les explicamos lo que estábamos haciendo, la esposa anunció que el área que intentábamos cruzar a pie era una reserva, y no teníamos autorización para ingresar a ella.

Siempre cuidadoso de no perder tiempo, y por ende dinero, exteriormente mantuve la calma y la cortesía, mientras que consideraba la burocracia adicional que tendríamos que afrontar para obtener los permisos. La mujer organizó una reunión en sus oficinas, y dijo que necesitaríamos hacer la solicitud por medio de ella para obtener la autorización. También dijo que necesitaríamos contratar un guía de confianza de su departamento para garantizar nuestro cumplimiento con los reglamentos de la reserva. Obviamente me pareció aceptable, pero era frustrante tener retraso debido a otro problema.

Mientras tanto, una noticia positiva era que habíamos recibido numerosas donaciones por medio de PayPal, gracias a lo cual teníamos dinero para el siguiente tramo después de Tefé.

Poco después ya estábamos caminando de nuevo, permiso en mano y acompañados por el obligatorio guía, que además era muy costoso. Recorrimos una red de caminos bien definidos y atravesamos la reserva sin problemas en solo dos días. Nos despedimos del guía que, en el corto tiempo que había pasado con nosotros, había mejorado notablemente nuestra habilidad para pescar, y nos encaminamos a una parte del país a la que, hasta donde se sabía, nunca había entrado nadie.

Imagínense un bosque diseñado para entrenar a soldados en guerra de trincheras. Lleno de laberintos de túneles debajo de troncos y canales que van en todas direcciones. Cada trinchera, seca como un hueso, tiene cuatro pies de profundidad y está bloqueada por árboles caídos, espinas del tamaño de clavos de cuatro pulgadas y zarzas afiladas como un raspador de queso.

Esa era la selva donde entramos. Nunca había visto nada parecido. Evidentemente, las zanjas secas eran canales naturales de drenaje en la temporada de lluvias, pero ahora no eran más que obstáculos en nuestro camino. El hecho de que me hiciera pensar en un entrenamiento militar indicaba que todo el lugar parecía estar preparado especialmente para ponernos a prueba. Compartimos el trabajo de abrirnos paso con machete—cada uno media hora al frente—, hiriéndonos cada vez más las manos con las espinas. Resbalamos por el lodo cayendo dentro de las zanjas llenas de espinas enmarañadas y nos arrastramos sobre nuestras rodillas llenas de barro para salir por el otro lado. Después de encontrar un puente de troncos para cruzar una zanja, Cho se volvió hacia mí y me dijo, "En la vida hay muchos obstáculos, Ed. Debes aprender a buscar soluciones". Poniendo los ojos en blanco, pensé en silencio, "Qué sabio consejo, Cho. No se me hubiera ocurrido".

Al paso de los días, mi esperanza de que el espléndido ejemplo de Mark Hale me diera más fuerzas se había desvanecido, y no podía evitar sentir compasión de mí mismo. Cada paso era lento y extenuante, y después de caer de un tronco podrido al fondo de una zanja y sufrir un corte severo en la pantorrilla, podía ver que

Cho también me miraba con lástima. Por otro lado, me molestaba no haber podido mejorar mi situación.

En la mirada de Cho pude vislumbrar cómo sería verme a mí mismo desde afuera. Por eso, después de acampar, cenar lo último que nos quedaba de la cecina de res frita y beber una taza de vigorizante café endulzado, me puse a pensar. Llegué a la conclusión de que toda mi debilidad estaba en mi cabeza, y que debía convertirlo todo en un juego. Hice justamente eso, y al menos por el momento funcionó muy bien.

Ahora iniciaba cada día con una actitud positiva, y después, ante cada experiencia negativa que se me presentaba, me desafiaba a mí mismo a reírme de ella y no permitir que me abatiera. Cada vez que lo lograba me daba una palmadita en la espalda, y pensar que estaba aprendiendo a controlar mis reacciones ante influencias externas me subía aún más la moral. Cada corte, caída o picadura se convirtió en una excusa para reafirmar hasta qué punto estaba en control—ahora disfrutaba mucho más de las caminatas, y comenzamos a atravesar la selva con mayor facilidad.

Las dificultades se convirtieron en desafíos emocionantes: nuestra velocidad aumentó, y fue casi como participar en un juego de computadora cuando las serpientes, los nidos de avispas o los puentes de troncos se volvían obstáculos que debíamos superar eficiente y despreocupadamente a medida que avanzábamos. Yo me sentía como Keanu Reeves en *The Matrix,* en el momento en que se vuelve tan poderoso que puede luchar con un solo brazo moviéndolo a increíble velocidad, mientras que el resto de su cuerpo permanece inmóvil y relajado.

Sin embargo, las inesperadas trincheras habían retrasado nuestro avance, y a comienzos de octubre tuvimos que volver a reducir a la mitad nuestras raciones de farina para no arriesgarnos a quedarnos sin provisiones. Si no atrapábamos peces, estaríamos limitados a 1,000 calorías diarias; muy pronto nos habíamos acostumbrado a lo que parecía un lujo en comparación a las 450 calorías diarias que consumíamos antes de llegar a Juruá.

El cinco de octubre dejamos el pequeño charco donde habíamos acampado y emprendimos camino cargando nuestros dos litros de agua turbia tratada con hidróxido de sodio. El extraño bosque de trincheras tenía ahora el aspecto de un lugar arrasado por un huracán, cada árbol grande estaba astillado y horizontal. Al ingresar la luz del sol, la maleza se extendía por toda la superficie como si estuviera recibiendo un tratamiento de esteroides anabólicos. Nuestro progreso se redujo tanto que en un día avanzamos solamente dos kilómetros en ocho horas de caminata. Tuvimos que quitarnos las mochilas para poder penetrar al interior del tupido bosque; uno de nosotros cortaba los obstáculos con machete, mientras el otro transportaba las dos mochilas.

La combinación de la selva desmantelada y el inicio de la estación seca contribuían a que, para las cinco de la tarde, estuviéramos muy deshidratados y tuviéramos que seguir bebiendo el sedimento del agua marrón del charco de la noche anterior. En esta zona el agua era muy escasa, no tenía sentido excavar un pozo, y comenzó a preocuparnos la posibilidad de que no encontraríamos agua. No tendríamos con qué cocinar ni nada que beber, y estábamos obligados a dormir con la desagradable sensación de tener el cuerpo sucio y pegajoso.

Como si hubiera estado acordado, comenzaron a retumbar truenos sobre toda la extensión del bosque y el cielo se oscureció súbitamente. Cho y yo nos miramos, conscientes de lo que anunciaban los nubarrones cada vez más amenazadores.

Con la velocidad de un rayo cambiamos nuestros planes. Cho se adelantó de prisa, dejando atrás su mochila para buscar algunos árboles que todavía estuvieran de pie, donde pudiéramos instalar nuestros toldos. Yo le seguí arrastrando nuestras pesadas mochilas, enredándome en todas las espinosas ramas.

Cuando comenzaron a filtrarse a través de las ramas las primeras gotas de lluvia, estábamos sujetando los últimos pertrechos a nuestras cubiertas, bajo un costado de la lona iba una bolsa impermeable para la cámara, y al otro lado el forro de mi mochila. Cuando la nube soltó el primer chorro de agua fresca, esta fluyó desde nuestras lonas hasta los reservorios que habíamos improvisado, como cuando se usan mangueras de jardín para llenar las albercas infantiles.

El diluvio tropical duró solamente seis minutos, pero recolectamos treinta y cinco litros de agua: treinta y cinco litros de agua limpia y pura que no necesitaba ningún tratamiento químico.

Nos bañamos, bebimos grandes cantidades de café, Cho elevó una oración de agradecimiento a Dios, y luego nos retiramos a nuestras hamacas y dormimos como los troncos caídos que nos rodeaban.

Hacia mediados de octubre nos encontrábamos de nuevo en el lugar aún más remoto que había visto en mi vida. Si bien no en términos de distancia, sí en términos de cuántos días demoraríamos en volver de nuevo a la civilización. Mi segundo GPS se había roto, por lo cual teníamos que adaptarnos al uso de mapas y rumbos de brújula. Yo tenía dos mapas, uno era la carta de navegación de escala 1:1 millones para aviones, y el otro era un mapa Stanfords de 1:4 millones, de toda la zona norte de Sudamérica. Ninguno de los dos mostraba perfiles de elevación; ninguno de los dos estaba diseñado para navegar a esta pequeñísima escala. Yo calculaba la distancia que habíamos viajado desde la última vez que el GPS había funcionado, y estaba tratando de continuar la caminata en línea recta, siempre que fuera posible, a través del denso bosque. Sin embargo cada día aumentaba el margen de error, y no había forma de verificar ni controlar nuestra ubicación precisa.

A menudo teníamos que corregir con lápiz el curso de los ríos en nuestra carta de navegación, porque era totalmente imprecisa y los ríos eran apenas indicaciones vagas de dónde podría haber un curso de agua en el terreno. Es más, a estas alturas preferíamos utilizar el mapa de 1:4 millones, más preciso, pero menos detallado. Yo solo lo había llevado conmigo para mostrar la caminata en su integridad a los habitantes locales que expresaran interés; el mapa cubría nueve países. Un milímetro de este mapa Stanfords representaba cuatro kilómetros en la tierra. Rara vez cambiábamos de posición más de tres milímetros diarios, y era extremadamente difícil e improbable establecer con precisión nuestra ubicación cuando las distancias eran tan pequeñas. Hablar de dirección, era un mal chiste. Si nuestras vidas no hubieran estado en riesgo, hubiera sido cómico.

Estábamos transportando un EPIRB (un aparato de radio para alertar a equipos de búsqueda y rescate en caso de una emergencia), pero debido a que nuestro seguro médico había caducado hacía mucho tiempo, si hubiéramos acudido a él no hubiera sucedido nada. No se hubiera iniciado una evacuación: estábamos abandonados a nuestra suerte.

La lejanía de seres humanos también se reflejaba en la fauna del lugar. Por primera vez en nuestras vidas atrapamos dos caimanes bebés en la red de pesca. Sin embargo los bebés no nos preocupaban; cuando retiramos los peces de la red, lo que nos preocupaba eran los adultos.

El hecho de que los dos fuéramos resistentes y rara vez cayéramos enfermos también nos daba una sensación de confianza. Cho había estado enfermo una vez, pero en general ambos parecíamos tener una constitución fuerte, y tal vez mucha suerte. Nos enorgullecíamos de ello, y por eso, cuando Cho comenzó a quejarse de dolores de cabeza y de que veía oscuro, tomé muy en serio la situación.

Cho sufría de dolores severos y se sentía muy mal. Yo no tenía idea de lo que le aquejaba y le di algunos analgésicos. La pila de nuestro termómetro estaba muerta y recordé la conversación con Luke en Hereford durante nuestro entrenamiento, cuando ambos coincidimos en que sería mejor tener un termómetro de mercurio.

Esa noche, después de aceptar que Cho hiciera el esfuerzo de seguir caminando todo el día hasta que por lo menos encontráramos agua, llegamos a un charco poco profundo que podría excavar, y permití que Cho se desplomara. Eso fue lo que hizo. El hombre que tan orgulloso estaba de su fuerza física y mental dejó caer su mochila al suelo e inmediatamente después cayó también él.

Decidí que una taza de café dulce y caliente, y una buena comida, le harían mucho bien, y me puse a instalar el campamento mientras él yacía inmóvil. Excavé el charco para poder meter adentro una lonchera Lock & Lock y extraer agua en el reservorio que había improvisado con el forro de mi mochila. Recolecté madera para encender una hoguera donde puse a hervir agua para el café. Mientras calentaba el agua colgué la hamaca de Cho y le dije que usara el agua del reservorio para lavarse y cambiarse con ropa seca para la noche. Después, se acostó en la hamaca y se quedó profundamente dormido mientras yo colgaba mi propia hamaca y preparaba la cena y el café.

Esa noche me di cuenta de hasta qué punto dependíamos el uno del otro. Estuve muy ocupado en la noche, ya que tuve que realizar todas las tareas que normalmente compartíamos. Desperté a Cho cuando ya estaba anocheciendo, y le serví la cena. Ya se veía algo recuperado, pudo comer y no vomitó la comida. En cuanto hubo terminado, volvió a quedarse dormido mientras yo lavaba los utensilios a la luz de la lámpara.

Hay una pureza de mente que solo se descubre cuando uno se olvida de sí mismo y tiene que hacer un esfuerzo especial para ayudar a otra persona. Si uno de los dos se enfermaba gravemente en este lugar, sería fatal. No había forma de evacuación, la única alternativa era que yo arrastrara o cargara a Cho. De no poder caminar, Cho era hombre muerto, y él lo sabía.

Sin embargo a la mañana siguiente ya se sentía mejor. Esto era en parte gracias a su fuerza mental, y me di cuenta de que sentía que el día anterior se había dejado abatir. Esa mañana se despertó con un estado de ánimo que indicaba que mejoraría.

Puse en línea un blog con video de ese día, e irónicamente, el diagnóstico de la dolencia de Cho vino de uno de los lectores. Muchas personas me dijeron que el mal parecía ser una severa migraña, lo cual parecía tener sentido.

Mientras estaba en línea, leí que el patrocinio de Sir Ranulph Fiennes para la expedición había sido renovado, y que nos volverían a dar más dinero. Esta vez también recibí dos emails, uno del propio Sir Ranulph, y el otro de Anton, un administrador del Transglobe Expedition Trust.

El mensaje de Sir Ranulph decía:

Estimado Ed,

Felicitaciones por el progreso que has logrado hasta el momento. Creo que las cosas se harán cada vez más difíciles para ti. A lo largo de cuarenta años debo haber estado involucrado con más de treinta grandes expediciones, de las cuales fracasó por lo menos la mitad. Siempre es el viajero quien decide, en su fuero interno, cuándo continuar o cuándo regresar.

A veces, continuar es simplemente irresponsable y absurdo, otras veces hay la posibilidad de que, al superar un obstáculo particular, o una serie de obstáculos, las cosas parezcan más factibles. En ese caso vale la pena combatir los pensamientos negativos, que ocurren cuando la moral está baja. Solo tú puedes ser tu árbitro final.

Cualquiera que sea tu decisión en las semanas o meses venideros, debes saber que ya has logrado un progreso fantástico, y que nosotros, en el Transglobe Expedition Trust, estamos orgullosos de ti.

Con mis mejores deseos,

Ran

Me sentí en la gloria cuando leí este mensaje, pero me sorprendió la "cláusula de escape" que parecía estarme ofreciendo. Yo había tenido demasiado tiempo para pensar mientras caminaba, y comencé a preguntarme a qué peligros se estaba refiriendo. ¿Estaría yo manifestando una crisis nerviosa? ¿Se evidenciaría eso en mis blogs? ¿Estaba siendo irresponsable?

Cho y yo nos sentamos y analizamos el tema. Sir Ranulph había dicho, "*solo tú puedes ser tu árbitro final*". ¿Nos daríamos por vencidos?

Estábamos bien jodidos.

El email de Anton fue un impulso a la moral mucho más directo:

Estimado Ed:

He visto una copia del email que Ran te envió, y también quiero escribirte uno.

En Transglobe Expedition Trust recibimos muchas solicitudes de patrocinio. Uno de nuestros criterios para ofrecer apoyo es que el proyecto sea suficientemente ambicioso para tener un impacto significativo en la evolución de los logros humanos. Son muy pocas las solicitudes que cumplen con nuestro criterio de proyectos "descabellados, pero maravillosos". Cuando le preguntamos a uno de los principales expertos británicos en la zona del Amazonas qué pensaba de la expedición que habías propuesto, dijo que era una travesía imposible. Sin embargo, señaló que pese a que era una idea descabellada, sería realmente "maravillosa" si tuviera éxito. Era, por lo tanto, la expedición perfecta para nuestro patrocinio. Como dice Ran, no todas las expediciones tienen éxito, y nosotros, en el Transglobe Expedition Trust, comprendemos perfectamente cuando las cosas se ponen excesivamente difíciles. Sin embargo, si perseveras y confundes a los expertos viajando donde nadie pensó que era posible, estarás en primera línea entre los logros humanos.

Cada vez tienes más seguidores en el Reino Unido y en otros lugares, y todos te alientan para seguir adelante hasta el final. Ninguno de nosotros puede apreciar realmente hasta qué punto puede resultarte desalentador. Buena suerte en esos momentos difíciles. Si lo logran, los dos habrán llevado a cabo algo realmente admirable y valioso, que ya les ha ganado enorme admiración de todos lados.

Con mis mejores deseos,

Anton

Ese fue el mensaje que me llenó los ojos de lágrimas. Qué extraordinario fue recibir un email como ese en medio de la selva. Sin duda contaba con un apoyo increíble, y lo utilicé para reforzar mi determinación.

Estábamos a finales de octubre, y la estación seca estaba chupando hasta la última gota de humedad de la selva. Los lechos de río estaban secos, y Cho yo aguardábamos patéticamente, bajo las más enclenques parras de la selva, algunas gotas del líquido vital. Tuvimos que recurrir a escarbar los lechos secos con la esperanza de encontrar la capa freática, a menudo sin suerte.

Afortunadamente, la estación seca no significaba ausencia de lluvia—simplemente niveles más bajos de las aguas—y en más de una ocasión fuimos salvados por un diluvio nocturno; además, ahora nos habíamos vuelto duchos en recolectar agua en nuestros reservorios improvisados.

Debido a que los peces viven en los ríos, a nuestro estado de deshidratación se sumaban los gruñidos de nuestros estómagos, porque durante varias semanas no habíamos podido atrapar suficientes peces para ahumar y transportar con nosotros. Vivíamos al día: si atrapábamos un pescado lo devorábamos en segundos, y ninguno de los dos quería pensar en el futuro ni ahorrar comida para los días siguientes. Nos contentábamos con comer lo que podíamos encontrar en el momento, y utilizábamos nuestro ingenio para asegurarnos de volver a encontrar algo que comer.

A Cho le gustaba repetir un dicho que me parecía absolutamente obvio: '*Cuando hay . . . hay. Cuando no hay . . . no hay.*'

Eso me irritaba, un sermón inservible que era como echarle sal a una herida abierta. Pero después de escuchar sus narraciones de cuando vivía escondido en los bosques montañosos del Perú en los momentos más álgidos de la actividad terrorista de Sendero Luminoso, comencé a poner sus palabras en el contexto adecuado.

Era una forma de decir que no sirve de nada protestar si no hay comida—ni tampoco insistir en ello. Si uno acepta lo que está fuera de su control y sigue adelante, aprende a contentarse con menos.

Cuando llegamos al río Bauaná, que conducía al lago Tefé y luego al propio Tefé, terminamos las pocas raciones que nos quedaban. Con otros 40 kilómetros por recorrer hasta el siguiente río importante, que también desembocaba en el lago Tefé, tomamos la prudente decisión de marcar el lugar y seguir río abajo en busca de gente. Todavía estábamos a 100 kilómetros de Tefé, pero ya habíamos decidido encaminarnos hacia el sur, de forma que nunca realmente llegaríamos a pasar a pie por Tefé. Simplemente, no teníamos necesidad de acercarnos demasiado al río Solimões, y había enormes lagos que podíamos evitar si permanecíamos a unos 100 kilómetros de distancia del cauce principal.

Amarré bolsas de plástico de colores a la proa de un árbol para marcar el lugar, e inflamos las balsas para poder salir a buscar alimentos. Pensaba constantemente en la similitud entre este momento y el tiempo que habíamos perdido en el Minerazinho en septiembre, pero la diferencia es que sabíamos que esto nos conducía a Tefé, lo cual nos hacía sospechar que había poblaciones en la ribera de este río.

A las cuatro de la tarde decidimos dejar de remar y acampamos. Sin alimentos, necesitábamos un par de horas de pesca si queríamos comer algo. Instalé las redes en la boca de un riachuelo que desembocaba en el río, y Cho fue a escarbar en busca de gusanos para usarlos como carnada. Después de media hora no había nada en la red. Cho tampoco había podido encontrar carnadas. Transcurrió otra media hora y todavía nada. Cuando estaba inspeccionando la red escuché lo que parecían ser voces que venían de río arriba.

"¡Cho, hay gente!", exclamé. Los dos aguzamos el oído, llegamos a la conclusión de que probablemente habían sido monos. Sin embargo, mirando a lo lejos, pude ver una lona azul que cubría parte de un bote.

"Hay gente pe", confirmé. De inmediato olvidamos nuestros fallidos intentos por pescar, y decidimos acercarnos y presentarnos. Por lo general los pescadores y los cazadores tienen montones de alimentos, y nuestros estómagos gruñían mientras remábamos hacia el bote, que estaba a unos 100 metros de distancia. Yo estaba filmando con una mano, de suerte que Cho llegó mucho antes que yo y se presentó a los dos hombres. Luego me llamó y me dijo que nos habían invitado a comer con ellos. Tenían un caldo de pescado y un gran balde blanco lleno de farina.

Una vez más, tuvimos una suerte increíble. Aún estábamos a más de 100 kilómetros de la ciudad de Tefé, y solo ocho horas después de terminar nuestras últimas provisiones habíamos encontrado pescadores con abundante comida. Nos servimos una generosa porción de la dorada farina con la sopa, que degustamos en grandes y apreciativos bocados. Era asombroso ver cuán profundamente arraigado está el sentido de hospitalidad en esta parte del Amazonas. A menudo, lo primero que nos decía la gente era, "¿Quieren comer algo? Deben estar hambrientos". Solo después preguntaban de dónde veníamos.

Los hombres habían terminado de pescar y se dirigían río abajo. Nos dijeron que, si queríamos, los podíamos acompañar hasta el poblado más cercano, a pocos kilómetros de distancia. Aceptamos de inmediato, ya que nos hacía falta comprar comida, y todos nos embarcamos en el pequeño bote y navegamos río abajo hasta llegar a un pequeño grupo de casas con techos de paja, sobre un terreno elevado. En realidad el poblado consistía en una sola familia, y nos dieron un pequeño cuarto abandonado donde colgamos nuestras hamacas en la oscuridad. Luego la familia nos volvió a alimentar muy bien, y nos acostamos con los estómagos distendidos y gorgoteos que venían de nuestros intestinos.

El dueño de la casa, Antonio, no tenía comida extra para vendernos, pero al día siguiente tenía que ir río abajo para hacer compras. Si no nos molestaba esperar, nos llevaría hasta allí y nuevamente de regreso. Cho y yo aprovechamos para tomar un día de descanso. Descansamos y ayudamos a la familia a hacer farina. Encima de hornos de barro donde ardía abundante leña, habían colgado gigantescas sartenes de tres metros de diámetro. La farina estaba siendo tostada y removida en las sartenes de tamaño de tinajas con un remo de madera. La fragancia de la farina fresca era maravillosa, como los aromas matinales que despide una panadería tradicional.

Al día siguiente, después de comprar alimentos, Antonio aceptó llevarnos hasta el lugar donde yo había amarrado las bolsas de plástico a la rama. Colgamos nuestras hamacas y me quedé pensando en el descanso más afortunado y eficiente, y en el mejor reabastecimiento que habíamos podido tener. Cuarenta y ocho horas sin caminar, y ahora teníamos un suministro completo de comida: farina, sal, café, azúcar, leche en polvo y dos cabezas de ajo; además estábamos bien descansados y relajados, y todo eso por muy poco dinero.

La BGAN, nuestra conexión de Internet y teléfono con el mundo exterior, decidió dejar de funcionar. Simplemente, no se encendía. Aparte de las emergencias, era esencial para que pudiéramos continuar con nuestra misión de publicar videos y blogs de la expedición en vivo. Cuando llegamos a Tefé, donde tuvimos conexión con la Internet, tuve que pedirle a Marlene en Lima que nos enviara las unidades de repuesto que habíamos dejado en Iquitos. Yo tendría que enviar a Cho al Perú para traerlas. Suena extravagante, pero en Sudamérica, cuando uno trata de enviar cosas por correo a otros países, pronto se da cuenta de que es mucho más seguro simplemente viajar uno mismo y transportar las cosas como parte del equipaje. De otra manera los papeleos demoran semanas. De todos modos, a Cho le gustó la idea, porque tendría que volar de Tefé a Tabatinga, y nunca había viajado en avión.

La respuesta a mi pedido de ayuda económica había tenido tan excelentes resultados que ahora teníamos suficiente dinero para volver a asegurar la expedición, para lo cual me puse en contacto con nuestros anteriores aseguradores, THB Clowes. Nuestro equipo ya no estaba asegurado, pero por lo menos volvíamos a tener cobertura médica. En retrospectiva, no sé si me hubiera molestado en tomar un seguro tan especializado (y costoso), ya que nos habíamos acostumbrado a la idea de que en cualquier caso habríamos tenido que organizar nuestra propia evacuación. El problema era que, debido a que el viaje ya había comenzado y no podíamos obtener el seguro estándar de British Mountaineering Council (BMC), nos vimos obligados a pagar nuevamente mucho más de 1,000 libras esterlinas. Al mismo tiempo, compré online un nuevo GPS, y pedí que lo enviaran directamente a uno de nuestros nuevos patrocinadores, Pete Casey. En agradecimiento por su generosa donación yo había aceptado que caminara con nosotros durante tres semanas. Él traería cualquier nuevo equipo que fuera necesario, por lo cual su visita sería realmente valiosa en un momento en que todo parecía estarse desmoronando.

En retrospectiva, el período de tiempo que habíamos pasado avanzando solamente con un mapa impreciso y una ordinaria brújula inglesa que ni siquiera estaba calibrada para Sudamérica, hizo que el viaje fuera mucho más emocionante. Habíamos tenido que arreglárnoslas solos y regresar a las metodologías utilizadas cientos de años atrás. Aún estábamos avanzando; simplemente teníamos que estar mucho más atentos y prestar más atención a nuestra velocidad y planificación de ruta: *'Cuando hay . . . hay. Cuando no hay . . . no hay.'*

Llegamos a un gran lago interior y acampamos. El nivel del lago era bajo y tuvimos que caminar con el lodo que nos llegaba a los tobillos para llegar hasta la orilla del agua, pero frente al lago había un área extensa de bosque a mayor altura donde pudimos acampar. En desesperada necesidad de proteínas, nos metimos al lago con dos largos palos cada uno y una red de deriva, que fijamos en el agua que entonces nos llegaba a los muslos.

Antes inclusive de terminar de sujetar la red a los otros extremos de los palos, ya estábamos comenzando a atrapar peces. La presencia de peces en el lago era tan concentrada que la pesca fue abundante, y sacamos un pez tras otro para la olla. Entre los peces no parecía haber pirañas, así que decidimos dejar las redes toda la noche para recolectar una pesca abundante a la mañana siguiente. (Las pirañas hubieran devorado los peces atrapados, y al hacerlo hubieran destruido las redes).

Cuando el sol comenzó a ponerse, nuestro campamento lucía cálido y hermoso. El espacio abierto alrededor del lago resultaba relajante después de tanto tiempo entre una vegetación densa, y nos dirigimos al agua para bañarnos. Cuando anocheció utilizamos en medio de la penumbra nuestras lámparas de cabeza, y mientras nos desnudábamos a la orilla del lago, balanceándonos sobre los pedazos de madera que sobresalían del lodo, para no ensuciarnos los pies, advertí un par de puntos brillantes sobre la superficie del lago.

"¡Concha su madre!", le dije a Cho. "¡Caray, mira la cantidad de caimanes que hay en este lago!". Al comienzo Cho no creyó que fueran caimanes, pero cuando miró más detenidamente vio que yo tenía razón. El lago estaba repleto, y el número de ojos que se reflejaban en nuestras lámparas, apenas por encima de la superficie del agua, confirmaron nuestros temores. El caimán negro, una especie de cocodrilo, puede crecer hasta alcanzar cinco metros. Debido a su gran tamaño, con toda facilidad puede atacar y matar a un humano adulto en el agua. Cualquier esperanza de atrapar una abundante pesca en las redes desapareció, y nos dio un ataque de nerviosa risa infantil al pensar en lo vulnerables que estábamos, parados al borde de este lago, lavándonos en presencia de tal vez quince de esos gigantescos depredadores.

Al caminar cuesta arriba comenzó el ruido, y nos dimos cuenta de que los caimanes estaban devorando los peces que habíamos atrapado en nuestras redes. El chapoteo continuó toda la noche, y no conseguí dormir ni un minuto.

A la mañana siguiente encontré que mi red estaba desprendida de los palos, y flotaba al otro extremo del lago. La de Cho estaba enredada en unos arbustos en nuestro lado de la orilla. Ambas redes estaban seriamente dañadas y tenían grandes agujeros, una cosa más que necesitaríamos remplazar. Sin embargo habíamos aprendido una nueva lección.

Después de 200 metros de caminata llegamos al río Tefé. El río conducía a la ciudad de Tefé, y ya habíamos decidido tomar un descanso aquí, y luego viajar 90 kilómetros río abajo hasta la ciudad, donde debíamos encontrarnos con Pete, el patrocinador. El lago era un obvio marcador para retornar hasta allí, por lo cual remamos río abajo en busca de un barco que contrataríamos para ir hasta Tefé.

Pronto encontramos una comunidad que nos permitió quedarnos; allí nos alimentaron y arreglaron para que viajáramos en una de las canoas que iba a Tefé al día siguiente. Como siempre sucedía en Brasil, nos dieron buena comida, nos recibieron con impecable hospitalidad y por la noche vimos telenovelas brasileñas en su televisión por satélite.

Tefé, que antiguamente se llamaba Ega, es una ciudad donde Henry Waler Bates, el naturalista y explorador oriundo de Leicester, había establecido su base en el siglo XIX. Durante el tiempo que permaneció en el Amazonas, envió a Inglaterra unas 14,000 especies (en su mayoría insectos), de las cuales 8,000 eran desconocidas para la ciencia. Sus narraciones de exploraciones con los indios y guías indígenas fueron registradas en su libro *The Naturalist on the River Amazons*, considerado como una de las mejores crónicas de viajes especializados en historia natural.

Como en muchas ciudades sobre el Amazonas, no hay caminos

que lleguen hasta Tefé. Está ubicada en el extremo norte del Lago Tefé, un gigantesco lago formado por la desembocadura del río Tefé. Cuando íbamos llegando por el lago, Cho me dijo que pese a no haber visto nunca el mar, podía imaginar su aspecto. Grandes olas se estrellaban contra la pequeña canoa, y desde el centro del lago se podía ver 30 kilómetros en ambas direcciones.

El hotel donde nos hospedamos fue el primero desde Juruá, cuarenta y tres días antes, y pese a que conocíamos gente en la ciudad, Cho y yo nos escondimos en el hotel durante tres días completos y dormimos. Solo salíamos para comer, y para nada más. Teníamos tantos deseos de socializar como un profesor autista de matemáticas.

Poco a poco comenzamos a retornar a la normalidad, y envié a Cho a Iquitos. Estábamos con el tiempo muy ajustado, porque nuestras visas para Brasil se vencían solo unos días más tarde. Si Cho demoraba, existía la posibilidad de que no le permitieran volver a entrar al país. Pero necesitábamos comunicarnos con el mundo exterior, y por lo tanto el viaje de Cho era inevitable.

Si bien queríamos quedarnos legalmente en Brasil, por el momento habíamos perdido las esperanzas de poder hacerlo. Kavos nos había dicho que podíamos volar a Venezuela y tratar de reingresar desde allí, pero que no podía garantizarnos otra entrada a Brasil. Evidentemente, quedarnos atascados fuera de Brasil sin la posibilidad de volver a entrar era un posibilidad mucho peor que quedarnos en Brasil corriendo el riesgo de ser expulsados. Aún nos faltaban nueve meses y medio de caminata, y a partir de este punto teníamos que evitar a toda costa encontrarnos con la Policía Federal, ya que ahora éramos inmigrantes ilegales.

Cho regresó con el BGAN de repuesto, y Pete llegó con una montaña de equipos de reemplazo, el más importante de los cuales era un GPS, pero también incluía una nueva mochila Macpac para Cho y nuevas botas Altberg para ambos.

Fue a comienzos de noviembre cuando contratamos otro pequeño barco que nos llevaría de vuelta al lago infestado de caimanes. Después de un largo día de viaje llegamos, y como había oscurecido, el bote se quedó con nosotros y todos acampamos para la noche. Ahora que ya teníamos el GPS, enchufé el BGAN para actualizar el mapa con nuestra nueva posición. Para mi disgusto, el nuevo BGAN no funcionaba. Podía hacer llamadas de voz, pero la Internet no estaba funcionando. Pasé por lo menos dos horas y gasté toda la batería que teníamos, hablando por teléfono con AST Satellite Communications en Inglaterra, pero no podían solucionar el problema si no estaba conectado con la Internet. Aparentemente, la red de Inmarsat había tenido una "crítica alteración satelital", y necesitábamos descargar nuevo *software* para nuestra unidad, que había estado inactiva durante meses en el apartamento de Marlene en Lima. Con todo lo frustrante que resultaba eso, no tuvimos otra alternativa que continuar sin acceso a la Internet. Las siguientes tres semanas tendría que enviar mis blogs a través del teléfono satelital de Chloë, mi ex novia, cuyo número era el único en el mundo que yo conocía de memoria, y ella publicaría los blogs desde Inglaterra, utilizando imágenes de archivo bajadas de Google.

Reiniciamos la marcha cargando más peso que nunca. Yo había calculado que este tramo sería de veinte y cuatro días sin encontrar ni una comunidad, y por lo tanto necesitábamos tener suficientes provisiones. Como Pete caminaba con nosotros, me aprovisioné de barras de cereal para los almuerzos, pues así podríamos conservar nuestros niveles de energía durante todo el día. Compramos 432 barras de cereal, agotando todo el suministro de cinco tiendas en Tefé, y ahora nuestras mochilas eran extraordinariamente pesadas. La de Cho pesaba 40 kilos, la mía superaba los 44 kilos, y Pete, que nunca antes había caminado en la selva, transportaba 35 kilos, más de lo que Cho y yo habíamos cargado durante la mayor parte de la expedición.

La marcha fue abominable. El primer día nos encontramos con un campo repleto de hierba cortante, pero no teníamos otra alternativa que atravesarlo. Un corte con papel no se compara con las heridas que produce la hierba cortante; es como un papel que se hubiera sumergido en goma y luego en vidrio finamente molido. Nuestras manos estaban cubiertas de sangre, y nuestra ropa estaba hecha jirones. Ese día solo conseguimos caminar cuatro horas antes de caer rendidos y decidir que tendríamos que acampar.

Pete era un constructor de Crawley, en el sur de Inglaterra. Era físicamente muy fuerte, pero no sabía en lo que se había metido. Después del primer día, declaró,

"Esta es, sin duda, la cosa más difícil que he hecho en mi vida. No imaginé que sería tan ardua. Es una experiencia que hay que vivirla para creerla; tan solo con palabras no se le puede hacerle justicia".

Le esperaban otros veinte y tres días más de lo mismo.

Pete quedó enseguida cubierto de picaduras de mosquitos, y me daba lástima verlo. Reaccionaba con fuerza a todo, y cada noche teníamos que darle grandes dosis de antihistamínicos para que pudiera dormir. Yo ya estaba acostumbrado a lavarme en huecos excavados en el lodo y a contentarme con solo farina seca para la cena cuando no había un río dónde pescar, pero súbitamente tuve conciencia de la vida básica, animalista, que había estado llevando. Pete estaba visiblemente escandalizado por lo que se esperaba de él tanto física como mentalmente, pero por suerte tenía un indomable deseo de no fallarnos ni de darse por vencido, de manera que simplemente aceptó las horribles condiciones y los días brutalmente largos. Casi nunca se quejaba.

El 12 de noviembre del 2009, mientras nos abríamos paso machete en mano, sin darme cuenta pisé un crótalo, que es una serpiente musculosa y venenosa. Pete percibió un ligerísimo movimiento en el suelo, cuando la serpiente se preparaba a morder. Los colores de la víbora negra y marrón se parecen tanto a los del terreno del bosque que fue un milagro que la viera, y retrocedió de un salto para evitarla.

Este no fue el primero de esos incidentes. Cho y yo los habíamos encontrado regularmente, pero ese se me quedó grabado en la memoria probablemente porque lo estaba viendo por primera vez a través de los ojos de otra persona. Era un recordatorio de lo aislados que estábamos allí; teníamos en nuestro botiquín cuarenta y ocho horas de antídoto, con el que podríamos mantenernos vivos durante ese tiempo. Era impensable poder evacuar a través de la vegetación que estábamos atravesando. En el improbable caso de haber podido transportar una camilla por el enmarañado bosque, hubiéramos necesitado, como absoluto mínimo, una semana para salir de él.

Fue un golpe de realidad pensar que, si Pete hubiera sido mordido y envenenado, lo único que hubiéramos podido hacer era acampar, inmovilizar su pierna en una hamaca y administrarle inyecciones del antídoto durante los dos días siguientes. Si después de eso el veneno seguía en su sistema, sin duda alguna hubiera muerto. Inclusive de no morir, hubiera tenido que salir de allí caminando. Había sido así desde un comienzo, pero verlo a través de los ojos de un novato me hizo reconsiderar los riesgos que estábamos afrontando para completar esta expedición, la primera en el mundo.

Si bien nuestro seguro podría haber sido válido nuevamente, pensando en forma realista, ¿cuánto tiempo demoraría en llegar hasta nosotros el grupo de cuatro ExMeds desde Hereford? Para cuando llegaran al país, se procuraran mapas, transporte y guías locales, y luego partieran del más cercano río navegable, sería un mínimo de varios días.

Una semana más tarde, Pete, Cho y yo descendimos por una colina boscosa y enlodada. El horizonte, normalmente oculto por los árboles, era visible, indicando que había un río más adelante. En la base de la colina nos topamos con la más deprimente y tupida barrera de bambú entretejido con hierba cortante. Cho se desanimó visiblemente, y todos nos estremecimos pensando en el esfuerzo que tendríamos que hacer para caminar a través del denso bambú. Sabíamos que avanzaríamos a paso de tortuga; nuestros nudillos quedarían heridos y ensangrentados por el duro trabajo con machete.

Nuestros mapas no estaban detallados para el avance a pequeña escala, pero por primera vez en meses, recordé que Google Earth podía ayudarnos. Aún no teníamos conexión de Internet, pero tenía las imágenes grabadas en la memoria, y gracias a que no habíamos estado utilizando el Macbook aún me quedaba suficiente batería.

Encendí la computadora e ingresé la latitud y longitud que

indicaba el nuevo GPS en Google Earth. De inmediato pude ver dónde estábamos, y también ver la forma exacta del río que teníamos delante. Asimismo, podía ver que el vértice de uno de los gigantescos meandros del río quedaría cerca de nosotros si caminábamos hacia la derecha. Tomé de Google Earth ese punto en el meandro, ingresé las coordenadas en nuestro GPS, obtuve una ubicación que todos marcamos en nuestras brújulas, y súbitamente teníamos una nueva dirección y la distancia más corta hacia el río.

La dirección era precisa, y ni una sola vez tuvimos que entrar al bosque de bambú. Fue la combinación de tecnologías lo que me permitió definir nuestro nuevo curso, y me sentí encantado de ver cómo funcionaba. Luego de caminar tan solo un kilómetro llegamos a un ancho río, y nos felicitamos. Habíamos hecho el mínimo esfuerzo, y habíamos evitado una tarde infernal. A partir de ese punto, Google Earth, en lugar de los imprecisos mapas de gran escala, se convirtió en mi principal herramienta de navegación. Durante todo el resto del tramo lo utilizamos directamente en el Macbook, pero cuando salimos de la siguiente cuidad grande ya podíamos imprimir imágenes de la ruta que debíamos recorrer, con la cuadrícula superpuesta. Es así como navegamos durante los nueve meses y más de 2,000 kilómetros que teníamos por delante.

Sin embargo, inclusive Google tenía sus limitaciones. Interpreté erradamente una línea blanca, convencido de que era sin duda un camino que nos ayudaría a llegar a la ciudad de Coarí. La línea era una tala de árboles, pero no era un camino, sino un oleoducto. Ese era un doble tropiezo: no solo estábamos perdiendo lo que había anticipado que serían unos pocos días de fácil caminata por un sendero, sino que la selva del área era lo que había vuelto a crecer recientemente después de la tala para el oleoducto. Nuestro progreso era penosamente lento bajo el ardiente sol ecuatorial, y sin una cubierta forestal para controlar la regeneración, la vegetación había crecido furiosamente para llenar el vacío.

Nos acercamos nerviosamente a un campo lleno de hombres vestidos con overoles anaranjados; estábamos bastante seguros de que la compañía petrolera no aprobaría nuestro paso por su área sin permiso. Nuestro temor fue infundado; los trabajadores del oleoducto prácticamente nos obligaron a comer cerdo, café y un jugo helado, después de lo cual, increíblemente, nos aplaudieron de pie cuando salimos de su campamento. Era imposible no emocionarse ante las demostraciones de bondad y calor humano, como esta después de tres semanas sin descanso en la selva. Para nosotros era muy importante que la gente comprendiera nuestra misión y nos brindara apoyo. Como en muchos lugares en Brasil, los trabajadores no aceptaron ni un centavo como pago por la comida que nos habían ofrecido. Tan solo querían que partiéramos contentos.

En Coarí nos despedimos de Pete, que había bajado seis kilos en tres semanas, pero no había perdido el ánimo y eso era digno de aplauso. Pese a su fuerza y tenacidad, lo que más me impresionó de su visita fue su humildad, y la bondad con que trató a Cho.

Me colgué de las ventanas del hotel donde estuve con mi BGAN, y eventualmente pude lograr que me guiaran por control remoto mediante un "reajuste remoto de fábrica" hasta que los técnicos de AST lo pusieran a funcionar. Es fácil cuando sabes cómo hacerlo, pero demoró cuarenta y ocho horas de intentarlo todo hasta que los técnicos de AST, por fin, dieron con la sencilla solución.

Cho y yo utilizamos la cocina del hotel para hacer "galletas de perros", un refrigerio energético y lleno de calorías, hecho con harina, azúcar, avena, mantequilla y dulce de leche. Con canela y jengibre para darles sabor, las galletas quedaron absolutamente deliciosas, y costaron una fracción de lo que habíamos pagado por las barras de cereal. Para terminar, compramos en el mercado dos gorras baratas de Santa Claus, y volvimos a emprender rumbo hacia los árboles.

Capítulo Catorce

"Dedicación"

El 10 de diciembre del 2009, después de haber caminado durante veintiún meses, todavía teníamos otros siete meses antes de completar la expedición. Me senté sobre mi mochila y le dije a Cho que estaba aburrido. No estaba exhausto, agotado o fatigado—simplemente aburrido.

En la expresión de su rostro pude ver que me comprendía completamente. Solo habíamos avanzado tres días de un tramo de nueve días, y habíamos descansado bien. Nuestro obstáculo actual no era físico, sino mental.

Estábamos conscientes de que tendríamos que pasar otra Navidad lejos de nuestras familias. Sabíamos que la pasaríamos en la selva, comiendo farina con sal. Sabíamos que trataríamos de avanzar más de siete kilómetros ese día, y luego buscaríamos un lugar para poner la red de pesca si el río era suficientemente grande. Siempre era la misma deprimente rutina.

De ninguna manera pensábamos abandonar la expedición—esa idea nunca entró en nuestras mentes. Aunque suene melodramático, ambos hubiéramos muerto antes de volver a casa derrotados. Lo que por el momento buscábamos era una forma de revitalizar la caminata, que en ciertos momentos se había convertido en algo parecido a una condena voluntaria en la cárcel.

Blog del 17 de diciembre, 2009:

Hace diez años, en un día como ayer, estaba durmiendo en el cuarto de huéspedes en casa de mis padres en la pequeña ciudad rural de Mowsley, en Leicestershire. Poco antes me había graduado en la

Royal Military Academy Sandhurst, y siendo un joven subteniente sin casa propia, estaba con mis padres mientras durara mi licencia militar hasta la fecha prevista para reportarme con el Devonshire and Dorset Regiment.

Todavía estaba oscuro y yo estaba medio dormido cuando mamá irrumpió en la habitación, y con la voz quebrada por una tristeza que no podía ocultar, me dijo, "Tu padre ha muerto".

La noche anterior, mamá y yo lo habíamos llevado a la Enfermería Real, un lugar que él detestaba y donde no quería ir. Un lugar donde los medicamentos que le dieron le causaban alucinaciones, y yo me preguntaba si realmente lo quería. Un lugar donde lo dejamos solo esa noche, y volvimos a casa pasando por la taberna.

Mamá y yo nos sentamos en el suelo, en lo alto de las escaleras, y nos abrazamos mientras las lágrimas nos corrían por la cara, y yo no podía dejar de decir, "Te amo, Papá, Te amo, Papá, Te amo, Papá". Necesitaba hacerle llegar el mensaje de alguna manera.

La última vez que lo vi fue unas horas más tarde, cuando fuimos al hospital.

Estaba desarreglado, con la boca abierta, y su cuerpo yacía sin vida. El miembro más fuerte de nuestra familia, la fuerza que nos había mantenido unidos, se había marchado. Pedí a una de las enfermeras que le quitaran el anillo del dedo, y me lo puse. Desde ese día siempre lo llevé puesto, hasta que atrajo demasiada atención con los indios ashaninkas en el Perú, y tuve que pedirle a Marlene que lo guardara en Lima, donde está ahora.

Mi padre era alto para su generación, 1.92 metros; era hombre de pocas palabras y tenía un peculiar sentido del humor. Dos veces antes había luchado contra el cáncer, y durante gran parte de su vida adulta su estado físico había quedado debilitado por causa de la quimioterapia y la arcaica radioterapia que había recibido desde que tenía poco más de veinte años. Mentalmente y moralmente era uno de los hombres más fuertes que he conocido, y el amor que sentía por mi madre, mi hermana y por mí era innegable. Cuando yo tenía un partido de rugby, cualquiera que fuera el clima, siempre venía a verme jugar y se ponía en la línea de banda, con su gorra, su chaqueta Barber, sus botas de agua y una gota en la punta de la nariz. Inclusive cuando estaba muy enfermo y su recuento de plaquetas de sangre estaba tan bajo que si hubiera recibido un pelotazo hubiera muerto—se hubiera desangrado incontrolablemente hasta morir—, aún entonces venía a verme. Esa es una demostración de apoyo que un hijo no puede olvidar.

Mientras escribía tenía la cara bañada en lágrimas. Ese fue un canal de escape que me permitió liberar mucha tensión, soledad y preocupación. No es que no hubiera aceptado la muerte de mi padre; era que necesitaba volver a ponerme en contacto con mis emociones, después de meses de reprimir mi temor y ansiedad. Si bien no hubiera podido continuar sin este corto momento de debilidad, me permitió superarme y ser más fuerte, con un enfoque más sereno, más equilibrado.

El Amazonas no es un río normal, como el Támesis, por ejemplo—es el punto focal de una inmensa lámina de agua que fluye a través del bosque cuando las aguas están crecidas. Este diluvio de agua puede medir más de 100 kilómetros de ancho en algunos lugares; el equivalente de la distancia entre Londres y París en su desembocadura, donde el torrente lleva 200,000 metros cúbicos de agua por segundo hasta el Océano Atlántico. No es un lugar donde dos pequeños, insignificantes y desvalidos andariegos quisieran quedar varados. En una sola noche, las brutales crecidas pueden arrasar campos enteros, matando todo lo que encuentren a su paso y sin dejar rastro.

Había comenzado la temporada de lluvias, y Cho y yo habíamos pasado varios días sin poder encender una fogata con madera seca, pero afortunadamente sabíamos cómo hacerla con madera húmeda—hasta ahora ya habíamos tenido suficiente práctica. Comíamos desnudos después de lavarnos—no había razón para ponernos nuestras ropas secas (pronto volverían a estar mojadas)—y hacía tiempo que habíamos dejado de sentir vergüenza por nuestra desnudez.

La Nochebuena estábamos demasiado cerca del cauce principal del Solimões como para sentirnos al abrigo de los bosques inundados. Estábamos en un bosque que se inundaba todos los años y cada día se hacía más difícil caminar por el suelo cada vez más enlodado.

Necesitábamos escapar de la várzea y buscar zonas más elevadas antes de que comenzaran las verdaderas inundaciones. Un lugar elevado sería el mejor regalo de Navidad que podríamos desear.

El día de Navidad no dejó de llover. Pasamos el día caminando empapados, y luego grabamos algunos triviales mensajes de video para publicarlos en el sitio web, y posamos acostados en nuestras hamacas con gorras de Santa Claus para una foto divertida en el sitio web. Mientras acampábamos, la lluvia era pesada e implacable. Hice una fogata con maderos mojados y Cho fue al río a tratar de atrapar unos peces. Yo estaba seguro de que no tendría suerte.

Cho demoró mucho, y yo me quedé sentado en la lluvia pensando en la solitaria y aislada Navidad que iba a pasar; pero entonces, justo cuando estaba anocheciendo, Cho regresó con siete u ocho pescados que había ensartado en un palo para poder transportarlos.

"¡Bravo, Cho!", exclamé sonriendo y lo ayudé a escamarlos y limpiarlos en un arroyo cercano. Freímos unos ajos en aceite, luego añadimos los trozos de pescado y agua. Fue una cena excelente, y un perfecto regalo de Navidad. Nos reímos e hicimos bromas, y Cho practicó diciendo "Happy Christmas" en inglés. "El próximo año, en esta fecha, estaremos en casa con nuestras familias", le dije. Nos quedamos mirando absortos las llamas anaranjadas, y soñando con el mundo exterior.

Cada día caminábamos con la ropa pegada al cuerpo por el sudor. Tomábamos diez minutos de descanso cada hora, y habitualmente escurríamos nuestras camisetas—eso era lo más seco que llegaban a estar en todo el día. Luego las utilizábamos como trapos para limpiar la arenilla y la suciedad de la selva de nuestros cuellos y brazos. Durante esos diez preciosos minutos nos sentábamos sobre nuestras mochilas e intercambiábamos miradas de agotamiento.

Las gotas de lluvia eran refrescantes en esa elevada humedad, pero la precipitación regular también significaba que ahora los ríos estaban crecidos. Su torrente se filtraba continuamente hacia la várzea baja, pero solo hasta un nivel que podíamos atravesar con las botas de lluvia. Todavía seguíamos progresando satisfactoriamente.

El 31 de diciembre acabábamos de abrirnos paso a través de una tupida zona de bambú espinoso para llegar hasta la orilla de un río, y con el agua hasta el pecho estábamos retirando los juncos para hacer sitio e inflar las balsas. En este punto solo necesitábamos cruzar el río, pero era Año Nuevo, estábamos cansados y sin embargo estábamos inflando las balsas . . .

"Cho", dije tentativamente, "podríamos navegar río abajo en las balsas hasta el pueblo pesquero de Paricatuba, en lugar de pasar la noche solos en la selva . . .". Cho sonrió y admitió que había estado pensando lo mismo. Ahora teníamos un nuevo plan para recibir el Año Nuevo.

Marcamos el lugar con el GPS para regresar al día siguiente (o el día después, dependiendo de lo buena que estuviera la noche). Cuatro horas más tarde estábamos sentados en la cubierta de madera de una casa flotante con vista al bonito pueblo, cada uno con una cerveza en la mano. El terreno desbrozado se extendía desde el río que teníamos detrás, y en lo alto de la colina había una gran iglesia rosada, de concreto. La cálida noche quemaba mi cuello de gringo, y brindamos por nuestras nuevas circunstancias.

La velada consistió principalmente en sentarnos en círculo mirando una pantalla de cinco pulgadas donde estaban tocando música popular brasileña en portugués. Yo había pensado que mi portugués estaba avanzando bastante bien—con sus palabras de sonido nasal que se yuxtaponían unas sobre otras—, pero tratar de comprender a gente que había bebido más de la cuenta y hablaba balbuceando era muy difícil. La noche terminó en un recuerdo borroso de hombres muy sinceros que nos abrazaban y nos decían que éramos sus amigos.

Cho estaba ansioso por descansar un día, así que a la mañana siguiente me dediqué a chequear mis emails y hacer cuentas. Entre los dos habíamos gastado aproximadamente £12 la noche de Año Nuevo, no un exceso que pudiera hacernos sentir culpables. La cerveza había tenido esa cualidad refrescante que calma la sed y provoca una sonrisa de placer. Bien había valido la pena.

El dos de enero teníamos que regresar al punto donde habíamos dejado de caminar, para lo cual contratamos un bote de madera, y Amaral, un hombre bajo y gordo de amplia sonrisa, nos llevó río arriba mientras su motor hacía "put-put" detrás de nosotros. Teníamos que volver al lugar exacto de donde habíamos partido, y al acercarnos al punto intermedio en el GPS comencé a inflar la balsa que habíamos usado para viajar río abajo a Paricatuba. Estaba de pie en la proa del angosto bote, soplando con fuerza para que la balsa quedara tensa como un tambor, cuando un golpe de aire me lanzó a mí y a la balsa al agua. Sin inmutarme por mi prematura sumergida, me puse muy sonriente, preparado para recibir las burlas de Cho, cuando me di cuenta de que había volcado toda la canoa y los otros dos ocupantes, bastante asustados, estaban tratando de recuperar las piezas del equipo que habían caído al agua mientras el bote y su pesado motor desaparecían en las turbias aguas del río.

Cho consiguió asir la bolsa impermeable que contenía mi billetera y el GPS, mientras Amaral trataba de liberar el motor fuera de borda de los juncos del cauce del río, a tres metros de profundidad. Yo arrastré la canoa sumergida hasta aguas menos profundas y rápidamente la incliné para expulsar el agua que tenía adentro y luego regresar donde Amaral, que estaba presa del pánico y todavía en la zona profunda. Con una fuerza de Hulk, consiguió subir el motor hasta un bote. Nos reagrupamos y nos dimos cuenta, con considerable alivio, de que nuestra única pérdida había sido el machete que habíamos llevado para utilizar ese día. El incidente hubiera podido ser mucho más grave.

Cho y yo pedimos disculpas por mi torpeza—y por el hecho de que ahora Amaral tendría que regresar remando, porque su motor tenía agua adentro. Cruzamos el río y pasamos un día de lo más placentero caminando por una zona sorprendentemente seca, abierta, con várzea libre de espinas y sin necesitar el machete que habíamos perdido. Llegamos a Paricatuba a las dos de la tarde y nos recibieron con la noticia de que el bote no había regresado, así que tuve que alquilar otra canoa y partir en una misión de búsqueda y rescate para encontrar al pobre Amaral.

Con el nuevo conductor del bote, Álvaro, que tenía un cómico parecido al actor que protagoniza a Chris Finch en *The Office* (la versión británica), cubrimos toda la extensión de agua buscando minuciosamente. Pasó el tiempo, pero no encontramos rastros de Amaral ni del bote. Finchy y yo nos mirábamos en silencio. Ambos sospechábamos que Amaral debía haberse ahogado en las peligrosas y agitadas olas, cuando chequeamos el interior de la única casa flotante frente a la que no habíamos pasado, y encontramos a un sonriente Amaral bebiendo café y secando su motor al sol.

Lo verdaderamente excepcional de caminar a pie en Paricatuba era que en la parte alta de la ribera desbrozada, detrás de la iglesia rosada, el terreno era elevado a todo lo largo, hasta llegar a la ancha carretera que conducía a Manaos. Habíamos escapado de las inundaciones, por el momento por lo menos, y calculamos que llegaríamos a la carretera en solo diez días.

Pero todo es relativo, y después de haber caminado durante 639 días nos parecía poca cosa un tramo de diez días a través de una selva que, hasta donde los pobladores podían recordar, nunca había sido pisada por un ser humano. Nos pusimos en marcha en busca de la Autopista BR-319 con provisiones frescas y la moral elevada. Sabíamos que en Manaos disfrutaríamos de un descanso merecido, y casi sentíamos que las vacaciones ya habían comenzado después de la cálida acogida que recibimos por parte de los paricatubanos.

Pero después de cuatro días de una selva muy agresiva, Cho me dijo de plano, “No hay muchas personas en el mundo que te seguirían a través de esto”.

Tenía razón. No había nada placentero en esos diez días. No

había ríos hermosos, muy poca fauna, tan solo kilómetros de enredados matorrales secundarios que requerían mucho trabajo de machete para poder avanzar. Tal vez debido a que Manaos ya estaba tan cerca, mentalmente estábamos contando los minutos de cada hora, y nuestros cerebros a menudo caían en una desesperación casi enloquecedora. Habíamos bajado la guardia antes del final de la lucha, y lo negativo de cuán duro y lento era este tramo nos había afectado.

Teníamos que cambiar nuestro enfoque y revertirlo en hacer un esfuerzo por volver a tomar el control de nuestras mentes. Mis soluciones variaban de un día al otro, pero recuerdo haber cantado *"Dedication"* (Dedicación), la canción tema del programa infantil *Record Breakers* de la BBC, donde el desaparecido Roy Castle cantaba y tocaba la trompeta. No la había escuchado en años—fue el comportamiento de Cho lo que me hizo grabarla en la mente.

Una mañana se cayó de un tronco resbaladizo, y al sentir que el machete se le escapaba durante la caída, instintivamente lo asió, tirando de la hoja con sus dedos. Lo miré en cámara lenta: la expresión de pánico en su cara lo decía todo, y recé porque no hubiera perdido ningún dedo. Sosteniéndose la mano se levantó con dificultad, y yo saqué el botiquín en cuestión de segundos. Se había hecho un corte severo en los cuatro dedos de la mano izquierda, y el corte en el meñique era muy profundo. Después de lavar la herida y aplicarle yodo, le vendamos fuertemente la mano con cinta adhesiva para detener la hemorragia. Valiente como siempre, Cho quiso continuar caminando, pero le dije que acamparíamos donde estábamos. A veces no era necesario seguir adelante, y ciertamente en este caso no beneficiaría a nadie. De todos modos, el río nos proporcionaría un buen campamento.

Cuando comenzó a pescar a las 2:30 de la tarde, Cho aún estaba con mucho dolor. No quería que la herida le impidiera continuar con sus actividades, y por eso, mientras yo encendía la fogata, él encontró un pequeño estanque en el serpenteante río y echó su sedal y anzuelo.

Preparé la cena, nuestra pequeña ración de arroz con frijoles y café negro. Cuando estuvo lista lo llamé, pero me dijo que la pusiera en su caja lonchera y que comería más tarde. A eso de las 6:20, cuando oscureció, fui a acostarme después de cenar solo y me puse a leer en mi acogedora hamaca seca. A las ocho en punto acababa de terminar mi libro cuando vi la lámpara de cabeza de Cho moverse entre los árboles, en dirección a las brasas de lo que quedaba de la fogata.

"¡Tenemos cena!", exclamó con entusiasmo, dando una palmada a un gran pez gato, con una sonrisa que yo no podía ver en la oscuridad, pero que adivinaba. Le había tomado cinco horas y media atrapar su recompensa. Me levanté a limpiar y cocinar el pescado mientras Cho se bañaba.

Comimos, y felicité a Cho por su extraordinaria paciencia. Ambos habíamos recibido una inyección de proteína que estábamos necesitando desde varios días atrás. No se dio crédito, como siempre lo hacía. Para él, pescar era una distracción de la monotonía de la caminata, pero esta vez sospecho que tanta perseverancia fue su manera de recuperar el control de la selva después de su accidente con el machete.

Recordé los muchos desacuerdos que había tenido con Luke, y cuán diferente era mi relación con Cho. Con respeto mutuo y habilidades que se complementaban, un equipo de dos hombres podía funcionar magníficamente bien. Me sentía muy afortunado de tener conmigo a Cho. Era a causa de su dedicación que la canción volvió a mi memoria con tanta insistencia. Cho aprendió las palabras, y mientras caminábamos cantaba *"Dedication is what you need"* (Lo que necesitas es dedicación) en inglés y a toda voz.

La autopista BR-319 es una herida abierta y recta que atraviesa el rostro del Amazonas. Estábamos a mediados de enero del 2010 cuando llegamos a la ruinosa carretera que marcaba el final de la gran extensión de selva que habíamos cruzado desde Tabatinga. Antiguamente había sido pavimentada, y marcaba una cicatriz a través del bosque tropical del Amazonas, desde Manaos hasta Porto Velho en el suroeste. El tráfico por la carretera se reducía a un par de camiones 4X4 al día.

Utilizamos el camino para avanzar en dirección noreste, hacia la gran ciudad de Manaos. Los primeros días caminamos bajo un sol directo y abrasador. Me puse el forro de seda de mi bolsa de dormir debajo de la gorra para protegerme la cara y el cuello del candente sol. Con las crecientes distancias que tuvimos que recorrer en el camino, nuestros cuerpos comenzaron a sufrir y nos fuimos convirtiendo en chamuscados cadáveres ambulantes. Cho estaba pasando más trabajo que yo—había algo que no andaba bien, y al final de un largo día nos detuvimos en el terreno de construcción de un camino en desuso, y de inmediato se quedó dormido. Al día siguiente, a mediodía, apenas podía caminar. Tuvimos que parar en una casa y pedir agua para Cho. Creo que había supuesto que debido a que su piel era oscura no podía sufrir de insolación, pero eso era lo que parecía afectarle. No se había cubierto en absoluto y estaba tomando doxycycline contra la malaria, lo que podía volverlo hipersensible al sol.

Por primera vez en meses, decidí dejar a Cho y continuar solo. No estaba preocupado por él, Cho podría descansar un poco y luego darme alcance cuando estuviera mejor, aprovechando la motocicleta de la familia. Me sentí liberado caminando solo, y por primera vez cantaba para mí mismo. Llovió copiosamente durante un par de horas, sin embargo me sentía fuerte y libre. Pasé la noche en una palapa abandonada a un lado del camino, y estaba muy consciente de estar realmente solo por primera vez en meses.

Al día siguiente Cho ya se sentía mejor, se reunió conmigo un poco más al norte y continuamos caminando juntos. La gente con la que hablábamos nos dijo que el área adyacente a la carretera era en realidad una reserva forestal, y que era necesario tener un permiso hasta para cortar árboles para construir una casa. Era bueno saberlo, pero las mismas personas dijeron que la BR-319 estaría completamente reparada para el 2014, y no pude evitar preocuparme de que el aumento de tráfico en el área no sería bueno para la conservación del área en general.

Entonces tuve la idea de caminar por la noche. Podríamos aprovechar las frescas horas nocturnas para recorrer kilómetros sin el opresivo calor del día. Salimos a las cinco de la tarde, y un par de horas después—cuando había anochecido—comenzó a llover.

La lluvia en la selva es refrescante y enfría el cuerpo. La lluvia en la total oscuridad del camino abierto, con un feroz viento que casi nos arrancaba las empapadas camisetas, es otra cosa. Sin ropas abrigadas ni impermeables que nos protegieran, hacia las diez de la noche éramos verdaderas ruinas y corríamos el riesgo muy real de una hipotermia.

Nos vimos obligados a buscar abrigo, pero no encontramos dos árboles suficientemente juntos para instalar nuestras carpas de lona. El bosque adyacente había sido desbrozado, no había luna, y para colmo, ambos lados de la carretera estaban inundados. Los postes de telégrafo que llevaban un absurdamente moderno cable de fibra óptica a través de la naturaleza salvaje nos tentaban, ya que eran las únicas columnas verticales que podíamos ver—pero estaban demasiado lejos uno del otro como para que pudiéramos utilizarlos.

Tratamos de llamar a la puerta de las casas para pedir refugio mientras la lluvia golpeaba nuestros rostros. No hubiera sido necesario estudiar todo un diccionario inglés–portugués para comprender cuando la gente nos decía que nos fuéramos al diablo. El mensaje, claro y fuerte, era siempre el mismo desde las casas abrigadas y seguras.

A las 11:45 PM Cho caminaba como un zombie—tiene tendencia a reaccionar mal al frío, eso lo había comprobado en las inundaciones en el Perú—, pero ahora tenía más frío que nunca en su vida.

Sin un plan alternativo, seguimos adelante, temblando. Una luz a unos cientos de metros de distancia atrajo nuestra atención, y nos encaminamos hacia ella. Desde la distancia podíamos ver la silueta de un hombre en una casa con un costado abierto, y no sé por qué supimos inmediatamente que sería diferente de los demás. Emprendí la caminata delante de Cho (que ya había perdido la voluntad de vivir) y con una sonrisa forzada le pregunté al hombre si podíamos utilizar sus árboles para instalar nuestras lonas.

"Por supuesto", respondió con espontánea calidez. "Y por favor, coman un poco de pescado y arroz". Nuestra historia, un poco bíblica, terminó cuando, vestidos con ropas secas y la boca llena de suculento pescado, le preguntamos al hombre cómo se llamaba.

"Mesías", respondió. Sonreí con incredulidad.

Durante el 95 por ciento de los últimos seis o siete meses en Brasil, Cho y yo no habíamos visto carreteras. Ni siquiera habíamos visto muchos senderos. Nuestra rutina normal nos había mantenido rodeados de densa selva, incapaces de ver más que unos pocos metros en cualquier dirección, haciendo turnos de media hora al frente, abriéndonos paso machete en mano a través de la fila de menor resistencia entre los árboles.

La mayor parte de los habitantes locales viajan en bote por las áreas remotas del Amazonas—la gran red fluvial constituye la mejor forma de transporte. Por desgracia, eso no había funcionado debido a nuestro ligeramente absurdo compromiso de caminar a todo lo largo del río. Por eso, al igual que los cazadores locales, pero con veinte veces más peso en nuestras espaldas, nos habíamos encaminado hacia el tupido bosque tropical. Desde la frontera de Colombia, en mayo del 2009, habíamos recorrido de esa manera un promedio de siete kilómetros diarios.

Pero el Amazonas estaba cambiando a medida que nos acercábamos a su desembocadura. Durante las dos semanas siguientes, las líneas de menor resistencia para Cho y para mí eran meros caminos que entraban y salían de Manaos. Era una extraña sensación caminar con mis Crocs sobre un asfalto suave mientras todavía podíamos oír los chillidos de las tropas de monos aulladores, que venían del borde de los caminos en la selva.

Algunos días avanzábamos 40 a 50 kilómetros. La ventaja de esta surrealista franja de civilización era que podíamos hacer grandes progresos hacia el Atlántico—y hacia nuestros hogares.

El 16 de febrero del 2010 llegamos a la ribera sur del río Solimões, pero necesitábamos cruzar hasta el lado norte, a Manaos, para continuar. A partir de este punto sabíamos que aún teníamos que caminar 1,800 kilómetros para llegar hasta el Atlántico.

El problema era que había un puesto de control de la Policía Federal en el lugar desde el cual partían los barcos transbordadores. En este momento éramos ilegales, y si los federales chequeaban nuestros pasaportes era posible que nos detuvieran, encerraran y posiblemente hasta nos deportaran. Los federales tenían la autoridad para detener a cualquier persona que entraba a Manaos, y el corazón me latía aceleradamente cuando pasamos frente a los severos hombres uniformados. Afortunadamente, ni siquiera pestañearon.

Frente a nosotros se extendía la vasta confluencia del río Solimões, que habíamos estado siguiendo desde Colombia, con el Río Negro, un inmenso río de agua oscura que venía del norte, desde las montañas Escudo de Guayana. El raudo caudal del Solimões arrastra sedimento, lo cual hace que luzca fangoso y de color marrón, mientras que el Negro es un río de agua negra, lo que significa que es más lento, y debido a la lixiviación de taninos de la vegetación a esta velocidad más lenta, es a la vez ácido y oscuro como el té. El Negro también es mucho más tibio. En el lugar donde se encuentran los ríos, sus aguas se mantienen separadas durante varios kilómetros antes de mezclarse, y los dos colores muy característicos crean un asombroso efecto visual. Al juntarse los dos ríos, se convierten nuevamente en el Amazonas.

Cho y yo remamos sin incidente, cruzando el río hacia el lado norte, donde se encuentra Manaos. Luego caminamos desde la fábrica Kawasaki sobre el río, recorriendo los transitados barrios pobres de Manaos. Tratando de esquivar atronadores autobuses y atreviéndonos a cruzar las calles en luz amarilla, un mundo largo tiempo olvidado volvió a resurgir de mi inconsciente.

Otra parte de mi mundo olvidado que se volvió a abrir fue el amor. Mi exnovia, Chloë, vino de Inglaterra hasta Manaos para visitarme. Habíamos estado en contacto vía Skype, y pese a los riesgos que ambos corríamos, decidimos que sería divertido que viniera para pasar unos días juntos. Y en efecto, fue muy divertido.

Cuando su visita llegaba a su fin, sin embargo, instintivamente supe que no podía comprometerme con ella como ella parecía desearlo. Todavía me quedaban seis meses de caminata, y no quería tener la distracción de saber que alguien, afuera, estaba esperando una llamada telefónica o preocupándose por mí. Si quería completar la expedición tenía que ser egoísta—eso siempre implicaba algún tipo de sacrificio—, y por eso ambos estábamos todavía solteros cuando ella se marchó.

Chloë sigue siendo la persona que más apoyo me brindó durante todo el viaje, aparte, tal vez del omnipresente Cho o mi amorosa madre. Chloë me comprendió totalmente, y merece que la mencione como la persona a la cual acudiría sin dudarlo en mis momentos más tristes. Asimismo, me ayudó mucho buscando y publicando asuntos ambientales en el sitio web, y manteniendo a flote esa parte de nuestra misión cuando yo estaba deprimido y no me sentía capaz de hacerlo. Aún somos, y espero que lo sigamos siendo, amigos muy cercanos.

Después de la partida de Chloë, Cho y yo necesitábamos comprar algunos suministros antes de emprender la marcha, y para ello fuimos a uno de los gigantescos centros comerciales de Manaos. Subimos por una escalera mecánica, y Cho tuvo dificultades para mantenerse de pie. Mirando con asombro su entorno, y las escaleras que subían y bajaban por sí solas, me di cuenta de que nunca había viso algo así antes.

A fines de febrero del 2010 dejamos atrás la ciudad, emprendimos la marcha hacia Itapiranga en la carretera AM-010 y nos detuvimos en el kilómetro 134 para pasar la noche en un sucio poblado al borde del camino. De haber sentido hambre y cansancio, este lugar nos hubiera parecido muy conveniente; tenía electricidad para recargar la *laptop*, agua corriente y una mujer que nos preparó una comida indigerible. Pero no estábamos particularmente hambrientos, ni particularmente cansados: estábamos saliendo de un lujoso descanso en Manaos, y veíamos las cosas tal como eran en realidad.

El pueblo desgastado y repleto de basura lucía como si a ninguno de sus residentes le preocupara la higiene personal. Pasamos la noche en un establo que olía como el excusado a poca distancia de la escuela, donde los chicos iban a orinar y a fumar. Cuando abrí el caño, me vino una oleada de recuerdos al sentir el hedor del agua en la que estaba a punto de lavarme. Entre la basura que había debajo de mi hamaca había páginas arrancadas de una revista pornográfica, e inclusive después de "lavarme", me sentí sucio. Yo tenía la mejor habitación—en la de Cho, había una pila de excremento humano en un rincón.

Pero teníamos cuatro paredes y un techo, por lo tanto no debí haberme quejado—ni siquiera a mí mismo—, pero me quejé. Teniendo en cuenta las horrendas condiciones en la selva, algo así nos hubiera parecido aceptable y hasta hubiéramos terminado por encontrarlo agradable. Pero había algo que destruía el alma en ese muladar cuyo nombre, debo admitirlo, nunca pregunté.

El único consuelo fue que después de acostarnos oí un golpe: la hamaca de Cho se había desprendido y él había aterrizado con fuerza en el suelo. A pesar de que Cho estaba cansado y adolorido, no pude dejar de reírme hasta que me rodaron lágrimas por las mejillas, mientras que desde su cuarto solo podía escuchar quejidos, maldiciones y gruñidos.

Capítulo Quince

"No habla mucho, el gringo"

A comienzos de marzo me comenzaba a preocupar la persistencia de una especie de pequeña úlcera que tenía en el bíceps izquierdo. Comenzó a consecuencia de una simple picadura de mosquito simúlido el día de Año Nuevo, que me dejó una pequeña lesión abierta que ya llevaba nueve semanas supurando. El "cráter" era solo del tamaño de una arveja, y el "volcán" total también era muy pequeño. No era doloroso, pero tenía alrededor una aureola circular bien definida e inflamada, que rehusaba curarse.

Pensé que sería una úlcera tropical; la había estado tratando con un polvo antiséptico y tomé sucesivamente antibióticos de ampicilina y metronidazole, ya que era imposible conseguir antibióticos secuenciales como flucloxacillin. Ninguno de esos remedios tuvo efecto alguno, y me fastidiaba no haber podido deshacerme de esta inoportuna molestia pese a haber pasado todo un mes lejos de la humedad de la selva, en carreteras secas y antisépticas.

En mis blogs publiqué el problema, y la respuesta del público, en particular de dos médicos, John James y Caroline Baugh, me informó que lo más probable era que se tratara de una leishmaniasis. En su forma presente no debía preocuparme, pero existía un seis por ciento de probabilidades de que mutara en una leishmaniasis mucocutánea, que sería desfigurante, y en ese caso podría roer el tejido de mi paladar blando (boca y nariz), dejando un hueco permanente en mi rostro. Me resigné a sobrellevar el problema durante unos meses, porque quería que continuáramos con la marcha; era necesario no interrumpir la expedición.

El final de la red de carreteras desde Manaos era la ciudad de Itapiranga, donde tomamos un día de descanso antes de volver a internarnos en la selva. Desde allí cruzamos un terreno pantanoso. Por suerte antes había estado atravesado por un camino y el terraplén que quedaba nos ayudó a sortear la mayor parte de las zonas inundadas.

Cho estaba caminando al frente, cuando vi que levantaba su machete y se lo ponía al hombro como si fuera una escopeta, y hacía el ademán de disparar contra algo que había visto adelante. Observé su entorno y me pareció ver una anaconda de más de dos metros de largo.

A la velocidad de un rayo saqué mi cámara de la mochila y corrí a filmarla. En lugar de huir para ponerse a salvo, la valiente culebra parecía estar interesada, expandió su cuello casi como una cobra, y se acercó en mi dirección. Me detuve y retrocedí un paso. La serpiente también se detuvo.

Lo que me confundía era no saber si era peligrosa o no. Pese a que inicialmente había pensado que era una pequeña anaconda (inofensiva para los seres humanos), ahora no estaba seguro debido a la forma de su cabeza y a que no mostraba ninguna marca.

Envié algunas fotos a mi amigo Ash Holland en Guayana, quien me confirmó que se trataba de una falsa cobra de agua (*Hydrodynastes gigas*). Ni Cho ni yo habíamos visto antes una "hydro". En las Américas no hay verdaderas cobras, y el nombre le fue dado simplemente debido a su parecido físico con las cobras asiáticas, y a sus demostraciones defensivas de amenaza, que incluyen una expansión del cuello y garganta—exactamente lo que yo había visto.

Después de unos segundos la serpiente desapareció entre la maleza, y nunca volvimos a ver otra. Ese evento me hizo evaluar todas las cosas increíbles que nos rodeaban, de las que aún no sabíamos nada. Cuando uno está exhausto, mantener el interés en lo que se ve todos los días es mucho más difícil de lo que podría pensarse. Me di cuenta de que obligarme activamente a aprender más sería una forma de conservar mi equilibrio mental.

Inclusive si no sabía lo que eran las cosas, podía hacer el esfuerzo y tratar de averiguarlo, y en realidad volver a pensar en el bosque tropical. Hacía mucho tiempo que mi enfoque había cambiado y ahora solo veía la selva como un obstáculo que debía superar. Rara vez apreciaba la belleza de los brillantes rayos de sol que atravesaban el alto y oscuro follaje. Había dejado de detenerme para admirar el colosal tamaño de los árboles o la belleza de sus raíces cubiertas de musgo. Miraba las aves con indiferencia y no me tomaba la molestia de fotografiar grupos de monos que gritaban y sacudían las ramas elevadas. Las maravillas naturales que me rodeaban bien podrían haber sido paredes blanqueadas, y reconocí que me había comportado como un ignorante y un estúpido. A mi mente le hacía falta este tipo de estímulo para impedir que se volviera aburrida y destructiva.

Lo único que necesitaba hacer era darle a mi mente un estímulo positivo, y la expedición sería fácil. En ese momento todos mis problemas era producto de un cerebro aislado, aburrido, estancado. Una mente perezosa se aferra a la negatividad y a los problemas, y los exagera hasta que pierden la perspectiva y se vuelven una obsesión. Eso me sucedía con frecuencia, cuando no me forzaba activamente a mantener una actitud positiva.

Para entrar a São Sebastiao tuvimos que cruzar un importante tributario; desde el agua la ciudad parecía muy bonita, con una iglesia con campanario y casas pintadas de colores pastel. Bajo la mirada curiosa de treinta o cuarenta hombres y mujeres, remamos hasta el puerto, desembarcamos, desinflamos las balsas y las sujetamos a nuestras mochilas, y caminamos hacia el pueblo en busca del hotel más cercano. Me sentí como Sean Connery protagonizando a James Bond en *Goldfinger*, cuando se quita el traje de neopreno y aparece en esmoquin, con un clavel rojo en la solapa. Después caminamos 14 kilómetros hasta Urucará. Siempre encontrábamos terreno suficientemente firme para recorrerlo a pie, y ocasionalmente podíamos sumergirnos o nadar un poco, pero en general tuvimos la suerte de poder cruzar el llano a buen paso. Desde Urucará nos dirigimos al norte, hacia las montañas que se encontraban detrás. Desde allí sabíamos que nos faltaba recorrer 100 kilómetros para llegar al río Nhamundá, donde encontraríamos poblaciones y gente.

Mis botas terminaron finalmente por romperse, y en Urucará compré un par de botas de goma. Aparentemente en el Amazonas no había mucha gente que calzara 46, y tuve que contentarme con unas de talla 45. Fue una compra interesante con la que tuve que vivir las siguientes semanas. Compramos alimentos suficientes para quince días, y partimos cargando mochilas que pesaban unos 45 kilos. Yo estaba consciente de que los últimos 800 kilómetros habíamos caminado por carretera, y que volver al bosque con un peso tan grande sería un golpe duro para nuestros cuerpos. Pero debido a las montañas, no esperábamos poder pescar y teníamos que transportar todo lo que fuera posible. Aun así, 20 calorías diarias para cada uno era lo máximo que podíamos llevar con nosotros.

Con la expedición tan avanzada, me sorprendió ver lo montañosa que podía ser la selva, y nos esperaban ascensos que requerían subir por pendientes y a través de retorcidas espinas que no parecían terminar nunca. Sin contornos de elevación en las impresiones que habíamos sacado del Google Earth, y sin poder ver a más de 15 ó 20 metros en cualquier dirección, era como navegar en condiciones polares, que hacían imposible determinar una dirección o hacer una aceptable planificación de ruta.

En la cumbre de la pendiente, con las pantorrillas adoloridas y los pulmones ardiendo, cuando lo único que queríamos ver era una cima plana que pudiéramos seguir para mantener la altitud, lo que veíamos era un profundo precipicio al que teníamos que lanzarnos. Eso se repetía constantemente.

Los árboles estaban bastante espaciados, la caminata podía haber sido rápida, de no ser por las montañas. Casi nunca teníamos que usar los machetes en nuestros ascensos y descensos por ellas. El primer día solo recorrimos tres kilómetros, y nos detuvimos después de cinco horas. Ese día no teníamos ni ganas de recolectar madera para la fogata. Pero a medida que pasaban los días, las mochilas se aligeraron y nuestras pantorrillas se fortalecieron.

Mis pies tenían ampollas en los dedos pequeños, así como en los metatarsos de los pies. Ninguna cantidad de cinta adhesiva podía ocultar el hecho de que las baratas botas eran demasiado pequeñas, y las plantillas eran duras. Podía soportarlas, pero a cada paso hacía una mueca de dolor y tenía que apretar los dedos para evitar que tocaran las puntas de las botas.

El 14 de marzo, después de cinco horas y media de caminata, me detuve en un arroyo para reabastecernos de agua. Tanto Cho como yo nos quitamos las mochilas, yo llené las cantimploras, les añadí cloro y volví a cargar mi mochila. Cho se había quitado la mochila y la camisa, y estaba de pie sobre el arroyo, echándose agua a la cabeza con su cantimplora.

—¿No quieres bañarte?—me preguntó.

—No, amigo. Quiero llegar a un campamento y bañarme más tarde—respondí.

—No sabía que tuviéramos prisa.

—No tenemos prisa, Cho, simplemente estoy cansado y quiero llegar allá.

Cho se ofendió por mi premura, y como era su turno para caminar por delante, decidió darme una lección. Comenzó a escalar la alta y boscosa montaña a toda velocidad. Me enseñaría cuán rápido podíamos caminar en caso de tener prisa. En lugar de decirle que se dejara de tonterías y frenara el paso, decidí seguirle el juego y ganarle la partida.

Comenzamos a escalar entre los árboles. Cinco minutos, diez minutos, quince minutos. Cada vez que Cho se daba vuelta, me encontraba ahí mismo, pisándole los talones y tratando de mostrarme todo lo despreocupado y tranquilo que podía. Ambos estábamos empapados en sudor, pero ninguno de los dos quería reducir la velocidad ni darse por vencido. Seguimos avanzando cada vez más rápido hasta lo alto de la montaña, hasta que, veinticinco minutos después, ya en la cumbre, tomamos el descanso habitual de cada hora. Nos desprendimos de las mochilas y Cho estaba visiblemente irritado por no haberme dejado atrás, muerto de cansancio. Cuando comenzamos a caminar en el Perú, hubiera podido hacerlo fácilmente. Yo estaba respirando agitadamente, pero me había mantenido a su lado sin mayor problema.

Estábamos furiosos el uno con el otro, pero hasta el momento no habíamos dicho nada.

—¿Cuántos años tienes, Cho?

—Treinta.

—Más parece que tuvieras trece—dije burlonamente.

—Pensé que teníamos prisa—respondió.

Nos miramos con ira.

Desde que nos habíamos conocido, fue lo más cerca que estuvimos de tener un altercado, y ambos sostuvimos nuestras miradas rabiosas.

—¿Estás bien, Ed?

—Muy bien. ¿Y tú, Cho?

Y entonces sucedió. No puedo explicar el por qué, pero al mismo tiempo vimos que nos estábamos comportando como tontos, y comenzamos a reírnos. La tensión desapareció al instante, y fue casi como si nos hubiéramos desahogado después del gran esfuerzo físico de los veinticinco minutos más difíciles de la expedición. Todavía con el pulso acelerado y los músculos de las piernas latiendo, nos estrechamos las manos y eso fue todo.

Fue un incidente inusual, porque pese a que ocasionalmente ambos teníamos momentos de mal humor, lo que hacíamos era simplemente ignorarnos, no decir nada y esperar a que pasara la tormenta. Esta había sido la primera vez en que nos habíamos enfrentado, y por fortuna se manifestó en una carrera montaña arriba, y no en una pelea a puñetazos. Sin embargo, no dejó de ser una batalla. Ninguno de los dos la había perdido, por lo tanto no había problema. Era solo que habíamos aprendido a conocernos aún más, y la manera en que podíamos caminar juntos.

Para coronar el día, Cho encontró cuatro huevos de aves silvestres al pie de una palmera, y celebramos cenando huevos fritos y café.

Cada noche chequeábamos nuestro progreso en las impresiones del A4 Google Earth, trazando las coordenadas del GPS. Poco a poco variamos nuestro rumbo hacia el este.

El 18 de marzo a las diez de la mañana tomamos un descanso en la cima de una enorme montaña a donde Cho nos había dirigido.

Después de los habituales diez minutos de reposo era mi turno de dirigir, y en lugar descender la empinada montaña en la dirección deseada, decidí arriesgarme: viré hacia nuestra derecha y continué subiendo por la línea de la cresta. El problema con una dirección tan especulativa era que no podía ver a más de 15 metros de distancia debido a los árboles, y no sabía si la dirección que estaba tomando casi al azar nos ayudaría o no. Tenía la corazonada de que en realidad el valle tenía la forma de un anfiteatro, y que mi impulso comenzaría a virar de nuevo en la dirección que debíamos seguir. Caminando por la cresta, la luz fluía mucho más, y cuando caminábamos el suelo era casi plano, aunque había un precipicio a nuestra izquierda. Como era de esperarse, después de un rato el precipicio comenzó a cambiar y nos encontramos volviendo a caminar en la dirección deseada. Las hojas que cubrían el suelo eran como las que se veía en un bosque inglés en pleno otoño, y en lugar de un descenso infernal y luego otro ascenso, simplemente habíamos caminado alrededor y estábamos manteniendo la altura en el bosque más encantador.

Comencé a sonreír cuando, más abajo, pudimos ver el enorme valle que habíamos evitado. Sin embargo siempre estaba seguro de que nuestra suerte iba a cambiar y que el estímulo comenzaría a bajar. Durante una hora entera mantuvimos la altura a lo largo de las más elegantes crestas que se elevaban por encima del pabellón del bosque tropical. Una fresca brisa llegaba desde el lado abierto y enfriaba nuestras mejillas izquierdas.

Grupos de monos ardilla saltaban entre los árboles, lo cual nos indicaba que muy pocos seres humanos pasaban por este lugar. En cualquier dirección estábamos a cinco días de caminata de un río navegable, y los cazadores simplemente no se aventuraban hasta aquí. La combinación de que mi corazonada hubiera funcionado, y el hermoso bosque, contribuyeron a que, para mí, este fuera el tramo de caminata más placentero del viaje. Soñaba con galletitas de leche.

Nuestra rutina para acampar se había vuelo tan sencilla que las noches eran un lujo. Chloë había traído nuevas Hex Flies (toldos hexagonales livianos para lluvia) para nuestras hamacas (y había pagado por ellos, bendita sea), por eso ahora estábamos utilizando el antiguo toldo de Cho para proteger las fogatas. Tener tal vez nueve metros de espacio seco para cocinar, comer, almacenar leña y ropas secas era un lujo que justificaba por mucho el tener que transportar un toldo extra. Sujetamos una cuerda que colgaba a lo largo debajo del toldo, y la utilizábamos para colgar la ropa recién lavada en el río. Así, cada mañana teníamos ropa limpia y seca. No lo hacíamos solo por higiene; era fabuloso para la moral. La ropa quedaba inclusive tibia, como recién sacada de un armario.

Cortábamos largos palos en forma de "Y" que podían elevar el toldo lejos del fuego mientras cocinábamos y comíamos, y así el humo no nos entraba por los ojos. Inclusive si estaba lloviendo cuando instalábamos nuestro campamento, y seguía lloviendo toda la noche, en la mañana siempre teníamos ropa seca y leña seca para encender la fogata.

La barata correa de mi reloj pulsera Casio se rompió, y la remplacé con la correa del hacha para hielo de mi mochila. No se veía bonita, pero sirvió bien hasta el final.

Entonces la selva se hizo más tupida y más lenta. No pude evitar que mi dolor de pies me sacara de quicio. Tropecé en un solo día con cuatro nidos de avispas, y las últimas dos me arrancaron gritos patéticos de furor. Fue un mal día; estaba mentalmente fuera de control. Quería irme a casa.

Faltando dos días para llegar al río Nhamundá, la alarma de mi teléfono me despertó a las 5:45, y luego a las 5:55, pero no hice caso. Desperté naturalmente a las 6:40. Desde mi hamaca vi la placentera escena de Cho encendiendo el fuego y preparando el desayuno. Partimos en buena hora y caminamos bien juntos durante seis horas, pero entonces volví a desfallecer y Cho, anticipando mi derrumbe, sugirió que acampáramos para descansar.

La idea me agradó. Por lo general era yo quien tomaba las decisiones, pero Cho y yo nos entendíamos tan bien que sabíamos hasta dónde podíamos empujarnos mutuamente, y cuándo necesitábamos descansar.

Cenamos medio kilo de arroz y dos loncheras de leche caliente y endulzada, que hicimos con leche en polvo. Era como beber néctar; sentí que el azúcar me llegaba a los músculos y al cerebro, recargando mis empobrecidas baterías. Teníamos tres días de comida para solo dos días; ahora podíamos permitirnos raciones de lujo y nos sentíamos muy agradecidos.

Anotación en mi diario, 22 de marzo del 2010:

> *Voy a echar de menos esta vida. Sé que tengo días malos y que no siempre es fácil, pero extrañaré las noches que Cho y yo pasamos solos entre los árboles, preparando comida básica, sintiéndonos en control de nuestra caminata, y relajados.*
>
> *Esta noche sacamos el mapa Stanfords, y parece que terminaremos a mediados de agosto. Tendremos que cruzar el "cuello" del delta del Amazonas a mediados de junio, (temporada alta de inundaciones), pero necesitamos algo emocionante para impulsarnos a seguir adelante.*
>
> *Este lapicero de astronauta es admirable, escribe de cabeza. Perfecto para escribir mi diario en mi hamaca—y supongo que también para los astronautas.*

Nuestra presión de tiempo en este tramo del bosque era un contacto con un reportero de ABC News en Estados Unidos. No podía encender el GPS y yo tenía dificultad para saber cuán lejos del río estábamos todavía. Afortunadamente, el reportero canceló la cita y pudimos relajarnos—de todos modos lo hubiéramos dejado plantado. Caminar por crestas para mantener la altura significaba que era más difícil estar seguros de que manteníamos la dirección correcta, y solo podíamos calcular la distancia que habíamos recorrido.

El 24 de marzo fue nuestro último día; habíamos caminado nueve kilómetros y medio, llegando finalmente al río Nhamundá. Nunca había estado tan delgado como lo estaba en este punto del viaje, y cuando Cho y yo caminábamos por la arena de la playa fluvial, mirando al otro lado del extraordinario río, tenía que sostenerme los *shorts* con una mano constantemente.

Necesitábamos encontrar gente para reabastecernos, así que

remamos río arriba, lo cual nos pareció sorprendentemente fácil, gracias a que el río de agua negra fluye muy lentamente. Llegamos a una casa donde la familia nos invitó de inmediato a almorzar. El esposo, llamado Ciro, cultivaba sandías en sus campos detrás de su casa. Comimos más de una, los jugos dulces y refrescantes nos chorreaban por la cara. La familia tenía planeado remar río arriba al día siguiente hasta la ciudad de Nhamundá, y vimos la oportunidad para (a) comprar un nuevo GPS, (b) recargar todo nuestro equipo eléctrico, (c) comprar alimentos, (d) comprar nuevas botas para evitar las ampollas, y (e) descansar.

Era finales de marzo, y habíamos demorado once meses en caminar desde la frontera de Colombia hasta donde nos encontrábamos. Habíamos viajado a través de más de 2,000 kilómetros de bosque tropical, algo que nadie en la historia había hecho a pie. El río tenía dos kilómetros de ancho, casi como un lago, y el bote avanzaba sobre la superficie como un transatlántico. El río representaba el límite entre los estados brasileños de Amazonas y Pará, y decidí que podríamos recorrer todo el estado de Pará, para culminar la expedición, en poco menos de cinco meses.

Las dos cosas que no pudimos encontrar fueron el GPS y unas botas de mi talla. Nos dijeron que tendríamos que viajar a Manaos para comprar un GPS, y no estábamos dispuestos a hacerlo. Después de pasar tanto tiempo tratando de componer el BGAN en Coarí, ya conocía bien la unidad y sabía que tenía adentro una versión bastante básica del GPS. Solo indicaba grados y minutos, es decir, no podíamos determinar nuestra ubicación exacta, pero podíamos saber dónde estábamos en un radio de dos kilómetros a la redonda. Eso era suficientemente preciso para mí—seguiríamos adelante utilizando el BGAN como nuestra principal herramienta de dirección, y mis pies tendrían que continuar soportando las botas demasiado pequeñas de goma.

Nos embarcamos nuevamente río arriba, y el bote nos dejó en el lado oeste, en el lugar donde habíamos terminado nuestra última caminata. Inflamos las pequeñas balsas y remamos lentamente por el gigantesco espejo negro. Sin pensarlo, llegamos directamente a una pequeña aldea que había estado escondida detrás de una isla, y al comienzo me preocupó pensar si seríamos bien recibidos.

Mi temor resultó infundado. Una hora después estábamos sentados con todos los pobladores frente a su iglesia, jugando bingo en portugués. Gané un gran racimo de pifayos, que son unos frutos salados de color naranja, y una pareja joven los cocinó para nuestra cena.

Desde el poblado identifiqué unas minas a 50 kilómetros de distancia en una orientación de 62° magnéticos en la selva. Eran gigantescas cicatrices visibles en Google Earth, y desde ellas salía un camino que podía ayudarnos. Según los pobladores, no era posible atravesar a pie esos 50 kilómetros, pero emprendimos la marcha con alimentos suficientes para ocho días, felices con nuestra locura.

El 29 de marzo, después del primer día de caminata, grafiqué nuestro primer círculo de dos kilómetros en el mapa, utilizando datos del BGAN y determiné que habíamos avanzado entre 8 y 12 kilómetros. Me quedé asombrado, porque si realmente habíamos cubierto diez kilómetros vadeando entre pantanos, inundaciones y tupidos matorrales de zarzas, era un logro extraordinario.

Habíamos pasado todo el día abriéndonos paso con el machete, sin impulso. En un momento dado estuve a punto de desmayarme de deshidratación. Hice un esfuerzo consciente por dejar de limpiarme con la lengua mi herida de leishmaniasis, porque pensé que eso aumentaría la probabilidad de que mutara y migrara a la boca.

Como estaba usando el BGAN para la navegación, también aproveché para chequear mis emails. Increíblemente, un individuo del que nunca había oído hablar, Barry McCarthy, había donado £6,000 para la expedición. Cho yo nos pusimos a bailar de alegría al recibir esa noticia—era un gesto de increíble generosidad el que habíamos recibido.

El nuevo ingrediente que Cho y yo habíamos decidido incluir en nuestras provisiones esta vez, fue harina. Siempre habíamos tenido algunos condimentos, y siempre teníamos sal y aceite de cocinar, y decidimos que la adición de un poco de harina mejoraría nuestras comidas. Escribiendo esto, sé que esta información solo podría ser de interés para Cho y para mí, pero basta con decir que las sardinas *en croute* de Cho fueron preparadas con tanta minuciosidad, y tanto cuidado tuvo en amasar la pasta, que juro que nunca, en ningún lugar he probado un pastel más delicioso. Como resultado de esta pequeña adición a nuestra despensa, nuestras veladas fueron mucho más placenteras y contribuyeron a animarnos considerablemente.

El terreno era menos montañoso que en el lado amazónico del río Nhamundá, pero tenía muchos árboles caídos que frenaban nuestro avance. El cuarto día llegamos a un camino de tierra que había sido construido recientemente, y decidimos seguirlo pese a que no iba en nuestra dirección. Al final nos condujo hasta una casa cuyos ocupantes nos hospedaron esa noche, y nos invitaron a humeantes platos de estofado de hígado de vaca.

Nuestros anfitriones, una pareja de edad mediana, nos aconsejaron presentar nuestros pasaportes a la Policía Federal cuando llegáramos a Trombetas. Me sorprendió saber que Trombetas tenía un puesto de control. Cho y yo nos miramos sin hablar: ambos sabíamos que debíamos evitar acercarnos a ese lugar.

La familia nos habló de la nueva carretera, y nos informó que llegaba hasta la mina. No mencionaron que era un camino privado, y tampoco se los preguntamos. Era solo un camino sin pavimentar.

Cambiamos nuestro plan. Iríamos por el camino hasta más allá del área de la mina, pero antes de llegar a Trombetas dejaríamos el camino para evitar encontrarnos con los federales, encaminándonos directamente hacia la selva. Fue mejor que nuestra cita con el reportero de ABC se hubiera cancelado, porque habíamos quedado en reunirnos en Trombetas. Hubiera sido terrible llegar allá y ser arrestados inmediatamente.

El dos de abril salimos temprano y avanzamos un buen trecho en el camino. A media mañana pasamos por un puesto de IBAMA, y debido a que éramos ilegales les hicimos una señal de saludo desde la distancia, gritando, "¡Bonito mono!", refiriéndonos al mono guardián del parque, y seguimos caminando por el otro lado del camino sin detenernos. Habíamos conseguido ingresar exitosamente al bosque nacional protegido, al sur de la zona minera.

A medida que oscurecía decidimos que como éramos ilegales y teníamos que acampar en un bosque protegido sin tener permisos, necesitábamos mantenernos a una distancia prudente de la carretera. Nos adentramos unos 100 metros en el bosque, cerca de un riachuelo, e instalamos nuestro campamento haciendo el menor ruido posible, sin cortar maleza y tratando de que el humo de nuestra fogata no se dirigiera hacia la carretera.

A la mañana siguiente nos acercamos a la zona minera desde el sur. Fue un espectáculo asombroso: una mina abierta de bauxita que estaba talando completamente el bosque tropical, en áreas muy extensas, y extrayendo la bauxita en grandes cantidades. Había enormes bandas transportadoras industriales, y la compañía minera tenía su propia línea ferroviaria para despachar las camionadas de tierra no procesada. No había visto cambios tan dramáticos en el bosque tropical desde la ciudad misma de Manaos. Esas cicatrices son muy visibles en Google Earth; si uno busca Trombetas, las encontrará hacia el sur.

Desde entonces me he enterado de que la mina tiene un plan de replantación del ciento por ciento, y que replantan 100 especies nativas. No obstante, después de eso el bosque nunca volvió a lucir como antes, pero por lo menos no fue deforestado nuevamente para convertirlo en ranchos ganaderos.

Estábamos casi fuera del otro lado de la mina, cuando un hombre en una caseta nos llamó. Nos acercamos a él y nos dijo, muy serio, que aguardáramos allí mientras iba a llamar a su jefe. ¿Sabíamos que estábamos en una propiedad privada? Aparentemente el puesto de IBAMA con el mono había llamado para advertirles, y ellos habían esperado dos días para detenernos un poco más lejos, en el camino.

La compañía se llamaba Mineracão Rio do Norte (MRN), y rehusaron de plano darnos permiso para caminar por su terreno. El gerente de esta zona minera llegó en una brillante furgoneta negra con ventanas polarizadas, e inmediatamente nos dijo que no podíamos caminar por esta carretera porque era privada, y que él, personalmente nos iba a llevar donde la Policía Federal en Trombetas. Este fue uno de esos momentos cuando uno siente que está en serios problemas y no hay escape. Decidí contar una gran mentira para ayudarnos a salir de la situación. Expliqué el objetivo de nuestra expedición, y fingí que además de que todo el recorrido sería a pie (verdad), en ningún momento del viaje habíamos abordado un vehículo motorizado (completamente falso), y que si nos obligaba a subir a su vehículo nuestros dos años de caminata no habrían servido de nada.

Pese a ser un hombre arrogante, se compadeció de nosotros, y le prometí que Cho y yo regresaríamos a pie hasta la carretera por donde habíamos venido, y luego de cruzar el Amazonas caminaríamos hasta el otro lado. Eso nos demoraría dos semanas adicionales, pero teníamos que hacer las cosas correctamente—no podíamos abordar su automóvil.

El hombre aceptó la idea, su ayudante nos tomó una foto y luego nos dejaron partir. Nos advirtieron cuidarnos de los jaguares, y ambos nos echamos a reír. "Estoy hablando muy en serio", nos dijo. "Aquí abundan los jaguares, y a menudo caminan por las carreteras".

Le creí que la zona estaba repleta de jaguares. Ese día ya habíamos visto dos agutíes de cola roja, y un pecarí, y los monos aulladores parecían estar gritando constantemente cerca de nosotros. Pese a la mina, la fauna en la zona era variada y abundante.

En cuanto nos perdimos de vista nos adentramos en el bosque, en su propiedad privada, y nos encaminamos hacia el este como habíamos planeado originalmente. No habíamos perdido tiempo, no habíamos retrocedido, y nunca nos encontrarían en la selva. Una vez más habíamos logrado evadir, de muy cerca, a los federales. Después de ese incidente, recibí en línea un par de mensajes donde los brasileños nos advertían que la gente que encontraríamos en Pará era mucho más peligrosa que cualquier otro grupo indígena que hubiéramos encontrado hasta la fecha. La agroindustria, la explotación de maderas y la minería eran muy poderosas en esta zona, y la gente que se entrometía no duraba mucho.

Yo estaba determinado a no dejarme arredrar por ese tipo de amenazas.

De aquí hasta el rio Trombetas había 46 kilómetros hacia el este, y teníamos provisiones para cinco días. El problema era que estábamos más al sur de lo que habíamos querido, y por lo tanto nos encontrábamos más cerca del cauce principal del Amazonas.

A la mañana siguiente sucedió lo inevitable. Nos topamos con inundaciones donde el agua nos llegaba a las rodillas, luego a la cintura, luego al pecho—y saltábamos de un pedazo de tierra seca a otro. Como siempre sucede en un bosque inundado, el avance se reduce a un par de cientos de metros por hora, y sabíamos que de continuar a ese paso nuestras provisiones no nos alcanzarían para llegar al río Trombetas.

Entonces tuve una idea. Había comenzado a llover y estábamos en una isla que medía tal vez tres metros por cuatro, pero yo necesitaba usar la computadora, y para poder hacerlo levantamos mi carpa en la isla. Necesitaba saber si la inundación continuaría, y para eso saqué la *laptop* y busqué la vieja imagen de bosque inundado de NASA que había visto antes de iniciar la expedición. Era una imagen muy grande, de ocho megabytes jpeg sin ninguna forma ni cuadrícula encima de ella. Luego, con el BGAN busqué un círculo de dos kilómetros de diámetro, lo superpuse sobre la impresión de Google Earth que tenía una cuadrícula de latitud y longitud, y examiné los dos mapas lado a lado.

Podía utilizar la forma del río para transponer el círculo que denotaba nuestra ubicación aproximada en la imagen jpeg de las inundaciones en la pantalla de la computadora. Instantáneamente vi una delgada línea del color que indicaba inundación, que atravesaba toda el área. Eso significaba que por lo general esa zona era seca, y si seguíamos adelante debíamos salir de la angosta banda de inundaciones en menos de un par de horas.

Guardamos el equipo electrónico y la lona, y seguimos caminando a través de la inundación. En cuestión de una hora el nivel del agua comenzó a bajar; de nuevo la teníamos a la altura de la cintura, luego nos llegaba solo a las rodillas y finalmente estábamos caminando en suelo seco. Ese fue otro ejemplo de que mis ridículas técnicas de dirección funcionaban, y muchas veces nos salvaban de tener que regresar por días enteros para poder comprar más alimentos o buscar otras rutas. El único mapa o carta en el mundo que hubiera podido darnos la información que queríamos era esa imagen jpeg de NASA.

Me senté, me quité los zapatos, vacié el agua, ramitas y hojas del interior, y enjugué las medias. Desde aquí hasta el río Trombetas todo el suelo era seco. Estaba seguro de ello, y podríamos escapar de la hostil zona minera sin ser vistos.

Esa noche Cho añadió un poco de azúcar a su pasta, y nuestro éxtasis fue aún mayor que la vez anterior. No hubiera cambiado esa pasta por la mejor carne kobe ni por pato a la pequinesa—era extraordinaria.

El ocho de abril encontramos un camino de cazadores que conducía hasta el río Trombetas. Nos hospedamos con una familia de mestizos caboclos, quienes nos informaron que había un sendero IBAMA que llegaba hasta la ciudad de Oriximina, desde donde podríamos remar directamente por el río Trombetas hasta la ciudad. Sin embargo, las cosas no salieron exactamente así.

Al poco tiempo el sendero desapareció, y debo admitir que había llegado a un estado de cansancio tal que me hacía reaccionar en forma intolerante con Cho. Ambos estábamos exhaustos y necesitábamos descansar, pero teníamos unas ganas desesperadas de llegar a pie a Oriximina para evitar tener que regresar para completar cualquier caminata pendiente. Yo estaba muy impaciente, y debo reconocer que Cho tuvo el mérito de aguantarme durante este tramo. Él también estaba cansado, pero no tenía las preocupaciones que me afligían a mí—de dinero, de presiones de tiempo, de desacuerdos con los miembros de la compañía de producción en Inglaterra, que estaban cambiando los objetivos, y simplemente de evitar que fracasara esta expedición que cada día se hacía más compleja. Cho solo tenía que caminar, y yo le envidiaba ese lujo. Sentía que estaba administrando un negocio desde una unidad móvil de Internet en medio de un pantano. Sin dinero para un gerente de operaciones en Inglaterra, yo tenía que encargarme de cada email, y era la persona que coordinaba casi todos los aspectos del viaje. Todo eso con una estricta ración de horas de batería, y limitada banda ancha cada mes. Era difícil sentirse en control de todo, pero reconocía que rara vez era culpa de Cho, y necesitaba dejar de desahogar mis frustraciones en él.

Caminar a lo largo de la ribera fluvial involucraba pasar por muchos campos agrícolas y casas aisladas donde vivían trabajadores. A veces las familias nos hospedaban, y con frecuencia trataba de hablar con ellas en portugués por las noches, pero después de comer me sentía como un leproso social, porque lo único que quería era acostarme en mi hamaca y dormir. Cho era fantástico porque había aprendido portugués más rápido que yo, y tenía un interés genuino en la gente. Tocaba tres temas—religión, silvicultura o agricultura—y podía conversar durante horas. Siempre se estaba riendo y era muy agradable oír su risa, lo que hacía que las familias campesinas se relajaran en su compañía. Debo decir que a menudo las cosas que le hacían reír no me parecían ni remotamente cómicas, pero la cosa es que se reía, y estoy seguro de que eso fue muy importante para que la gente que conocíamos nos hiciera sentir tan bienvenidos.

A veces me avergonzaba cuando las familias le decían, "No habla mucho, el gringo", y pensaba en lo difícil que era explicarles cuán duro había sido para mí todo este viaje, que por momentos luchaba para soportar las dificultades, que las noches eran particularmente malas porque en la oscuridad no podía ver las bocas de las gentes, y mi cerebro estaba demasiado cansado para traducir el portugués.

En las mañanas siempre hacía un esfuerzo especial por conversar con las familias, con más energías y después de una noche de sueño. Pero no aconsejo a nadie viajar como yo lo hice si lo que se quiere es conocer a la gente y aprender sobre diferentes culturas. Casi siempre estaba demasiado cansado para tomarme ese trabajo.

Reservé mi vuelo de regreso el 13 de abril del 2010. Era importante hacerlo con tiempo para mantener el precio bajo, pero era angustioso poner mis cartas sobre la mesa faltando aún cuatro meses y medio de caminata. Muchas cosas podían suceder, pero el hecho de que ahora debía culminar la expedición en un tiempo determinado fue bueno para nuestra moral. Predije que llegaría al aeropuerto de Heathrow el 29 de agosto.

El 22 de abril, un resplandor blanco y puro hizo explosión ante nuestros ojos, y un estruendo ensordecedor atravesó el aire caliente y húmedo. A tres metros de donde Cho y yo nos encontrábamos bajo una fuerte lluvia tropical, un poste de telégrafo había sido alcanzado por un rayo. No podíamos dejar de reír, completamente cargados de la adrenalina que nuestros cuerpos habían producido para ayudarnos a enfrentar lo que habían interpretado como una crisis. Casi flotando corrimos calle abajo gritando, "*¡No WAY, Man!*" (¡De ninguna manera, hombre!), como Bill y Ted (en la película *Bill & Ted's Excellent Adventure*).

Al igual que la mayoría de las personas, al vernos confrontados con un incidente serio, que además tenía un elemento de peligro, entramos a un estado de "sobremarcha" para enfrentar el problema. Nuestros sentidos se agudizaron y el tiempo se detuvo. Todos tenemos un instinto de supervivencia, y nuestros cuerpos están programados para proporcionarnos toda la ayuda posible para resistir una emergencia. Cuando atravesamos un evento crítico, nuestra atención está increíblemente concentrada y preparada.

A menudo la gente nos preguntaba cómo enfrentábamos los peligros: vadear a través de aguas habitadas por enormes caimanes negros, caminar cerca de serpientes venenosas o encontrar tribus fieras. La respuesta honesta es que esos momentos eran emocionantes y apasionantes—el tiempo parecía volar. Esas experiencias nos ayudaron a sobrellevar otros fenómenos mucho más destructivos: la monotonía y el tedio.

Cada vez más ahora, observamos que tanto Cho como yo no lográbamos recuperarnos después de un descanso. Al día siguiente de dos días de tregua volvíamos a caminar como zombies, sin mostrar ninguna señal de recuperación.

La expedición se había convertido en una prisión de actividades repetitivas. No importaba lo que la gente dijera: era *imposible* mantenerse positivo todo el tiempo. Nuestras mentes pedían a gritos nuevos estímulos, y nos estábamos revelando contra las conversaciones plácidas y amables que teníamos a diario con la gente que opinaba que estábamos chiflados. Había veces en que me importaba un rábano la suerte del Amazonas—lo único que deseaba era ver a mis amigos, ver un evento deportivo, ir a la taberna. Talen todo el bosque tropical—yo solo quería estar presente cuando naciera mi primer sobrino. El cansancio crónico puede minar cualquier pasión, y a veces pasábamos delante de árboles majestuosos cubiertos de orquídeas, muros de lianas y enredaderas entretejidas, y riachuelos con fondo de arena y un agua pura y transparente como un cristal, sin prestar ninguna atención. ¿Nos ayudarían en algo? ¿No?, Entonces ni para qué perder el tiempo en mirarlos.

Pero en lo más profundo aún conservábamos la pasión, el impulso y la fe. Nos reíamos cuando la gente nos preguntaba si alguna vez habíamos pensado abandonar la expedición, porque después de todo este tiempo la idea era absurda. Por supuesto que no lo haríamos; no habíamos caminado durante dos años para ahora darnos por vencidos—ambos teníamos la absoluta determinación de triunfar, que venía desde lo más profundo de nosotros.

Era el inconstante cerebro, que se cansaba fácilmente y nos daba problemas, y mi meta era tratar de dominarlo. El peligro era fácil—lo que encontrábamos difícil de combatir era lo mundano.

En Oriximina me diagnosticaron leshmianasis cutánea, y convencí al médico para que me diera todo un ciclo de inyecciones intravenosas, porque tenía que completar mi caminata. Aceptó a regañadientes, y durante los siguientes veinte días tenía que encontrarme una vena donde pudiera inyectarme. Había aplicado inyecciones antes, como una práctica, pero nunca como una realidad (y menos a mí mismo), y era bastante complicado insertarme una aguja en las venas. Algunos días era fácil, pero otras veces me hería el brazo sin lograrlo, y acababa sintiéndome enfermo.

A partir de Oriximina nos encontramos con un tipo diferente de Amazonas. Aquí era la cultura del gaucho, y los ranchos ganaderos se extendían hasta que se perdían de vista. Largos caminos polvorientos conectaban todas las ciudades en este tramo de la ribera norte del Amazonas, y hacía tiempo que la mayor parte del bosque tropical había sido deforestada.

Cada ciudad parecía más un páramo de Texas que el Amazonas, y casi no había gente de aspecto indígena. Estos eran los dominios de los antiguos colonizadores, y daba la impresión de que cuanto más blanco era uno, más tierra y dinero adquiría. Aquí también reconocí características de Argentina, la ropa de estilo gaucho era similar, así como el consumo de mate. El mate es una infusión de agua hirviendo que se vierte sobre hojas secas de yerba mate, y se sirve con un sorbedor de metal, dentro de una calabaza dura vaciada y secada. Me costó trabajo relacionar la maravillosamente relajada cultura argentina con esta agroindustria. La ganadería argentina tiene sentido; poseen miles de hectáreas de pampas con pastizales naturales y producen la mejor carne de res. Aquí cada trozo de carne provenía de un área que había sido antes un frondoso y diverso bosque tropical, y por mucho que aprecié la generosidad de los granjeros y su estilo de vaquero latino, sabía que esta era una industria a la que yo me oponía.

Desde el punto de vista logístico, para nosotros era un sueño: muchos lugares donde podíamos comprar comida, y una carretera larga y ancha para caminar con zapatos. Podíamos aprovechar esto como una especie de descanso polvoriento de la caminata en la selva, pero ninguno de los dos quería permanecer allí, así que recorrimos largas distancias cada día para salir de la estéril zona agrícola y volver a la selva—y acercarnos más a nuestra meta.

En este punto, Vikki, mi publicista, organizó una visita de ABC News para que vinieran a filmarnos durante un par de días. El camarógrafo y productor era un neozelandés llamado Bart Price, quien había tratado de contratar una lancha motora para venir a encontrarnos. Le ofrecí encargarme de eso, y por su parte trató de hacerlo por medio de un tramitador en Manaos. No tenía idea de cómo le había ido con su tramitador, pero como estaba caminando por caminos de tierra y por el momento no necesitaba a Cho, lo envié a la ciudad de Santarém para buscar la mejor lancha rápida que pudiera encontrar para los estadounidenses. A Cho le encantó la tarea, y el hecho de hablar con el mayor número posible de personas para encontrar el mejor bote. Demoró tres días, pero al fin encontró la lancha perfecta para transportar al equipo de noticias.

Envié un mensaje a Bart para informarle que habíamos encontrado la lancha, y nos dijo que procediéramos a contratarla. Me alegré por Cho, ya que él había encontrado lo que hacía falta, y Bart estaba muy contento.

Cuando Bart llegó, a primeras horas de la mañana, inmediatamente fuimos juntos a beber unas cervezas, y desde el comienzo disfrutamos de su característico sentido del humor y de su enfoque cínico. Era un hombre grande, tenía más estatura y ciertamente varios kilos más que yo, y había pasado mucho tiempo reportando noticias desde diversas zonas bélicas en todo el mundo. Tenía muchas historias que contar, pero cuando por fin mencionamos la lancha, me dijo que el tramitador de Manaos era un "tonto inservible", que le había dicho que encontrar una lancha motora en Santarém era "imposible". Sonreí, porque de inmediato supe con quién había hablado. "¿Por casualidad, no se llamaría Kavos?", pregunté, orgulloso por el hecho de que Cho había logrado encontrar la mejor de las lanchas, mientras que Kavos ni siquiera se había tomado la molestia de buscar.

La filmación con el equipo fue muy buena, y un par de días más tarde llegó el presentador de ABC News, Bill Weir, para unirse a los demás. Juntos pasamos un tiempo filmando en la selva. Nos habíamos salido de nuestro calendario, pero pensé que la expedición valdría mucho menos si nadie se enteraba de ella, y ellos iban a convertir esto en reportajes breves para diferentes programas en su red. También fue agradable salir de la rutina normal, y los dos hombres partieron muy satisfechos.

Archie, mi primer sobrino, nació poco después, y fue un recordatorio más de la vida que tanto echaba de menos en mi país. La caminata continuó.

Anotación en mi diario, 14 de mayo del 2010:

Cada vez que escribo la fecha siento que estoy en el futuro. ¿Estamos ya en el 2010? Dios mío.

Terminamos de recorrer el tramo de carretera a mediados de mayo, y estábamos listos para regresar a la selva. Pero mientras que la carretera en nuestro mapa terminaba, los caminos en el terreno continuaban. En los últimos tres años se habían construido nuevas vías para la explotación de madera hacia el este, y nos dijeron que continuaban hasta Almeirim, que es donde queríamos cruzar el Amazonas por última vez. Siempre ansiosos por no complicar nuestra vida más de lo necesario, decidimos esconder nuestro equipo pesado—botas, balsas, remos y equipo de pesca, todo lo que no necesitáramos para la carretera—y partimos livianos a través de las montañas, sobre el camino recién construido. Después de llegar a Almeirim podríamos regresar por barco para recuperar nuestras cosas, pero por el momento nuestras mochilas bajaron de peso, de 40 kilos a unos diez cada una. Perfecto.

Pero entonces sucedió lo inevitable. La nueva carretera terminó en el río Paru, y tuvimos que caminar por la selva con nuestro equipo reducido. Era bueno estar nuevamente bajo el pabellón de la selva después de tantas semanas de polvo y excremento de vaca, pero no estábamos preparados para la travesía.

Cho en sandalias al estilo de Jesús, y yo en zapatos Crocs, nos encaminamos hacia el bosque sintiéndonos desnudos y vulnerables. Nunca aconsejaría a nadie caminar por la selva calzado de esa manera—nos caímos muchas veces y nuestros pies recibieron repetidas heridas de grandes espinas. Ahora, para cruzar cualquier río tendríamos que nadar utilizando nuestras mochilas como flotadores, porque no había nadie que nos prestara una canoa. Habíamos llevado provisiones para dos días, pero teníamos que hacerlas durar cinco días ya que nuestra velocidad había disminuido y no teníamos el equipo necesario para pescar.

Nuestras cenas de media ración consistían en compartir un paquete de sopa Ramen de fideos y una sardina. Estábamos bajos de baterías y de entusiasmo, y teníamos la sensación de haber sido sorprendidos desprevenidos.

Las áreas agrícolas nos ofrecieron un nuevo regalo: garrapatas.

Estábamos cubiertos de ellas y eran tan pequeñas que si uno no miraba con cuidado, pensaría que solo tenía un escozor. En este punto ambos también teníamos infecciones, y mientras que Cho me quitaba las garrapatas de la espalda, yo pude retirarme un espino grueso y negro de la rodilla. Qué maravilla.

De cuclillas en nuestro pequeño espacio debajo de mi toldo impermeable, estábamos rodeados de selva por todos lados. El fuerte zumbido de los insectos pulsaba como el corazón del bosque tropical. Débiles rayos de luz atravesaban el alto pabellón, poniendo en relieve las hojas de un brillante color verde contra la oscuridad del fondo.

La naturaleza acumulativa de la caminata, y el hecho de que aún nos faltaban dos meses, nos hizo sentir un poco deprimidos. Siempre estábamos lejos de nuestros seres queridos, y realizando una tarea repetitiva que habíamos dejado de disfrutar.

Salimos de la selva y abordamos un sendero que se dirigía hacia el sur, a la ciudad de Almeirim, sobre las orillas del río Amazonas. Cuando llegamos a la cima de la última montaña y pudimos ver, abajo, la parte posterior de la ciudad y la enorme amplitud del río frente a nosotros, una motocicleta de la policía con dos hombres en ella se acercó a nosotros, subiendo por la colina. Cuando se detuvo, el hombre que iba atrás se apeó, sacó su pistola y gritó, "¡Levanten las manos!"

"Este es el fin", pensé. La Policía Federal nos ha atrapado. Nos han seguido la pista y estamos a punto de ser detenidos y acusados de estar ilegalmente en Brasil. Nos ordenaron abordar un auto de la policía, y cuando me acerqué a recoger mi mochila, el policía con la pistola me dijo a gritos que me mantuviera lejos de ella.

Yo estaba superexcitado, y mi mente estaba pensando en todas las alternativas posibles. Nos limitaríamos a responder preguntas, seríamos corteses y trataríamos de restar importancia a nuestra ilegalidad tanto como fuera posible. Estos policías eran hombres locales, y no federales—tal vez no estaban enterados.

En la estación nos registraron, una vez más. Nos pidieron sacar todo el contenido de nuestras mochilas, una vez más. Luego, después de examinar minuciosamente nuestros pasaportes, nos los devolvieron y nos dijeron que podíamos salir de la estación. Confundido, les pregunté por qué nos habían arrestado. Tal parece que alguien había reportado que nos estábamos aproximando a la ciudad, desde el norte, portando armas. Cuando determinaron que no estábamos armados, nos dejaron ir y nos recomendaron un buen hotel. Creo que lo que el informante vio podía haber sido el micrófono de la cámara de video. De cualquier manera, la policía local no se había dado cuenta de que las visas en nuestros pasaportes habían expirado, y de nuevo pudimos respirar con alivio.

Desde un balcón del hotel en Almeirim, decidí que, mentalmente, necesitaba enfocar en forma profesional mi actitud hacia la expedición. Todas las personas que habían hecho expediciones me habían advertido que la parte mental era la más difícil en una expedición; sin embargo, extrañamente, esta era la única faceta de la cual no me había interesado aprender ni entrenarme para ella. Había estado improvisando soluciones que funcionaban por un período de tiempo, pero siempre caía en estados de ánimo indeseables y negativos. Quería aprender más sobre el cerebro humano, e hice un poco de investigación en la Internet en relación con las necesidades humanas básicas, para así poder poner mi estado mental en contexto, en relación con el estrés que estaba sintiendo.

También me dieron el número de un experto en NLP (programación neuro lingüística) llamado Phil Parker, para ver si podía ayudarme a controlar mejor mi estado de ánimo. Hablé con Phil tres veces durante media hora en cada ocasión, y él me enseñó algunos trucos sorprendentemente simples para ayudarme a recuperar una perspectiva en mis problemas, y para sacarme de la intensidad claustrofóbica que había creado al concentrarme en forma obsesiva en una sola tarea.

No fue una solución mágica, pero hablar con una persona que comprendía el cerebro tan bien como Phil me tranquilizó. Creo que la principal conclusión que saqué de las conversaciones fue que yo tenía la libertad de escoger mi reacción a cualquier evento.

Podía ser mucho menos reactivo y elegir el estado de ánimo más adecuado para la tarea que estaba realizando.

Desde Almeirim cruzaríamos el cauce principal del Amazonas por última vez. Eran 28 kilómetros hasta el otro lado, aproximadamente el doble de ancho que cuando cruzamos en Manaos, y Cho y yo fuimos lo suficientemente engreídos como para hacerlo en nuestras pequeñas balsas de goma.

Capítulo Dieciséis

El veloz final

Ahora, cuando teníamos el Amazonas frente a nosotros, la regla que nos habíamos impuesto de que si remábamos por cualquier río luego tendríamos que regresar caminando hasta un punto perpendicular a donde habíamos iniciado el recorrido, en la otra orilla, estaba asumiendo una escala totalmente diferente. Yo predije que para el momento en que llegáramos a la otra ribera podríamos terminar a 50 kilómetros río abajo, por lo tanto teníamos que contrarrestar la distancia avanzada utilizando la corriente del río, caminando esos 50 kilómetros. La ribera sur (para caminar de regreso) no era adecuada debido a que a todo lo largo su nivel era muy bajo, y por eso sugerí a Cho que antes de partir, teníamos que caminar otros 50 kilómetros río abajo hasta la ribera norte.

Google Maps indicaba que existía un camino, eso nos hubiera permitido caminar durante dos días sin obstáculos. Pese a que Google Earth decía que no había caminos, en realidad había un sendero de tierra, que por estar rodeado de árboles no había podido ser detectado por los satélites de Google. El camino se dirigía tierra adentro, lejos del río, hasta más allá de un antiguo arrozal llamado San Raimundo, donde el sendero se detenía. San Raimundo era un poblado de colonos que había sido fundado cuando un estadounidense llegó hasta la zona y decidió cultivar arroz en el bosque inundado. Contrató trabajadores de toda la zona, pagándoles un sueldo apenas decente, y albergándolos en un poblado cercano llamado Pesquisa.

El experimento había fracasado, pero durante las operaciones despejaron un área muy extensa de bosque tropical, que hasta hoy es visible en Google Earth.

San Raimundo se encuentra ubicado sobre un elevado acantilado que domina los arrozales y está orientado hacia todo el delta del Amazonas. Es el último terreno elevado importante antes de llegar al mar, y me preocupé cuando hablé con el anciano que parecía ser quien estaba a cargo de los edificios abandonados, y me dijo que la ruta que habíamos elegido era imposible. Dijo que, simplemente, no había suficiente terreno duro donde pudiéramos caminar entre este lugar y el mar. La única alternativa era ir en un bote. Él había vivido y trabajado en esta área durante veinte años, y se rió abiertamente ante nuestra ingenuidad. Espero que algún día lea este libro.

Sin deseos de quedarnos con este pájaro de mal agüero en San Raimundo, bajamos por el acantilado hasta Pesquisa, el pequeño poblado de trabajadores. Los habitantes eran lo que quedaba de los hombres que habían trabajado en la plantación de arroz, y estaban tratando de sobrevivir pescando y cultivando la habitual mandioca.

Su acogida fue una de las más amistosas, no solo porque el pueblo entero parecía estar medio ebrio y feliz. Caminamos lentamente por una desgastada calle llena de basura y de brasileños felices y semidesnudos. No habían pasado ni diez minutos cuando el presidente nos dijo que estábamos "en casa", y una dama llamada Nazareth nos estaba preparando pollo frito mientras nos sonreía de forma muy sugestiva.

Desde aquí, logísticamente, el camino parecía muy fácil, pero todos nos dijeron que estaría inundado. Tendríamos que limitarnos a recorrer, asiéndonos de un pasamanos, un pequeño río que circundaba la plantación y que nos conduciría hasta el cauce principal del Amazonas, y habríamos hecho nuestra corrección de 50 kilómetros.

A la mañana siguiente comenzamos a caminar siguiendo un muro de contención que debió haber sido un viejo camino sobre los arrozales anegados, y progresamos bien durante unos cinco kilómetros, con la plantación inundada a cada lado. Pero pronto las tupidas zarzas y la hierba cortante nos obligaron a dejar el terraplén y bajar al agua, y en cuanto entramos entre los juncos, nos vimos envueltos en nubes de hambrientos mosquitos que nos picaban sin piedad. Avanzamos entre las hierbas y juncos que habían reemplazado al arroz, con la esperanza de que fueran demasiado densas como para permitir la presencia de caimanes.

A nuestra izquierda podíamos ver una franja de bosque que corría adyacente al arrozal, donde fluía el río Raiolis. Ya no podíamos seguir utilizando el muro de contención, y por eso no tenía sentido que nos quedáramos en la plantación. Decidimos volvernos a la izquierda, hacia la franja de bosque, deliberadamente haciendo ruido a nuestro paso para ahuyentar a cualquier caimán.

La luz del sol, que en la plantación era blanca y cegadora, ahora estaba escondida por los oscuros y añosos árboles, y el frescor del bosque inundado nos envolvía. Estábamos hasta la cintura en el agua marrón y los árboles pronto quedaron lo suficientemente espaciados como para que pudiéramos caminar sin cortar demasiadas ramas. El refulgente canal del río se mantuvo siempre a la vista por la izquierda, a medida que nos abríamos paso rápidamente por nuestro oscuro y privado mundo.

Encontramos un pedazo de tierra que no estaba anegado, y decidimos pasar allí la noche. Aunque no era gran cosa, al menos pisábamos tierra firme. Colgamos las hamacas entre los árboles y sabíamos que estábamos vulnerables cerca de la línea del agua, pero no tuvimos más remedio que acampar. Rogamos que en la noche no lloviera río arriba, pues estábamos a menos de un metro sobre el nivel del agua. Cuando nos metimos en los sacos de dormir, Cho me dijo que el agua ya había subido; esto era mala señal. La sensación de inevitabilidad fue aumentando al mismo tiempo que el nivel del agua: lentamente todo el terreno sobre el que habíamos acampado se convirtió en una lámina de agua de unos pocos centímetros de profundidad. No había posibilidad de dormir y acordamos que, si el agua subía un pie más, tendríamos que inflar las balsas, desmontar las hamacas y navegar por el río en la oscuridad hasta encontrar un asentamiento habitado. Pero el nivel del agua no subió más y, alrededor de las 2 a.m., los dos quedamos al fin dormidos en nuestro mundo semiacuático.

La primera comunidad ribereña sobre el Raiolis fue Espirito do Santo. Fuimos recibidos por Arlindo, un hombre regordete de pelo largo y barba desaliñada. Arlindo había ido a pescar con su hijo, pero no habían pescado nada. Lo que de inmediato nos llamó la atención sobre Arlindo era que, para mantenerse en el mismo lugar en el río, estaba remando río abajo. Eso podía significar dos cosas: que se trataba de un río distinto, que estábamos siguiendo por error, o que fluía cuesta arriba, pero consideré que esto último tendría que ser imposible.

Arlindo nos llevó a su cabaña de una sola habitación, construida sobre pilotes para estar a salvo de las inundaciones, y nos permitió alojarnos allí. Tenía un largo espigón que sobresalía desde su casa hasta el río; nos sentamos al sol y nos aseamos desde el espigón mientras los numerosos hijos de Arlindo jugaban y chapoteaban a nuestro alrededor.

Entonces caí en la cuenta. "Arlindo, ¿el río fluye hacia arriba dos veces al día?". Contestó que sí, como si fuera lo más obvio del mundo. Sonreí, contento de haber descifrado el misterio pero, como licenciado en geografía, en realidad me sentí bastante avergonzado de no haberlo descifrado antes. Dos meses antes del final de nuestra expedición, el curso de los ríos ya cambiaba de dirección cada vez que subía la marea.

Habíamos avanzado bastante, pero me preocupaba la selva del lado sur del propio Amazonas. Todavía tenía que cruzar todo el cuello del delta y esto podría obligarnos a andar grandes tramos por tierras inundadas, lo que nos haría ir más despacio. Teníamos ya once días de retraso y nuestros vuelos de regreso estaban reservados para finales de agosto.

Los últimos tres días de caminar por bosques inundados fueron maravillosos y despejados. Llevábamos poco peso y disfrutamos de la belleza e intimidad de nuestro solitario entorno. De la misma forma en que los espeleólogos se deleitan en la soledad y exclusividad de su universo subterráneo conocido por muy poca gente, nosotros habíamos encontrado nuestro propio entorno que nadie quería, pero al mismo tiempo maravilloso, al que nos habíamos adaptado y llegado a amar. Llegamos al fin a la desembocadura del Raiolis, alquilamos una lancha en las casas cercanas y, en cuestión de horas, remontamos así los 50 kilómetros río arriba hasta Almeirim. Ya habíamos andado la distancia estimada a la que pensamos que el río nos arrastraría aguas abajo y estábamos listos para navegar en balsa por el canal principal del Amazonas por última vez.

Eran los días 11 y 12 de junio cuando partimos en balsa por el Amazonas desde Almeirim. Remamos en total cerca de 49 kilómetros, pero no voy a hablar mucho de esto, porque fue fácil y no tuvimos que preocuparnos de nada. Las balsas eran mucho más estables que cualquier canoa y simplemente se elevaban sin esfuerzo sobre cualquier ola grande. Como se estaba haciendo de noche, nos detuvimos en una casa sobre pilotes en una isla, después de recorrer aproximadamente las dos terceras parte del camino. Al día siguiente seguimos camino a Vilazinho, una pequeña aldea en la orilla sur.

Entonces empezamos a caminar por la selva que rodea al delta del Amazonas, hacia la ciudad de Belém, que ahora estaba a solo 400 kilómetros de distancia. En Vilazinho dos simpáticos pescadores nos acompañaron durante la primera hora hasta que encontramos un sendero utilizado para el transporte de troncos, que dijeron que nos ayudaría. Efectivamente nos ayudó mucho y, en el transcurso de los cinco días siguientes, subimos a 71 metros sobre el nivel del mar. Si se tiene en cuenta que Tabatinga (por donde entramos a Brasil en abril del 2009, unos 3,000 kilómetros al oeste de donde ahora estábamos) se encuentra apenas a 85 metros sobre el nivel del mar, este territorio era inesperadamente elevado y logramos avanzar mucho andando por tierras sorprendentemente secas.

El autoentrenamiento de NLP que yo había estado practicando funcionó muy bien. El solo hecho de saber que tenía el poder de decidir cuál sería mi estado de ánimo resultó ser una revelación. Me autoentrené y decidí cuál estado de ánimo sería mejor para hacer frente a la situación actual. ¿Me ayudaría la ira? Por supuesto que no; me sentí mucho más feliz debido a eso. Cada vez que sentía que iba a empezar un período de negatividad, depresión o ira, volvía a autoentrenarme y recibía un gran aliento al saber que ahora tenía control sobre cómo me sentía. El resultado era muy duradero, por lo que cada vez necesité autoentrenarme menos. Ya no culpaba Cho por cada cosa que salía mal. Me responsabilicé plenamente por todo y me concentré en cómo resolver cualquier problema de una forma positiva.

Volví a empezar a soñar con las expediciones futuras. En aquel momento teníamos la idea de remar en balsa a todo lo largo del río Congo, una expedición extremadamente peligrosa y emocionante que yo estaba seguro que nadie había hecho. Estaba equivocado; un inglés llamado Phil Harwood había hecho el recorrido en el 2008 (con la ayuda de una vela) cuando yo empezaba mi expedición, pero este sueño me permitió mantenerme concentrado en algo positivo durante semanas.

El bosque abierto y seco nos permitió avanzar mucho más rápidamente y no solo recuperar los días que habíamos perdido, sino incluso llegar antes de lo previsto.

A finales de junio tuvimos que volver a andar a un ritmo realista cuando nos encontramos con kilómetros y kilómetros de hermosos bosques inundados. Vadeábamos por aguas que tenían color de té negro y un sabor ácido que recordaba vagamente al limón.

Todavía no separaban del Atlántico unas cuantas millas de selva tropical, pero nos entretuvimos en intercambiar ideas sumamente extravagantes sobre el futuro, como si llegáramos a casa mañana mismo. Yo estaba obsesionado con las expediciones futuras y Cho se había propuesto llegar a ser un tremendo jugador en el campo de *rugby* a su llegada a Leicestershire.

Fue genial poder hacer este último tramo en verdadera selva. Volvimos a nuestra rutina de antes, nos alimentamos con arroz y frijoles y una vez más íbamos despojándonos de peso. Nos sentimos en forma y saludables, y habíamos dejado atrás la lenta monotonía de los caminos de ganaderos.

Seguíamos cubiertos de garrapatas, mi mochila seguía rota, las botas de Cho estaban hechas trizas y habíamos reparado el BGAN con cinta adhesiva y cables atados . . . pero nada de esto parecía ya tener ninguna importancia. Ahora nos embargaba cada vez más una apacible sensación de triunfo que sería muy difícil de destruir. Todavía nos quedaba más de un mes por delante. ¿Seríamos capaces de mantener este impulso positivo?

Cruzamos ríos y lagos en ángulos rectos, a medida que nos abríamos camino en dirección sureste a través del cauce. Cuando acampábamos a la orilla de los lagos, nuestros mosquiteros ondeaban al viento que provenía del lago y se nos enfriaban las espaldas a través del fino material de las hamacas.

Yo tenía la larva de un tórsalo viviendo en mi cuero cabelludo. Ya las había tenido antes y no eran más que una pequeña inconveniencia. La hembra adulta del tórsalo pone los huevos en la parte de abajo de los mosquitos y, luego, cuando el mosquito pica, los huevos se desprenden de su cuerpo, estimulados por el calor que desprende la víctima del mosquito. Entonces los parásitos te crecen dentro de la piel y forman larvas que se alimentan de tu carne. Es una sensación parecida al pinchazo de un alfiler y puede resultar irritante, especialmente cuando uno quiere dormir.

Para sacarse la larva del tórsalo, hay que matarla, pues tiene unas espinas que hacen que sea casi imposible sacarlas vivas. El método más sencillo consiste en asfixiarlas. Yo tenía un pequeño tubo de pegamento que utilizaba para reparar cosas, y Cho simplemente me aplicó un poco de pegamento sobre el agujero por donde el tórsalo respiraba, con lo que la larva murió en cuestión de horas. Al día siguiente, Cho tuvo que romperme la piel con una espina de árbol, pues la herida se había cerrado. Entonces Cho simplemente apretó la piel y extrajo con suavidad la larva hasta que salió entera. Esa parte me produjo un alivio inmenso.

Cuando llegamos a Lago Caxiuana, nos tomamos un descanso en el pueblecito de Portel, pero no podíamos estarnos quietos. No estábamos cansados y no sentíamos la necesidad de quedarnos allí. Solo queríamos caminar.

Para el 24 de junio, nuestro paso había sido tan rápido que

decidí adelantar tres semanas los vuelos, al 10 de agosto. Como nos quedaban tan solo cuarenta y siete días, avanzamos sin parar por todo tipo de terreno selvático, con impulso y propósito.

A menudo, cuando llegábamos a un río, no había tiendas de ningún tipo, por lo que solo podíamos comprar lo que las familias quisieran vendernos. Normalmente, solo nos vendían harina o arroz, pero para ese entonces Cho y yo funcionábamos a base de puro entusiasmo y nos contentábamos con cualquier cosa. Cada vez que teníamos la oportunidad, tomábamos jugo de açaí bien frío por toneladas. Era un refresco espeso de color morado, recién extraído de bayas de açaí cultivadas localmente. Era abundante, uno de los alimentos básicos cuando estaba en temporada y al parecer tenía muchísimos beneficios nutricionales.

Como sería de esperarse, después que cambié las fechas de los vuelos la selva volvió a ponerse difícil y pasamos muchos días en terrenos semipantanosos tratando de mantener el ritmo mientras nuestros pies se hundían en el lodo.

Más que nunca antes, Cho y yo fuimos capaces de superar los tramos difíciles de la selva sin perder nuestro sentido del humor. En esta zona tan al este del Brasil, no había ningún sector de la selva tropical por el que pasáramos que estuviera incólume. La mayor parte de la selva había sido masacrada brutalmente: todos los árboles grandes habían sido talados y en su lugar había crecido todo tipo de vegetación secundaria. Los senderos para el transporte de madera creados a tontas y a locas nos tentaban a ir en distintas direcciones, pero avanzábamos más rápido si tomábamos como rumbo una línea recta trazada con la brújula y, en caso de necesidad, nos abríamos paso con los machetes.

Cruzamos el río Camairapi y nos topamos con una enorme extensión de lo que parecían ser pastizales naturales mientras nos dirigíamos al este, hacia el río Jacundá. El 10 de junio avanzamos 23 kilómetros en un día, pero de nuevo nos estaba cocinando el sol, por lo que, cuando tomábamos un descanso, nos metíamos debajo de cualquier arbusto, por pequeño que fuera.

Nos estábamos guiando por una línea de tendido eléctrico para avanzar más rápido, pero pronto la línea cambió de dirección y nos vimos obligados a volver a internarnos en la selva. El día siguiente fue uno de los peores de toda la expedición de dos años y medio.

Queríamos llegar hasta el río Jacundá, a solo 11 kilómetros de la línea de tendido eléctrico. Tomamos un sendero para el transporte de madera que iba aproximadamente en nuestra dirección, pero como sucede a menudo, pronto el sendero empezó a desviarse de nuestro rumbo, por lo que enfilamos en dirección al río y nos sumergimos en la maleza.

Al principio el camino solo era complicado y lento, como si estuviéramos abriéndonos paso por un gigantesco campo de alambre de púas. Pero luego el terreno se hizo cada vez más bajo y nos vimos avanzando por pantanos.

Nuestro sentido del humor nos falló en ese momento; parece ser que la previa experiencia de días fáciles había hecho que nuestra tolerancia disminuyera. Cho no quería volver atrás ni por nada, así que se negó cuando le sugerí volver al sendero y buscar otra ruta que bordeara el pantano. De mala gana acepté continuar nuestro camino.

Pero fui tonto al aceptarlo. Después de otra hora de pantano, aún nos quedaban más de cuatro kilómetros para el final y ahora sí que no teníamos vuelta atrás.

Empezamos a tratarnos con brusquedad y a intentar culpar de todo al otro. No era una buena forma de proceder como expedicionarios, pero habíamos perdido la perspectiva y yo ya estaba demasiado desconcentrado para volver a autoentrenarme y recuperar el control. "Magnífica decisión, Cho . . . gracias", le dije infantilmente mientras él trataba de impedir que sus piernas se hundieran en el lodo. Ambos estábamos muy enojados y habíamos perdido la capacidad habitual de elevarnos y ver el lado positivo. Cho se limitó a fulminarme con la mirada.

Nuestro pésimo ánimo empeoró más las cosas; transcurría una hora tras otra de inmensos esfuerzos y de un ritmo de avance dolorosamente lento. Cuando nos faltaba casi un kilómetro para llegar al río, el pantano se hizo más profundo y tuvimos que ponernos a nadar entre árboles retorcidos.

La selva se hizo tan espesa que tuvimos que quitarnos las mochilas, colgarlas de las ramas de los árboles por encima del agua y abrirnos camino con los machetes. A las 6 p.m., la luz diurna que ya se estaba perdiendo quedó cortada por una nube de tormenta . . . los relámpagos y truenos nos anunciaron que venía una torrencial tormenta tropical. Cuando rompió a llover, las gotas nos golpeaban fuertemente y tuvimos que sacar los cascos con linternas para poder continuar.

Nuestro mal estado de ánimo desapareció. Aunque nos habíamos dejado llevar por la negatividad, sabíamos que la situación se había puesto seria y que ahora teníamos que trabajar juntos. Mi sentimiento de frustración fue desplazado por un real y escalofriante temor de que tuviéramos que pasar la noche tiritando en medio de los juncos mientras la lluvia nos golpeaba el cuerpo bajo nuestras delgadas y mugrientas ropas. No sentíamos pánico, pero realmente deseábamos salir de allí.

Acampar era imposible. No había árboles lo suficientemente grandes como para amarrar las hamacas y tampoco había tierra firme. Por si fuera poco, sufríamos las constantes picaduras de las hormigas de fuego y los tábanos. Con nuestras capuchas, tratamos de proteger las linternas de la lluvia y seguimos avanzando.

Cuando ya estaba muy oscuro, la jungla dio paso a los juncales y entonces supimos que no nos faltaba mucho. Eran las 7 p.m. cuando al fin inflamos las balsas y, sintiendo un enorme alivio, fuimos a parar al río crecido. Tuvimos que hablarnos a gritos en la oscuridad para hacernos oír por encima del ruido de la lluvia y el viento.

Como no teníamos la menor idea de si alguien vivía por allí, marqué nuestro punto de salida para volver en la mañana. Aproximadamente un kilómetro río arriba vimos una tenue luz que nos dio nuevas energías, por lo que nos pusimos a remar desesperadamente hacia ella.

Al principio, los ocupantes de las casas sobre pilotes tuvieron miedo de nosotros y un hombre me dijo que siguiera remando. Es mala idea llegar cuando ya está oscuro, pues la gente se encierra y piensa mal de los que viajan durante la noche. Insistí (e incluso rogué un poco) hasta que el hombre cedió y nos permitió subir a su casa, seca y cálida. Tiritando, le dimos las gracias una y mil veces y nos comunicó que España acababa de ganar la Copa Mundial. La normalidad había vuelto... nos aseamos, nos pusimos ropa seca y tomamos café.

En momentos como este, dudaba que alguna vez fuera capaz de expresar verdaderamente cuán feliz me sentía de poder ponerme un par de pantalones cortos secos y tener en mis manos una taza de café con azúcar. Cho y yo nunca necesitamos disculparnos, pues ahora éramos casi como hermanos y comprendíamos que aquellos momentos difíciles nos ponían a prueba. Si llegábamos a mencionar lo sucedido, simplemente nos reíamos de nosotros mismos por haber dejado que la situación nos afectara.

Del todo satisfechos, como tal vez uno puede sentirse solamente después de conocer la verdadera desesperación, colgamos nuestras hamacas en un pequeño trastero y nos quedamos dormidos con el sonido de la corriente que fluía debajo de nosotros.

Desde el río Jacundá, debíamos abrirnos paso hasta una carretera que llegaba hasta Cametá. Era el último tramo de selva de toda la expedición y ahora nos apremiaba nuestro calendario, bastante apretado. Tuvimos que esperar a que un periodista del diario londinense Metro se sumara a nuestra caminata durante unos días, y luego seguimos avanzando lo más rápidamente posible para alcanzar la carretera.

Para ese entonces, prácticamente el único medio de dirección que utilizábamos era Google Earth, donde encontré un sendero que se había abierto recientemente y que nos conectaría con la carretera de Cametá. Llegamos al sendero, listos para quitarnos las botas de avanzar por la selva y ponernos los zapatos adecuados para caminos como este, cuando me di cuenta de mi error. La fina línea blanca que iba de norte a sur era un tendido de telégrafo abandonado y cubierto de maleza. La marcha era dos veces más lenta que si fuéramos caminando en línea recta por una selva de vegetación secundaria. Una vez se había hecho la propuesta de construir una carretera a lo largo de esa línea, pero los planes fueron abandonados cuando un grupo de indios quemó un puente como protesta contra la intrusión de esa infraestructura. Antiguamente, los cables daban servicio eléctrico al pueblo de Oeiras, pero ya muchos de los postes se habían caído y los cables yacían en el suelo, enredados y cubiertos de lianas. Durante sus años de abandono, la presencia de la luz había contribuido a crear todo un zarzal espinoso de 30 pies de ancho, 30 de altura y 50 millas de largo.

Como nos quedaban solo trece días, Cho y yo decidimos asumir el desafío de caminar tan rápido como pudiéramos a través de toda aquella maleza. Hay partes de la selva que son agradables y hay partes que no lo son. Nos encontrábamos en estas últimas. Lo que ahora nos motivaba era un negro sentido del humor. Nuestros descansos se caracterizaron por miradas cómplices y un sentido compartido de burlona autocompasión al ver que el destino nos había deparado más tramos de selva justo cuando pensábamos que habíamos terminado. Como resultado, tuvimos que aumentar el kilometraje diario cuando alcanzamos la red de carreteras que nos llevaría a Belém y de esta ciudad en adelante.

Me quedo corto si digo que fue surrealista la extraña yuxtaposición entre nuestro denodado esfuerzo por avanzar abriéndonos paso a troche y moche a través de la maleza y las diarias conexiones de video que tuvimos que hacer con CNN en Atlanta. Nuestra increíble publicista de la expedición, Vikki Rimmer, había coordinado que CNN nos entrevistara todos los días desde ese punto al borde del camino hasta llegar al Atlántico. En la media hora antes de estas entrevistas el pánico se apoderaba de nosotros mientras tratábamos de encontrar en la densa selva un claro lo suficientemente grande como para poder conectar con la señal del satélite.

Hasta cierto punto, en realidad ninguno de los dos estaba tan descontento por no haber encontrado un camino propiamente dicho y tener que pasar más días en la selva. La sensación renovada de urgencia y la necesidad de concentrarnos completamente en nuestra tarea nos había dado el entusiasmo que nos faltaba. "No queda otra opción", dijo Cho con una sonrisa. "Tenemos que llegar".

El 31 de julio, el día comenzó asordinado a las 5 a.m., cuando en silencio aticé las brasas del fuego y herví arroz en la oscuridad. Cuando desapareció la penumbra, levantamos el campamento y tratamos de avanzar un poco por el sendero de la línea eléctrica en desuso. A ambos lados, el bosque alternaba de un momento a otro entre hierbas cortantes y densos bambús. Avanzamos zigzagueando entre esta vegetación, buscando la ruta de escape más rápida.

Durante la mayor parte del día sabíamos que a nuestra izquierda corría un río y nos encontramos con regularidad a habitantes de la localidad. A las 9:30 pasamos una casa donde nos dieron la agradable noticia de que el puente que buscábamos (el que marcaba el comienzo de la civilización) estaba a solo una hora de distancia. Ingenuamente, dejamos elevarse nuestro espíritu y de momento olvidamos el escepticismo.

Después de dos horas de desilusión, un hombre bondadoso que reparaba una piragua nos dijo que nos faltaba media hora. Una hora después, una señora bajita y regordeta nos dijo exactamente lo mismo.

Justo antes de las 2 p.m. divisamos el puente de madera derruido y escalamos por el alto contrafuerte sin rampa de uno de sus extremos hasta que pudimos poner pie en la carretera, o sea, el territorio donde reinaban los iPhone de cuarta generación y el desplazamiento de pantalla con dos dedos.

A lo lejos se divisaba la desperdigada metrópolis de Belém: un corolario inevitablemente urbano para nuestro viaje alejado de la civilización. No obstante, ni Cho ni yo nos quejábamos, pues ya estábamos hasta el copete de selva tropical y realmente añorábamos las tentaciones de la civilización.

El río Tocantins lo tuvimos que cruzar desde Cametá y estuvimos remando todo el día. Cuando llegamos al lado del río que da a Belém, eran las 7 p.m. y ya estaba oscuro. Encontramos un motel barato y consultamos el mapa para ver las distancias que nos quedaban. Ahora debíamos hacer en promedio 55 kilómetros al día (tan solo once o doce horas de caminata diaria) para llegar hasta el mar en la semana restante.

Nuestra energía emocional fue contrarrestada por el puro agotamiento. La labor de editar el video después del recorrido de cada día me obligaba a mantenerme despierto hasta las dos de la mañana y a las 5:30 ya estábamos levantados para poder anotarnos más kilómetros.

El resto del recorrido fue como pasarse los días consultando el reloj una y otra vez. En la carretera, nuestra caminata estaba puntuada por las señales viales que cada cierto tiempo nos indicaban los kilómetros que faltaban. En un momento determinado, estábamos a ochenta y seis kilómetros de Belém. Doce minutos y medio después (con precisión de reloj) eran ochenta y cinco kilómetros.

Muertos de sed debido al intenso sol ecuatorial, se nos estaban agrietando los labios y las camisetas estaban perdiendo su color. Ya extrañábamos el fresco, como de aire acondicionado, que había a la sombra del bosque tropical.

En este estado, Cho y yo normalmente habríamos tomado un descanso para recuperarnos, pero la presión del tiempo significaba que había que cumplir sin falta el kilometraje diario.

Keith Ducatel, el fotógrafo que había venido a vernos en Perú, llegó a tiempo para capturar el final del viaje. Cho y yo estábamos felices de volver a verlo y, a pesar de que se había dañado dos discos vertebrales y había estado hospitalizado durante un mes, estaba decidido a obtener algunas buenas imágenes. Su total dedicación a la fotografía estuvo a punto de costarle la vida. Se había tumbado en medio de la carretera, tomando fotos desde el asfalto, cuando sentimos venir un camión y nos hicimos a la orilla de la carretera. El camión venía de norte a sur y Keith quería seguir tomando fotos cuando el vehículo ya había pasado. Tan pronto como lo pasó, Keith volvió a salir a la carretera, sin mirar hacia el sur, y una moto que venía estuvo a menos de una pulgada de golpearlo si no hubiera hecho un viraje muy brusco. Keith quedó conmocionado por haber estado a punto de morir, pero luego se echó a reír y se lo anotó como una lección bien aprendida.

A las 11:32 de la noche del 4 de agosto, con tan solo cinco días y 260 kilómetros para llegar al final, hice mis anotaciones diarias en el blog y puse el despertador para las 2 a.m. para volver a emprender la caminata. La recta final se estaba volviendo agotadora, pues durante el día quedábamos exhaustos y durante la noche no dormíamos lo suficiente como para recuperarnos. La noche anterior ni siquiera había logrado meterme en la cama, ni mucho menos dormir, pues había ido a recoger a Keith en el aeropuerto a las dos de la mañana.

El problema era que, a diferencia de la selva, todas las tierras a lo largo de la carretera estaban urbanizadas y eran de propiedad privada, por lo que no podíamos simplemente acampar en los jardines de las casas. Yo había tomado la decisión de hospedarnos en Belém para resolver este problema y alquilar un carro que nos permitiera salir de la ciudad y volver después de hacer la caminata de cada día. Sin embargo, no había tenido en cuenta la duración de los trayectos en carro. La combinación de jornadas de caminata de doce a catorce horas, las cuatro horas de ida y vuelta en carro y las entrevistas, así como la edición de blogs y videos, significaba que el sueño era siempre el lujo del que tenía que prescindir. Si lo hiciera otra vez, creo que contrataría durante una semana una caravana con chofer incluido, y solo tendría que echarme en la cama al final de cada día.

Al día siguiente fue lo mismo: nos levantamos a las cuatro, comenzamos a caminar a las siete, terminamos en Porto do Arapari a las diez y, después de enviar correos electrónicos y hacer otras tareas informáticas, finalmente pude acostarme a la 1:27 a.m.

Desde Porto do Arapari había un tramo que debíamos cruzar por agua para llegar a Belém y luego seguir avanzando hacia la costa atlántica. El largo desvío por carretera nos alejaba demasiado como para ser una alternativa viable, por lo que tuvimos que desempacar las balsas por última vez.

“Las mareas alrededor de Belém son peligrosas”, nos habían advertido. “El nivel del agua fluctúa mucho y las corrientes pueden ser muy fuertes”.

Cho y yo aceptamos el consejo y al mismo tiempo lo ignoramos. En los últimos dos años habíamos oído tantos consejos melodramáticamente negativos, que nuestra reacción era de cansancio y de cierto desdén.

La otra razón por la que lo ignoramos era porque no nos quedaba otra opción si queríamos llegar a tiempo el 9 de agosto, por lo que al amanecer del día siguiente nos embarcamos en la última travesía por río en la expedición.

Era el 6 de agosto y el sol naciente estaba aún a medias por debajo del horizonte, vertiendo su suave calidez sobre las aguas. "Ves, es fácil", sonrió Cho mientras nos alejábamos lentamente de la orilla sur. Pero tan pronto dejamos de remar durante dos minutos para aplicarnos bloqueador solar con factor de protección 30, el GPS interrumpió nuestra paz para informarnos que estábamos yendo hacia atrás, muy rápido.

Remamos con fuerza para salirnos de la zona de la corriente que nos hacía retroceder. Después de remar intensamente por unos tres kilómetros, volvimos a poder avanzar con facilidad, nuestra velocidad aumentó y nos relajamos para recorrer el resto de la travesía de 10 kilómetros.

Pero cuando llegamos a la última parte de la travesía, el tiempo estimado de llegada según el sistema de navegación satelital comenzó a postergarse: 1 p.m . . . , 2 p.m . . . , 3 p.m . . . al parecer, la corriente había vuelto a cambiar. Nos arrastraba rápidamente hacia el mar.

Sin pensarlo, cambié el rumbo y enfilé hacia la orilla más cercana, alejada de la ciudad, en lugar del puerto adonde queríamos llegar. Cho me imitó y entonces fuimos testigos de una impresionante demostración del poder de la naturaleza en comparación con la fragilidad del hombre. La ciudad de Belém nos pasó por el lado a toda velocidad mientras nos precipitábamos hacia el mar como dos corchos diminutos flotando en una alcantarilla inundada.

Con un esfuerzo hercúleo, nos fuimos acercando a la orilla opuesta. A la derecha, la ciudad iba desapareciendo y, a la izquierda, se nos acercaban a prisa las playas y los peñascos. Con los pectorales y los brazos ardiendo, logramos abrirnos paso hasta un tramo de relativa calma y tocar tierra en una marisma cenagosa cubierta de escombros. Jadeamos fuertemente y nos miramos en silencio, aliviados.

"Te dije que era fácil", sonrió Cho.

Habíamos dejado atrás el último obstáculo de importancia, pero teníamos que seguir caminando ese día y recorrer la mayor cantidad de kilómetros que pudiéramos hacia la ciudad. Empacamos las balsas por última vez y nos dirigimos al norte a través de las vibrantes calles de la ciudad, que aún estaban decoradas de oro y verde con motivo de la Copa Mundial.

El sábado 7 de agosto teníamos el plan de caminar durante toda la noche para poder descansar en Marudá el domingo por la noche, justo antes de llegar en la mañana del lunes a la playa, nuestro destino final.

A las 3 a.m. del domingo todavía nos faltaban 85 kilómetros a pie. Empecé a quedarme dormido mientras caminaba; era una sensación terrible, similar a la que uno experimenta a veces al conducir un carro cuando está completamente agotado. Pensé que me recuperaría si parábamos y nos tendíamos al lado de la carretera durante veinte minutos.

Así lo hicimos, pero al poco rato sentí una picazón atroz. Empecé a rascarme frenéticamente, pero la picazón era enloquecedora. Todo el cuerpo se me llenó de erupciones y no podía ni caminar ni estarme quieto.

Fue una experiencia surrealista, casi de pesadilla. Estuve alrededor de una hora tirado junto a la carretera, pidiendo auxilio. Estaba demasiado cansado para pensar en los kilómetros que faltaban y, al cabo de un rato, perdí el sentido en un estado de agotamiento total, con la cabeza apoyada en la carretera.

Cuando me desmayé, le avisaron a Keith que viniera a recogernos en el carro alquilado. Después de dormir unos minutos, los síntomas prácticamente desaparecieron y, aunque quedé exhausto, recuperé la claridad mental.

Se decidió que necesitábamos tres buenas horas de sueño, por lo que nos dirigimos al hotel en Marudá, donde desperté del descanso forzado sintiéndome como nuevo. Hice mis anotaciones del día en el blog y entonces volvimos en el carro al mismo punto de la carretera donde me había desmayado.

Cho y yo volvimos a empezar a caminar a mediodía. Ahora no nos quedaba otra que caminar toda la tarde y toda la noche para terminar los 85 kilómetros restantes, con la esperanza de llegar a la playa para el amanecer. Nunca habíamos recorrido tanta distancia en un solo día, y mucho menos con semejante presión de tiempo ni en aquel estado físico. Nos seguía un carro lleno de periodistas brasileños.

Me sentí un poco humillado de que mi organismo hubiera decidido darme dificultades tan cerca de la meta. Ese día, el último, sería el más largo de toda la expedición.

La noche fue de veras larga y, a pesar de que empezamos a una buena velocidad de cinco kilómetros por hora, fuimos aminorando la marcha a medida que iban pasando las primeras horas de la madrugada. Antes del amanecer, recibí una llamada de Clive, nuestro amigo irlandés de Manaos, que había venido a ver el final. Decía que tenía a los equipos de los noticieros que querían venir a filmarme, pero que los estaba reteniendo porque no quería que nos hicieran ir más despacio.

Estaban allí las agencias Associated Press y Reuters, dos de las más grandes organizaciones de prensa del mundo, así como varios canales brasileños.

Cuando el sol comenzó a elevarse, Cho y yo estábamos entumecidos y teníamos tan tensas las piernas que me pareció que en cualquier momento se me podrían rasgar los músculos de la pantorrilla. Entonces Clive liberó a los equipos de los noticieros.

Se nos vinieron encima como unidades de comando en la pálida luz de la mañana. Los faros de halógeno nos cegaban mientras caminábamos y las fotografías con flash, estilo paparazzi, nos desorientaron aun más. Nadie decía ni una palabra. Se les había pedido que no nos entrevistaran hasta que hiciéramos el giro hacia la playa de Marudá, lo que sucedería alrededor de las 8 a.m.

La presencia de la prensa y el hecho de que ahora la gente nos miraba tuvieron el efecto de levantarnos el ánimo y casi flotábamos por la carretera. Cuando llegó la luz plena de la mañana, los equipos se turnaron para caminar junto a nosotros y entrevistarnos. La experiencia fue increíble y, aunque no se sentía real, nos produjo un gran orgullo la insistencia de todas estas personas en interesarse en lo que Cho y yo habíamos hecho.

A lo largo de unos cuatro kilómetros se nos sumaron algunos amigos que estaban tan emocionados como nosotros. Anduvimos en un grupo como de diez personas hasta que nos quedaban unos 500 metros para la meta. Entonces nos dejaron para que pudiéramos terminar solos la última parte.

Nos dimos cuenta de que estábamos cerca porque se podía oler el salitre en el aire y entonces sentimos las olas que rompían en la distancia. Luego doblamos en una esquina y vimos a nuestros amigos y todos los equipos que nos esperaban en la parte superior de la playa. Detrás de ellos, a través de algunas sombrillas para veraneantes, se veía el Océano Atlántico.

Cuando llegamos a las sombrillas, el dueño del hotel donde nos estábamos alojando trató de presentarnos a alguien, pero tuve que excusarme. Con tan solo 50 metros de arena para terminar, Cho y yo arrojamos las mochilas y rompimos a correr. Con las sonrisas más amplias de la vida, arremetimos playa abajo y, aunque la imagen resultó un tanto extraña, entramos en el mar corriendo y tomados de la mano hasta que las olas nos derribaron y nos zambullimos en el agua salada.

Nos abrazamos, sin saber bien qué hacer a continuación. Yo estaba muy feliz y la expresión del rostro de Cho también era de pura felicidad. Cho había nacido en el centro de Perú y nunca había visto el mar. ¡Qué manera de experimentarlo por primera vez!

Keith nos hizo adentrarnos más en el mar para tomar algunas fotos y nos dijo que nos zambulléramos en las olas e hiciéramos cabriolas. En mi estado emocional de aturdimiento, estaba encantado de que me dijeran lo que tenía que hacer.

Tomé mi propia cámara para grabar mi último diario de video en la expedición. Me aparté de todos y por última vez confié mis secretos a mi amigo digital. Estaba casi abrumado de la emoción.

Cho y yo hicimos una sesión de fotos en la playa con la enorme bandera de los patrocinadores de la expedición y luego Clive nos dio a cada uno una botella de champán. Después que le di a Cho una rápida lección sobre cómo abrir las botellas, las sacudimos como lo hacen los corredores de Fórmula Uno y nos vertimos encima todo el champán, rodeados por las cámaras que tomaban fotos del acontecimiento.

Todo había terminado. Más de nueve millones de pasos, más de 200.000 picaduras de mosquitos y de hormigas en cada uno, más de 8.000 kilómetros recorridos en 860 días, 733 de ellos con Cho, cerca de 600 picaduras de avispa, una docena de picaduras de escorpión, 10 cámaras de video en alta definición, seis pares de botas, tres aparatos de GPS y un récord mundial Guinness. Se me henchía el pecho de orgullo y satisfacción. Fue un día que nunca olvidaré por el resto de mi vida. Es algo que jamás nadie nos podrá quitar.

Epílogo

Para el 9 de agosto, se habían escrito más de 900 artículos en todo el mundo sobre nuestra hazaña. Al regresar a Londres fui recibido como un héroe y participé en varios programas de TV y radio durante las primeras dos semanas. Fui invitado a ofrecer una conferencia en la Royal Geographical Society, aceptado como miembro de esa institución y también me hicieron miembro de la Junta de Directores de la Transglobe Expedition Trust de Sir Ranulph Fiennes.

Cuando pienso en ello, me siento orgulloso de lo que se ha logrado. La cantidad total de dinero que se recolectó con fines humanitarios solo fue de £27,000, pero el vínculo con las escuelas alrededor del mundo funcionó mejor de lo que yo hubiera podido imaginar, y debo agradecerlo sobre todo al sitio Proyecto Bosques Tropicales del Príncipe, donde yo tenía un blog quincenal para los niños. El vínculo con las escuelas es algo que espero desarrollar en futuras expediciones. En enero de 2011 hice un recorrido por las escuelas de Gran Bretaña y pude ver el interés de los niños en el Amazonas y su entusiasmo al contarme todo lo que sabían acerca de esta misteriosa y lejana selva.

Este libro se terminó en febrero del 2011, seis meses después de que finalizara la expedición. Mientras escribo, la solicitud de visa para Cho ha sido aceptada y debería llegar a Inglaterra en seis días. Sus planes son vivir con mi madre en Leicestershire, aprender inglés y jugar *rugby* con mi equipo local, Stoneygate. Su nueva aventura está por comenzar.

Vivo en Londres y ahora que he escrito mi primer libro, estoy planeando futuros proyectos. Actualmente me gano la vida ofreciendo conferencias motivacionales internacionalmente.

Toda esta experiencia me ha cambiado de una forma que no pensé que fuera posible. Había estado en el ejército, trabajado con las Naciones Unidas en Afganistán y conducido expediciones en diferentes partes del mundo. ¿Cómo podría una sola expedición tener tal impacto sobre mi carácter teniendo en cuenta lo que he vivido? En realidad, aunque la suma de mi experiencia anterior a la expedición me ayudó a alcanzar mi loco sueño, toda ella resulta insignificante al compararla con las experiencias y hechos contenidos en este libro. Ahora me encuentro en la placentera posición de estar más calmado y feliz en mi relación con el mundo. Mi confianza ahora proviene de mi interior, más bien que de las opiniones de los demás. Ahora sé quién soy y de lo que soy capaz. He enfrentado mis muchas y diversas debilidades una y otra vez, y en general he aprendido a manejarlas de manera que no me afecten negativamente.

Los bosques del Amazonas siguen siendo cortados y las autoridades no están poniendo en práctica todavía las restricciones para la tala de árboles del modo que debieran. En dos años y cuatro meses nunca vi una sola representación de la autoridad aplicando las restricciones para la tala en el Amazonas. Ni una sola.

Sin embargo, soy optimista y espero que las cosas puedan cambiar. He escuchado la expresión "pulmones del planeta" por parte de los niños en Perú, Colombia y Brasil, y las personas educadas dentro de la población están orgullosas de sus bosques y sienten gran motivación por conservarlos. Cuando esta voz popular se eleve, y alcance posiciones de poder, tengo la esperanza de que estos buenos valores prevalecerán. Globalmente, creo que estamos empezando a preocuparnos lo suficiente para asegurar que esto suceda.

Lista de pertrechos para la Caminata por el Amazonas

Esto es lo que Cho y yo llegamos a cargar luego de desarrollar las mejores prácticas a lo largo de 28 meses:

Camcorder Sony HVR-AIE (x 2) con pilas de respuesto (x 12), suministro de cintas (x 30), equipo de limpieza (x 1) y cargador (x 1).

Forro de mochila impermeable Macpac Cascade 90 (x 2) Ortleib XL de 100 litros (x 2).

Bolsas secas Ortleib (de varios tamaños) para impermeabilizar individualmente cada artículo eléctrico (múltiple).

Bolsitas de gelatina de sílica para poner en las bolsas secas de los equipos eléctricos y así extraer la humedad del aire encerrado (múltiple).

BGAN Thrane y Thrane Explorer 500 con cable LAN para Internet, un auricular telefónico regular inglés de casa, cable para cargar y pilas de repuesto 2 x.

Macbook blanco básico (x 1) con pilas Macbook de respuesto (x 2) y cable de corriente (x 1).

Teléfono móvil local y cargador para áreas con recepción (x 2).

Adaptador de 4 birlos (x 1) (de manera que se puedan cargar varios aparatos con un solo generador).

Machete de 18" (x 2) de cualquier marca aceptable, idealmente con mango de madera. Afilador de metal (x 2).

Bolsillo superior de la mochila (x 2) (el ejemplo es el de Ed. El de Cho era parecido): Garmin GPSmap 60CSx, 1era. linterna de cabeza (Petzl Zipka Plus), mapa, Leatherman Wave, tubito de bloquedor de sol, Deet 50% (repelente), libreta de notas y lápiz, cinta adhesiva de tela, rollo de papel sanitario, encendedor, resina de árbol para encender fuego, Vaselina, crema de ubre, cuerda de paracaídas, punzón para coser Speedy Stitcher, gotas de cloro para purificar.

Equipo de pesca (x 1): red agalladera x 2, varios niveles de anzuelos fuertes, dos carretes de sedales de pescar, alambre para hacer filamentos de alambre para evitar que las pirañas arrancaran los anzuelos de los sedales.

Balsa infable de mochila Alpacka 'Yukon' (x 2) y bolsa para inflar (x 2).

Remos de fibra de carbón AquaBound de 4 piezas (x 2).

Equipo de reparación de bote (x 1) conseguido por Jason Warren: para reparaciones rápidas en la marcha: rollos de material para desgarrones Type A x 3 y un poco de Stormseal. Para reparaciones más permanentes: un cuadrado grande de Nylon de 7 oz cubierto de poliuretano que puede recortarse para tapar los huecos más grandes con adhesivo marino. A prueba de bomba.

Equipo médico (x 1): Antibióticos (dos tratamientos de Metronidazole, Flucloxacillin, Ciprofloxacin y Amoxicillin) Tramadol, Ibuprofen, Paracetamol, vendajes y tintura de yodo.

Bolsa nocturna (x 2): (el ejemplo es la de Ed. La de Cho era parecida) 2da. linterna de cabeza (Petzl Tikka Plus), libro, diario *Rite in the Rain*, lápiz, pluma, microluz LED, talco medicado en bolsa *'foo foo'* (una bolsa en la que puedes meter todo el pie para evitar malgasto/derrame), tapones para los oídos, equipo de coser casero, Superglue, pilas AAA para la linterna de cabeza x 3, iPod Nano, reserva de corriente PowerMonkey para cargar y recargar el iPod, foto laminada de Chloë, tubo de vitaminas que incluye: antihistamínicos, multivitaminas y minerales, medicamentos personales y doxycycline (tratamiento para la malaria).

Bolsa para lavarse (x 2): (Esta es la de Ed. La de Cho era parecida): latita de desodorante Nivea para hombre, cepillo dental Colgate 360, pasta de dientes Sensodyne y jabón antibacteriano Protex en una cajita con cerrojo.

Sistema para dormir (x 2): Gran hamaca doble de seda de paracaídas, mosquitero hecho a la orden con "mangas de mago" al estilo Guyana para que pase la hamaca, Hennesey Hex Fly, bolsa ultraligera para dormir Macpac, con forro de seda para bolsa de dormir.

Ropa de día (de Ed): gorra de béisbol con visera, camiseta *T-shirt* amplia y estirable para que sea fácil de poner y quitar cuando se está empapado, pantalones de caminata ligeros y amplios, medias de caminata Bridgedale de peso medio, sin calzoncillos. Brújula alrededor del cuello. Un par extra de medias en la mochila. (La variante de Cho fue que él siempre prefería camisetas de manga larga).

Ropa de moche (x 2): *shorts* solo al final.

Ropa para el pueblo (x 2): Camiseta y *shorts* adicionales limpios y secos para cada llegada a un pueblo cuando toda la ropa se llevaba a lavar.

Calzado (x 2): Botas para la selva Altberg (hechas a la orden con ojales en lugar de las tradicionales "válvulas"). Zapatos Crocs para lavarse, para el campamento por la noche y para la caminata. Botas de goma compradas localmente cuando las botas de piel se gastaron.

Bolsa con equipo de repuesto (x 2): pilas AAA (para la linterna de cabeza) x 6, pilas AAA (para el GPS) x 4, Deet 100% x 2, diario, lápiz y pluma extras, hilo de repuesto para el punzón de coser, rollo de papel sanitario extra, encendedor y resina de árbol extras.

Reloj Casio muy barato (x 2) con luz y alarma.

Botella de agua de un litro Nalgene (x 4)

Jarra de metal (x 2)

Juego de cocina de 4 piezas REI (dos cazuelitas y tapitas que caben una dentro de otra).

Libro *Learn English* (x 1), Biblia de Cho (x 1), bolsas grandes para comida, de Cho (x 2)

Loncheras con cerrojo (x 2) para comer de ellas, transportar comida cocinada en el desayuno para comer en el almuerzo y para echarse agua durante el baño. Cerca de 1 litro de capacidad.

Comida (por hombre, por día): 125g de frijoles secos, 500g de arroz, bolsa con varios condimentos, ajo, sal, aceite, caldo vegetal y hierbas mixtas. Equipo para bebidas: café, leche en polvo, azúcar (y endulzante "cero calorías" para cuando se acabara el azúcar). Harina de trigo como golosina en las etapas cortas. Pescado solamente cuando pescáramos. A veces comíamos carne curada o seca si había pocas posibilidades de pescar algo.

Agradecimientos

Quisiera agradecer a todos aquellos que contribuyeron financieramente con la expedición cuando los fondos de los patrocinadores se agotaron. Entre ellos, con donaciones desde £ 5 a £ 6000, se alcanzó la cifra de £ 48,000. Ofrezco disculpas si incurro en alguna omisión: esto significaría que Ba Stafford (mi madre) no recibió la notificación, o que yo la extravié en medio de mi agotamiento al final de la expedición.

En orden alfabético: Lynn Adlington, Ralph Alcocer, Douglas Alexander, Magnus Anderson, Velma Anderson, Sheila Astbury, Richard Atkins, Steve Backshall, Jon Bailey, Mark Barrowcliffe, Caroline Baugh, David Baugh, Raymond Belair, Mike y Sue Berry, Rachael Bibby, Elizabeth Bilton, T. C. Binstead, Dan y Rebecca Birch, familia y amigos de Sharon y Simon Bird, Andy Blake, Lisa Boggs, Richard Booth, Mike y Joan Bosworth, Jean-Philippe Boudreault, Peter Bowker, Carl y Sally Bradshaw, Mitchell Brass, John y Lesley Bray, Euan Brodie, Giles Brookes, Gill Brown, Crispin Busk, Katie Carter, Pete Casey, Tim Chalmers, Charlie y Lesley Chivers, Robin Cleaver, Sue Clement, Adrian Cole, Richard Comber, Phyllis Constant, Mike Corwin, Alison Cox, Laura Cox, Sven Crongeyer, McDowell Crook, Ralf Darius, Sylvia Davis, Rob y Pauline Dawes, Susannah Day, Andrew Diamond, Richard Dodwell, Nick Dombrovskis, Shawn Douglas, Mike Doyle, Leigh Driver, Ann y David Eardley-Wilmot, Gina Ebole, Joanne Edward, Jonathan Ellison, Lesley Farmer, C. Farrow-Ryue, Anthony Fernandisse, A. J. Firth, Mark Furber, Roger Forrow, Gabe, Di Gaetano, Kieran Gaffney, Gerard Ginty, Kris Girrell, Dan Glasuer, Ann y

John Golding, Charli Golding y Tim Williams, Mandy Green, Liz Greenham, Ted Gurbac, Sylvia Halkerston, Robert Hall, Tina Hamilton-James, Philip Hammond, Roger Harris, Karla Hart, Steve Heald, Timothy Heck, Lisa-Mae Hill, Lakota Hillis, Amanda Hilton, Chris y Vonnie Hilton, Ross Hippeley, Cindy Holdorff, Jon Huston, Megan Irving, Chrissie Jackson, Michael Jackson, David Janke, Tan Jingyi, Kenneth Joyner, Andrew Kelly, Frank Kelly, Jonathan Kemp, Sarah Kemp, Steven y Jos Kemp, Fiona Kennedy, J. S. Kent, Joseph Keogh, J. Kratsky, Martin Kratz, George Lamb, Kellyann Lamb, Sue Lardner, John Leen, Matthew Lehmann, Dan Leinenger, Lena de Palo Alto, Devora Leogrande, Sergio Leunissen, Craig Lundeen, Guy y Vicki Macken, Nadine Manning, Mautner Markhof, Mrs S. M. Martin, Carrie Mayor, Barry McCarthy, Cameron McFee, Claire McFee, M. McKenzie, Janet Meek, David y Liz Mitchell, Jodie Mitchell, Mary Mitchell, Charles Montier, Jamie Morris, Leah Morris, Edward Morrison, James Moy, Andy y Robert Nasreema, Sue Nash de GLCS, Huy Nguyen, Mark Noltner y la clase de 2-4, Vern Nicholson, Shah Nishit, el 4to. Grado de la Escuela Primaria Dryden, Arlington Heights, Kevin O'Brien, Jon Orantes, OrgoneCrystals.com, Javier Ortez, Matt Ostiguy, Robert Ousey, Rita Partlow, John Phillips, Susan Phillips, Michael Pike, Anthony Polley, Clare Procter, Richard y Penny Pursey, Mrs C. Quinn, Paul Randle, Amy Rawson, Robert Rees, Tim Rees, ReGet Software, Joan y Faber Richardson, Michael Richman, Stephen Ridgway, Tony Ritchie, Tom Rogers, Roy Rollo, Michael Rowton, Mitchell Rowton, Phillipa Rudge, Richard y Susie Russell, Tim Russell, Michael Salguero por Karlene y Shawn, Jerome Scanlon, Bryan Schneider, James Scott Hosking, Oliver Seeler, Vijay Shah, S. Shanagher, Lisa Shaw, Marla Silverman y P.A.N.D.O.R.A., John y Paula Simon, Caroline Sims, Cyril Sirk, Sky 2 Sea International, Cynthia Smith, J. Snow, A. Southgate, Spratton School, Escuela Primaria Católica St Mark's, Dave Stevens, Edmund Stewart, Georgina Steytler, Stoneygate Rugby Club, Emma Summers (perdón por lo de la bandera, Emma), Szesciorka, Tony Talbot, Denise Thorpe, William Throndset, Andrea Thrussell, Tilton-on-the-Hill Produce Show, Jamie Tinker, Ingrid Toppe, Carolina Torres,

Richard Tyler, Dirk Van de Werff, Guy y Sue Wakeham, Mike y Sally Wakeham, Jason Warren, Pat Warren, Harry Wass, Moya Webb, Ron Wedel, Guy Weller-Pooley, Chloë Wells, Fiona y Ian Widdowson, Wild Lodge School, Patricia Williams, S. Willingale, Carol y Meg Willis, Emma Wilson, Gillie Wilson, Wendy Wilson, Winsp y Mack, Sue Wojcik, Kandy Wong, Sean Woodward, Time Wright, E. Zindy.

Gracias, también, a los siguientes patrocinadores, que aportaron equipos o dinero para hacer posible la expedición:

Jonathan Stokes de JBS Associates, principales patrocinadores, que dieron más de £34,000 para iniciar la expedición y mantenerla durante un año; Scott Cecil, de Save Your World, por patrocinar el mapa interactivo; George Meek, de Unicorn Media, por patrocinar los video blogs; Tracey Harris, de AST Satellite Communications, por prestarme tres BGANs muy caros; Clare y Simon, de The Energy Brokers, por patrocinar los blogs; Anton Bowring, Sir Ranulph Fiennes y todos los miembros de directorio del Transglobe Expedition Trust, que me dieron donaciones y estímulo; la Fundación Sculpt the Future, que aportó fondos; Macpac—suministradores de mochilas, sacos de dormir y toldos; Red Flag Recruitment, que nos patrocinó; Altberg—suministrador oficial de botas; Rite in the Rain, que me proporcionó cuadernos impermeables para mi diario; Rory y Andy, en Embado, que me ayudaron con el website; Sheri, de balsas Alpacka por darme una buena oferta; Bruce Chapman, por pasarme los datos sobre bosques tropicales de la NASA; Ged y Dai, de Ex-Med, por su entrenamiento y consejos; Tom y Ann de Hennessy—suministradores oficiales de hamacas; Ralph Martindale—machetes, y Sam Crossley, de linternas Nightstar UK.

Gracias también a todos los hombres y mujeres que nos sirvieron de guías por períodos cortos de tiempo y a todos aquellos de las ciudades donde estuvimos, que nos brindaron alimento y un lugar donde colgar nuestras hamacas en sus propias casas. Sin su hospitalidad, bondad y comprensión nunca hubiéramos podido realizar este viaje.

Agradecimientos especiales para Julián Alexander, de Law

Agency, y Clare Wallis, de Virgin Books, respectivamente, por su ayuda en la publicación del libro y su apoyo mientras lo escribía, y al resto del grupo de Virgin por todo su trabajo. A Ash Holland por las fotos en el website original; Clive Maguire, por ofrecerme la estadía gratis y su amistad en Manaos; Mandy Pursey, por su ayuda para obtener más dinero; Mel Gow, por apoyarme y encargarse de las redes sociales; Julio Garro, por ayudarme en los trámites de la visa peruana; Sam Dyson, por venir y caminar un poco y compartir conmigo; Luke Collyer, sin quien nunca hubiera comenzado la expedición; Jason Warren y Clare Proctor, por su ayuda, consejos y amistad en diferentes partes del Perú; Phil Parker, por su invaluable asesoría con el teléfono satelital; Carole y David, de Proyecto Perú, quienes junto a mi madre, que es miembro de la Asociación ME, organizó la fiesta en el Támesis antes de partir; Janet Meek, por organizar la fiesta de bienvenida; Nadia Nassif, por traducir todos los blogs y sitios web al portugués; Will Mather, por diseñar y hacer dos sitios web por casi de gratis y hacer constantes actualizaciones y cambios; Oswaldo Teracaya Rosaldo, mi guía original; Alfonso y Andreas Dongo—los hermanos asheninkas; Raúl Inuma Ojanama y Jorge Huayambahua Shuña, que caminaron conmigo desde Orellana hasta Nauta; Moisés 'Boruga' Soria Huane y Juan Rodríguez da Silva, que caminaron conmigo desde Pebas a Colombia; Jeremy Boanson-James, por las fotos en Inglaterra y su ayuda para hacer la bandera de los patrocinadores; Janie Boanson-James, por ayudarme con la página de Facebook y por ser una hermana como pocas; Marlene Lopez B, por la logística, la amistad y por traducir el website completo y también todos los blogs al español; Keith Ducatel, por emplear su propio tiempo y dinero para venir, tomar fotos y poner mi cabeza en su lugar; George Meek, por ayudarme con el patrocinio y por haber sido un amigo leal con quien pude chatear en tiempos difíciles; Craig Langman, por ser mi vínculo con la TV y por las horas de ingrato y no pagado trabajo editando los primeros blogs y tratando con las compañías de televisión; Vikki Rimmer, dePress Contact, por hacer el PR completo de la expedición gratis (porque ella es tan encantadora) y lograr una publicidad monumental al final; y Chloë Wells por comprenderme mejor que nadie en el mundo.

Las dos personas a las que debo más son mi madre, Ba Stafford, por todo: amor, apoyo, ayuda financiera, manejo de la contabilidad, consejo, y enormes cantidades de trabajo duro y dedicación reuniendo fondos adicionales para mantener la continuidad de la expedición; y, por último, Gadiel 'Cho' Sánchez Rivera, la persona menos egoísta y más paciente que he conocido en mi vida.

Acerca del autor

Cuando se publica este libro, ED STAFFORD es el actual Aventurero del Año; estuvo también entre los finalistas del Aventurero del Año 2010 de National Geographic, y posee un Récord Mundial Guinness por su tenacidad y coraje (¡y por sus pies!). Ed comenzó a participar en expediciones mundiales después de retirarse del ejército británico con el grado de capitán en el 2002. Cuando no dirigía viajes, trabajaba con las Naciones Unidas en Afganistán como asistente de la primera campaña presidencial en ese país. Antes de este viaje, Ed colaboró con la BBC en su serie conservacionista *La tierra perdida del jaguar*. En agosto del 2010, se convirtió en el primer hombre que caminó a lo largo de todo el río Amazonas, acompañado del trabajador forestal Gadiel "Cho" Sánchez Rivera, quien caminó cuatro meses menos de los 28 que duró la jornada. Ed tiene proyectos futuros e imparte conferencias sobre sus aventuras en todas partes del mundo. Para seguir sus actividades, usted puede visitar su sitio web: edstafford.org.